Lars Dibbern

SAFe® 4.6 - Eine Anleitung zur lean-agilen Revolution?

Manche Autoren stellen ihren Büchern Zitate voran; bei mir sind es deren zwei – ich konnte mich beim besten Willen nicht zwischen diesen beiden in meinen Augen gleichermaßen passenden Zitaten entscheiden. Beide Äußerungen sind gleichermaßen Motivation und Mahnung für die lean-agile Welt:

"Man muss die Dinge so einfach wie möglich machen. Aber nicht einfacher."

(Albert Einstein)

„Mach nur einen Plan. Sei ein großes Licht. Und mach dann noch 'nen zweiten Plan. Gehn tun sie beide nicht"

(Bertolt Brecht)

SAFe® 4.6

EINE ANLEITUNG ZUR LEAN-AGILEN REVOLUTION?

Eine kommentierte Beschreibung des Scaled Agile Frameworks®.

Lars Dibbern   FAIRMAZON PRESS

Books on Demand GmbH, Norderstedt

SAFe® 4.6 Eine Anleitung zur lean-agilen Revolution?

ISBN-13:   9783749448050

Autor und Herausgeber: Lars Dibbern

Cover und Design: Lars Dibbern

Herstellung und Verlag: BoD- Books on Demand, Norderstedt

1. Auflage April 2019

© Lars Dibbern

Bibliografische Information der Deutschen Nationalbibliothek:

Die Deutsche Nationalbibliothek verzeichnet diese Publikation in der Deutschen Nationalbibliografie; detaillierte bibliografische Daten sind im Internet über http://dnb.dnb.de abrufbar.

In diesem Buch verwendete Markennamen:

SAFe® und Scaled Agile Framework® sind eingetragene Warenzeichen von Scaled Agile Inc.

RUP® und der Rational Unified Process® sind eingetragene Warenzeichen der International Business Machines Corporation.

LeSS® ist ein eingetragenes Warenzeichen von The LeSS Company B.V.

Scrum.org™ ist ein eingetragenes Warenzeichen von Scrum.org

Scrum@Scale® ist ein eingetragenes Warenzeichen von Scrum@Scale LLC

Spotify® ist ein eigetragenes Warenzeichen der Spotify AB

PRINCE2® ist ein eingetragenes Warenzeichen der AXELOS Limited.

ITIL® ist ein eingetragenes Warenzeichen der AXELOS Limited.

IT Infrastructure Library® ist ein eingetragenes Warenzeichen der AXELOS Limited.

PMBOK® ist ein eingetragenes Warenzeichen des Project Management Institute (PMI).

Tupperware® ist ein eingetragenes Warenzeichen der Tupperware Brands Corporation

VW Polo® und VW Lupo® sind eingetragene Warenzeichen der Volkswagen AG

ZU inhaltlichen Fragen, Fehlern und Verbesserungsvorschlägen wenden Sie sich bitte direkt an Lars Dibbern:
www.dibbern.biz

Über den Autor

Lars Dibbern, Jahrgang 1966, führte sein erstes agiles Projekt im Jahre 2000 als Softwareentwickler und Architekt durch, konsequent mit Extreme Programming (XP) - und es war ein erfolgreiches Projekt.

Seitdem ist Lars in zahlreichen agilen sowie nicht-agilen Umfeldern in den verschiedensten Rollen in den Bereichen Software-Entwicklung, Cloud-Computing, Big Data und KI als Consultant tätig.

Ein durchgehender Schwerpunkt bestand während dieser Zeit in der agilen Prozessberatung und der Einführung verschiedenen lean-agiler Vorgehensweisen in skalierten Umfeldern, zuletzt in Form von SAFe und LeSS.

Content

1.1. Warum dieses Buch existiert

Es geht um Lean Management und skalierte agile Entwicklung - um die Einführung und den Einsatz dieser beiden Denk- und Vorgehensweisen in eine Organisation.

Kurz: Es geht um die lean-agile Transformation großer und größter Organisationen, die zuvor womöglich weder *lean* noch *agil* unterwegs waren.

Diese Buch behandelt die Transformation am Beispiel des Scaled Agile Frameworks (SAFe®) für skalierte Umgebungen. D.h. in Organisationen, die ihre Produktentwicklung über viele Entwicklungsteams skalieren.

SAFe stellt einen organisatorischen Rahmen bereit und reichert diesen mit verschiedenen bereits prinzipiell bekannten Rollen, Prozessen und Artefakten aus der dem Lean Management und der agilen Welt an. Scaled Agile Inc., Rechteinhaber von SAFe, hat diese Elemente gesammelt, teilweise leicht verändert, umbenannt und/oder ergänzt und das Ganze schließlich zu SAFe kombiniert. Organisationen jeglicher Größe sollen in die Lage versetzt werden, SAFe nach ihren Bedürfnissen anpassen und einsetzen zu können.

SAFe stellt bei weitem nicht den einzigen möglichen Weg dar, agile Methoden und Lean Management in einer Organisation anzuwenden. Kap. 14. geht vergleichend auf das Spotify Modell, LeSS, Nexus und Scrum@Scale ein. Dadurch soll neben der Einarbeitung in SAFe das Verständnis für ansatzübergreifende lean-agile Elemente stärken und Leser dazu ermutigen, eigene Wege bei der lean-agilen Transformation zu beschreiten – es muss nicht immer SAFe sein.

SAFe ist keinesfalls „by the book" zu implementierten. Nachdem die Wahl auf eine der verschiedenen SAFe-Ausbaustufen (Kap. 3.) gefallen ist, muss sich jede Organisation genau darüber im Klaren werden, welche Rollen und Artefakte aus SAFe sie in welcher Weise nutzen möchte.

Ansätze, SAFe als „Blaupause" für die eigene Organisation zu nutzen, sind erfahrungsgemäß zum Scheitern verurteilt.

Es mag bisweilen verführend erscheinen, sich schlicht auf SAFe zu berufen, wenn man mit Widerständen in einer Organisation konfrontiert wird.

1.2. Zur Sprache - Begriffe und SAFe-Terminologie

In diesem Buch verwendet der Verfasser englische Termini aus SAFe neben deutschen und englischen IT-Fachbegriffen, wie es auch in der täglichen Praxis üblich ist.

Englische und deutsche Begriffe parallel

Das Buch trägt damit der prägenden Bedeutung der englischen Sprache in der Informationstechnologie Rechnung und hütet sich vor unnötigen Eindeutschungen aus dem Englischen oder Amerikanischen übernommenen Begriffe, die meistenteils bereits Eingang in die deutsche IT-Szene gefunden haben.

Da dieses Buch neben der Auseinandersetzung mit SAFe ebenso der Vorbereitung auf SAFe-Zertifizierungen dienen soll, wäre es zudem kontraproduktiv, durch die Eindeutschung der in den Zertifizierungen verwendeten Begriffe womöglich Verwirrung zu stiften.

Eine strikte Eindeutschung verbietet sich nach der Erfahrung des Autors auch deshalb, weil lean-agile Transformationen in den meisten ihm bekannten Fällen im internationalen Umfeld stattfinden. Dort werden Dokument in Englisch verfasst und gepflegt.

Beispiele:

> Der Verfasser benutzt SAFe-spezifische Begriffe wie *Agile Release Train* oder *Value Stream Canvas* in ihrer englischen Version. Wenn es sich um in SAFe genutzte Schlüsselbegriffe wie dem *Value Stream* oder *Principal Role* handelt, verwendet dieses Buch ebenso den englischen Begriff.

Begriffe und Abkürzungen

Aufgrund der Vielzahl der neuen Begriffe werden zur leichteren Lesbarkeit Abkürzungen zwar eingeführt, die volle Bezeichnung aber z.T. weiterhin genutzt, durchaus mit wiederholter Angabe der Abkürzung.

1.3. Lean-agile Zeitenwende

Die diesem Buch zugrundeliegenden Begriffe *agil* und *lean* werden im folgenden Kap. 2. erklärt. Unter Vorwegnahme des Kap. 2. eine kurze Erklärung der Begriffe *lean* und *agil*, soweit sie für das Verständnis dieses einführenden Abschnitts hilfreich sein sind:

- **Agil**: Produktentwicklung in kurzen aufeinanderfolgenden Zyklen mit der Auslieferung eines messbaren Kundennutzens am Ende einer jeden Iteration
- **Lean**: Schaffung der Voraussetzungen für effizientes und effektives Arbeiten durch Behebung bzw. Vermeidung von Flaschenhälsen sowohl in der Entwicklung und

Produktion als auch in der Entscheidungsfindung hinsichtlich gewünschter Produkteigenschaften.

➜ Die Begriffe *lean* und *agil* stellen im Zusammenhang dieses Buches die zwei Seiten einer Medaille dar: Ohne effiziente Rahmenbedingungen und schnelle Entscheidungswege macht ein agiler, d.h. effizienter und schneller Implementierungsprozess keinen Sinn. Umgekehrt kann eine Organisation nicht wirklich *lean* agieren, wenn die Implementierungszyklen zu lange dauern.

Die globale Herausforderung

Vor dem Hintergrund der allgegenwärtigen Globalisierung und der damit verbundenen verstärkten Konkurrenz zwischen den Volkswirtschaften steht die lean-agile Transformation im historischen Kontext der stetigen Weiterentwicklung und des Produktionsfortschritts. Erfolgreich angewandtes lean-agiles Management soll einen Wettbewerbsvorteil gegenüber den Teilen der Welt darstellen, in denen lean-agile Vorgehensweisen Kultur- und Gesellschaftsbedingt (derzeit noch) weniger ausgeprägt sind als in westlich-wohlhabenden Industrienationen.

Die lean-agile Transformation stellt im Verbund mit verwandten Techniken wie z.B. DevOps einen Hebel dar, um mit effizientem Einsatz an qualifizierten Wissensarbeitern im globalen Konkurrenzkampf mit den aufstrebenden Volkswirtschaften konkurrieren zu können.

Um es mit ein wenig mehr Dramatik auszudrücken:

Es geht schlichtweg kein Weg an der lean-agilen Transformation vorbei und bedeutet für die Unternehmen "change or perish", soll in Regionen mit hohem Lohnniveau weiterhin lukrativ Software-Entwicklung betrieben werden können.

Die lean-agile Antwort

SAFe tritt mit dem Versprechen an, ein Framework für eine solche lean-agile Transformation zu sein.

Dabei nimmt SAFe nicht nur für sich in Anspruch, die agile Entwicklung über eine Vielzahl von Teams zu großen Entwicklungsvorhaben skalieren können. Weiterhin ist es das Ziel von SAFe, das *Lean-Startup-Model* (Ries, 2011), ursprüngliche für kleine Unternehmen und Einheiten gedacht, ebenso auf große und größte Unternehmungen anzuwenden!

Die lean-agile Vorgehensweise bezieht sich prinzipiell auf jegliche Produktentwicklung – keinesfalls nur auf die Software-Entwicklung. Es ist allerdings wahr, dass sich lean Management und agile Softwareentwicklung am leichtesten in der Software-Entwicklung umsetzen lassen.

Anspruch und Wirklichkeit

Gefühlt jede Firma, die etwas auf sich hält bzw. als fortschrittlich und leistungsfähig wahrgenommen werden möchte, behauptet von sich, agil zu arbeiten oder es zu „sein", teilweise ergänzt um die Attribute „größtenteils" oder „zumeist". Wie reibungslos das Ganze dann bei einer Anzahl großer Teams noch abläuft steht auf einem anderen Blatt.

Gewiss dürfen wir keine Wunder erwarten, wenn sich große Organisationen prozesstechnisch neu auszurichten versuchen. Es fällt allerdings auf, dass der Schwerpunkt in vielen Diskussionen zu SAFe auf der Skalierung der agilen Vorgehensweise liegt und der *Lean*-Aspekt zumeist nur nebenbei oder gar nicht vorkommt. Ein Beispiel ist die Präsentation der Siemens LCS, die ihre SAFe-Erfahrung als Erfolgsgeschichte feiert (Siemens PLM Software, Siemens AG, 2018). Darin kommen die folgenden zentralen Termini in der folgenden Häufigkeit vor:

- **Agil**: 28x, auf diesen Begriff wird nachdrücklich eingegangen;
- **Scale**: 14x, Diese Begriff ist wichtig, kommt aber hauptsächlich in stehenden Begriffen vor;
- *Lean*: 3x, wird nur mitgezogen, in der Überschrift und als Teil stehender Begriffe/Schlagworte (*Lean Enterprise, Lean Business Case*).

Diese Verteilung der zentralen Begrifflichkeiten ist symptomatisch. Ferner legt das zitierte Dokument nahe, dass sich Siemens LCS verschiedener in SAFe enthaltenen Rollen, Artefakte und Vorgehensweisen bedient, ohne eine der von SAFe definierte Konfigurationen auch nur einigermaßen komplett zu implementieren. Die Synchronisation der Iterationen der agilen Teams und deren Zusammenfassung zu Program Increments (4 – 8 Iterationen) scheint Siemens LCS laut der zitierten Präsentation umgesetzt zu haben. Dies ist für SAFe essential, macht allerdings noch keine SAFe-Konfiguration aus.

→ Um jedem Missverständnis vorzubeugen: Der Verfasser sieht das Ganze in keiner Weise negativ: Siemens LCS scheint SAFe als „Werkzeugkasten" zu nutzen.

→ Die Frage ist, ob dieser Ansatz die Trainings- und Zertifizierungskosten rechtfertigt. Die zitierte Quelle legt die Inanspruchnahme von Beratungsleistungen nahe, ohne explizit darauf hinzuweisen.

Ziele einer lean-agilen Transformation

Wie so oft bei derartigen Hype-Themen, ist es wichtig, dass der Sinn und Zweck einer lean-agilen Transformation für das Unternehmen allen Mitarbeitern, Stakeholdern und Kunden transparent gemacht wird. Es reicht nicht aus, nur auf den „Transformationszug" aufzuspringen, „weil alle es so machen".

Vielversprechende Ziele einer lean-agilen Transformation sind z.B.:

Verlust der bereits oben angeführten Konkurrenzfähigkeit im globalen und/oder unsicheren Umfeld. Trifft das für die jeweilige Organisation wirklich zu?

- Erhöhung der Effizienz im Sinne der Verkürzung der Time-to-Market. Ein sehr oft genanntes Ziel, das allerdings voraussetzt, das neben kurzen Implementierungszyklen auch die entsprechenden Vorgaben und Entscheidungen getroffen werden. Vor allem muss die Frage beantwortet werden, was die lean-agile Arbeitseise der derzeitigen Arbeitsweise der Organisation voraushat.

- Erhöhung der Profitabilität: Ein sehr oft genanntes Ziel ohne dies aber weiter auszuspezifizieren:

    o Möchte das Unternehmen in der Lage sein, mit den vorhandenen Kapazitäten neue Produkt- und Geschäftsfelder erschließen, und wenn ja, welche?

    o Möchte das Unternehmen die Entwicklung und Produktion effizienter Gestalten und „nebenbei" die Personaldecke abbauen?

    o Welche Unternehmensteile sollen von der lean-agilen Transformation betroffen sein und welche gerade nicht?

    o Welche Karrierepfade sind von der Transformation betroffen?

    o Welche Kosten stehen den erwarteten Verbesserungen durch die Transformation entgegen? Dies fängt bei Trainings- und Beratungskosten an, reicht über die Anpassung sämtlicher Unternehmensstrukturen und hört bei Abfindungen nicht auf.

- Ohne die Schaffung von Transparenz in den genannten Punkten sollte ein lean-agiler Umbau nicht in Angriff genommen werden.

Die Gefahr eines Rückfalls

Der lean-agile Umbau einer Organisation kann nur dann als erfolgreich bewertet werden, wenn ein Rückfall in „voragile" Zeiten nicht so ohne weiteres möglich ist.

Mit *Rückfällen* ist z.B. gemeint, dass in kritischen Situationen das Management in das agile Geschehen eingreift, um detaillierte Planungen und Zeitvorgaben zu erzwingen[1]. In einer derartigen Situation werden die agilen Teams mit der Situation konfrontiert, dass das Senior Management an festen Planvorgaben festhält bzw. die agilen Werte noch nicht vollständig verinnerlicht hat. Im Ergebnis mag es zwar gelingen, ein bestimmtes Feature zu einem

---

[1] Erkenntnis aus der agilen Praxis: Wenn das Team einer Zeitvorgabe des Managements nicht erfüllen kann, ist dies nicht die Schuld des Teams, sondern das Management war wieder einmal nicht in der Lage, die Zukunft vorauszusagen.

festgelegtem Zeitpunkt vorweisen zu können, allerdings unter Inkaufnahme technischer Schulden, Overhead und *Waste*.

Dies ist ein Grund, weshalb die SAFe-Roadmap (Teil III) beim Senior Management bzw. den Lean-Agile Leadership[2] ansetzt, um diesen Rückfall bereits auf Managementebene möglichst zu vermeiden.

Mit der lean-agilen Steuerung vom Senior- bis zu den untersten Management-Leveln muss bei der Etablierung des lean-agilen Mindsets angesetzt werden. Wenn bereits die Wissensarbeiter in den Teams eine stärkere technische und fachliche Expertise als das Management aufweisen, muss dieses zumindest in der Lage sein, die Lean-agile Transformation voranzutreiben.

Lean-agil im historischen Kontext

Zu Beginn des Industriezeitalters existierten noch nicht die Organisationsformen und Rahmenbedingungen, um die damals neuen technischen Möglichkeiten der Massenfertigung sowie der großangelegten Energiegewinnung und dessen Nutzung in effiziente Bahnen leiten zu können.

> Lässt man den Vergleich von industrieller Revolution mit lean-agiler Transformation zu, so kann man sich die disruptive Natur des Wandels anhand eines kleinen Manufakturbetriebs vorstellen, der zu einem Großbetrieb mit Montagebändern und Massenproduktion umgebaut wird.
>
> Startet eine traditionell aufgestellte Organisation eine SAFe-Einführung sind die Änderungen entsprechen tiefgreifend und Risiko-behaftet.

Als Abhilfe bot sich die Orientierung an militärischen Aufbauorganisationen an. Diese fanden als Vorlage Eingang beim Aufbau industrieller Linienstrukturen. Unter einem Oberbefehlshaber (Direktor), existieren weitere Führungsebenen mit Leitern (Offizieren), Mannschaften (Abteilungen) und Stäben (Stabsstellen oder Beratergremien).

Diese Organisationsformen blieben lange Zeit fast unverändert – Anpassungen und Weiterentwicklungen folgten ab Mitte des 20. Jahrhundert, z.B. mit der Einführung von

---

[2] Die direkte Übersetzung „lean-agile Führerschaft" ist unpassend und missverständlich, da der englische Begriff *Lean* bereits Eingang ins Deutsche gefunden hat. Das Wort „führen" wiederum bezieht sich im Deutschen auf das Delegieren oder gar Befehlen. Vor dem Hintergrund agiler sich selbst organisierender und Ergebnis-verantwortlicher Teams könnte der Begriff Führerschaft somit missverständlich sein.

Fertigungsinseln (Landau, 2007), (Ohno, Das Toyota-Produktionssystem, 1993) und Kaizen (Imai, 1997)[3].

> **These:**
> Eine weitergehende an die Erfordernisse der lean-agilen Produktionsweise angepasste Organisationsstruktur würde eine mit der industriellen Revolution vergleichbare Umwälzung darstellen.

Voraussetzungen für agiles Arbeiten im skalierten Umfeld

Nehmen die Entwicklungsvorhaben innerhalb einer Organisation an Größe und Komplexität zu, übersteigen die zur Implementierung notwendigen Ressourcen die Personalstärke einzelner agiler Teams. Es müssen also mehrere Teams dazu gebracht werden, koordiniert unter Beibehaltung agiler Vorgehensweisen an einer Lösung zu arbeiten – und diese aktiv voranzutreiben.

Im besten Fall erlaubt die einem System zugrundeliegende Architektur eine Aufteilung der zu implementierenden Komponenten auf die verschiedenen agilen Teams, die isoliert voneinander die jeweilige Funktionalität getrennt voneinander entwickeln.

Eine solche Architektur ist jedoch in vielen Fällen nicht von Vornherein vorhanden. Nicht zuletzt aus diesem Grund ist in der agilen Community das Thema Skalierung von Anfang an umstritten gewesen. Jeff Sutherland, einer der Miterfinder von Scrum sprach sich zunächst noch gegen jegliche Skalierung von Scrum aus, lässt zu einem späteren Standpunkt jedoch eine "kleine Skalierungslösung" in Form von „Scrum of Scrum" zu, aus der mittlerweile das mit SAFe konkurrierende Skalierungs-Framework (Scrum@Scale, 2019) entstanden ist, dass Kap. 17. näher beschreibt.

Ebenso spricht sich ein weiterer Unterzeichner des agilen Manifests (Agiles Manifest, 2001), Martin Fowler, deutlich gegen Skalierung aus (*„Scaling Agile methods is the last thing you should do."*) (Fowler, Agile Imposition, 2006). Eine weitere Äußerung ebenda ist:„A better approach is to try to scale down your project ".Martin Fowler bezieht sich auf Projekte, nicht auf skaliertes agiles Arbeiten in Linienorganisationen, so wie es z.B. SAFe und Spotify anstreben.

---

[3] Firmen wie SAP, Software-AG und die diversen Consulting-Unternehmen einmal ausgenommen, fand im ausgehenden 20. Jahrhundert und findet ein Großteil der Software-Entwicklung in den großen und mittelständischen Maschinen- und Anlagenbauern statt sowie in Banken und Versicherungen statt.

Ein weiterer Grund für den Widerstand gegen agile Skalierung war und ist, dass Skalierung im Gegensatz zu einer traditionelle Arbeitsteilung steht, wie sie im Rahmen von komplexen Entwicklungen auftritt.

Ken Schwaber, einer der 17. Unterzeichner des agilen Manifests formuliert seine Abneigung gegenüber SAFe im speziellen in seinem Blog (Schwaber, 2013) ein wenig drastisch. Auf der anderen Seite befindet sich Schwabers Consulting Firma LeSS Company B.V. als Anbieter eines Frameworks zur agilen Skalierung (LeSS) in direkter Konkurrenz zu Scaled Agile Inc.

Viele „schlanke" Ansätze

Neben SAFe und dem in Kap 14. beschriebenen Spotify-Modell existieren noch weitere Frameworks mit dem Ziel, Skalierung unter Beibehaltung agiler Grundsätze zu ermöglichen. Diesen widmet dieses Buch jeweils eigene Kapitel:

- Das Spotify-Modell (Kap. 14.),
- Less (Large-Scale Scrum, 2018) (Kap. 15.),
- Nexus (Scrum.org, 2018) (Kap. 16.),
- Scrum@Scale (Scrum@Scale, 2019) (Kap. 17.).

Teamgrößen

Es gilt als Binsenweisheit, dass die Anzahl von ca. 4 bis 9 Personen die optimale Größe eines agilen Teams darstellt[4]. Diese Größe ermöglicht die direkte Kommunikation zwischen allen Beteiligten, ohne dass zu viel Kommunikations-Overhead entsteht.

Wenn man sich zur Skalierung entschließt, geht SAFe von einer weiteren Größe aus, die die max. Anzahl der direkt miteinander in Beziehung stehenden Menschen definiert: Das von dem Psychologen Robin Dunbar eingeführte kognitive Limit (ART, Scaled Agile Inc., 2018). Dieses Limit liegt bei ca. 150 Personen und wird als „Dunbar's Number" bezeichnet. Die Anzahl von 150 Personen stellt selbstverständlich keine exakte Grenze dar, sondern wurde durch Dunbar in einem Studio mit statistischen Methoden ermittelt (Dunbar, 1993).

Hinsichtlich der Skalierung auf mehrere Teams stellen sich die Fragen:

- Nach den Kriterien, die für eine Aufteilung der Teams maßgeblich sind;
- Nach der Kommunikation zwischen den Teams;
- Nach der Behandlung der Abhängigkeiten zwischen den Teams.

---

[4] In der Beschreibung des Scrum@Scale-Framework in Kap. 17. wird auf eine jüngere Studie verwiesen, die eine Teamgröße von 4-6 Personen als ideal betrachtet.

- SAFe und die weiteren genannten Frameworks sind mit dem Ziel angetreten, auf diese Fragen in der Praxis umzusetzende Antworten geben zu können.

1.4. Anleitung für dieses Buch

Abb. 1-1gibt einen Überblick über die Struktur des Buches:

Abb. 1-1 Struktur des Buches

Teil I: Einführung in die Grundlagen von SAFe
Lean-agile Grundlagen – ein Primer für die lean-agilen Grundlagen von SAFe, unabhängig vom eigentlichen SAFe-Framework.
„SAFe in a Nutshell" – eine abschließende Einführung in das SAFe Framework mit allen seinen Ausbaustufen.

Teil II: Details zu den SAFe-Ausbaustufen – verschiedene aufeinander aufbauende Möglichkeiten, SAFe in einer Organisation zu implementieren.
Das Fundament und Grundlagen von SAFe
Details zu den SAFe-Konfigurationen:
– Essential SAFe,
– Large Solution SAFe,
– Portfolio SAFe,
– Full SAFe.

Teil III: Die SAFe-Einführungs-Roadmap – eine Beschreibung, wie Scaled Agile Inc. sich die Einführung von SAFe vorstellt.
Beschreibung aller Maßnahmen zur Einführung von SAFe anhand der SAFe® Implementation Roadmap.

Teil IV: Bewertung von SAFe und Vergleich mit anderen agilen Skalierungs-Frameworks
Einführung und Vergleich der Frameworks: Spotify, LeSS, Nexus und Scrum@Scale unter Hervorhebung von Gemeinsamkeiten mit und Unterschieden zu SAFe.
Abschließende Bewertung von SAFe.

Teil I:

Einführung in die

Grundlagen von SAFe

Um SAFe verstehen zu können, muss man sich vergegenwärtigen, wie SAFe die Begriffe *agil* und *lean* versteht und was von der Kombination dieser beiden Konzepte *lean agil* erwartet wird.

Agil

SAFe bezieht sich mit *agil* bezieht auf die klassische Form von Agilität, die auf überschaubaren Teams von 3- 9 Personen fußt. SAFe nennt das Agile Manifest (Agiles Manifest, 2001) explizit als eine seiner Grundlagen und bedient sich hinsichtlich der Begrifflichkeiten bei den Vorgehensweisen Scrum (Scrum.org, 2018) und Extreme Programming (XP) (extremeprogramming.org, 2013)[5]. Dies ist nachvollziehbar, da es sich bei Scrum und XP um gelebte agile Praxis handelt. Das Ziel von SAFe ist die Skalierung der agilen Vorgehensweise auf eine große Anzahl von Teams und Personen bis hin zu großen Lösungen (Solutions) im Bereich von mehr als 1000 Personen.

Lean

Unter „lean" versteht SAFe mehr als die z.B. in (Liker, 2006) beschriebenen „klassischen" Grundsätze des Lean Managements. Vielmehr steht das „lean" darüber hinaus für das *Lean Startup Model* (Ries, 2011). Diese Methodik zielt auf die Kombination von schnellem Feedback in Kombination mit iterativ-inkrementeller Produktentwicklung ab. Diese dient der stetigen Überprüfung des Geschäftsmodells und ggf. dessen Korrektur im Sinne der Kundenbedürfnisse und einer kleinstmöglichen Time-to-Market.

SAFe soll dabei helfen, die beschriebenen Praktiken so anzuwenden, dass das Ergebnis am Ende trotz aller Skalierung immer noch „lean" und „agil" ist.

TL; DR

Scaled Agile Inc. hat mit SAFe prinzipiell einen Rahmen geschaffen, der bereits bekannte Praktiken aus dem Bereich der agilen Entwicklung und der Lean-Startup-Methodik in einem Framework vereint.

---

[5] Dies erscheint nicht immer gelungen. So hat sich z.B. überall in der agilen Welt der Begriff *Sprint* für den zentralen Arbeitsabschnitt etabliert, indem ein (Teil-)Produkt erstellt wird. SAFe jedoch führt den ursprünglich in XP eingeführten Begriff *Iteration* ein. Dieser prinzipiell neutrale Begriff wurde bereits in XP genutzt, ist aber durch seine Verwendung im Rational Unified Process (RUP) bei vielen Agilisten negativ belegt und führt in der Praxis immer mal wieder zu Missverständnissen.

SAFe stellt einen Startpunkt für die lean-agile Transformation großer und komplexer Unternehmen dar. Dazu bietet SAFe mehrere Ebenen, um beginnend bei einem oder wenigen Teams, SAFe in eine Organisation einzuführen.

2.1. Der PDCA-Zyklus

Wohlbekannt und immer wieder gerne zitiert ist der PDCA-Zyklus zum Gemeinplatz „verkommen". Das von Deming in dieser Form bereits Mitte des 19. Jahrhunderts beschriebene Prinzip ist der Inbegriff der Feedback-Schleife, leicht zu verstehen und nachvollziehbar, aber umso schwerer in komplexen Organisationen und Umfeldern umzusetzen.

Die Häufigkeit, mit der die eine oder andere Variante des PDCA- Zyklus in allen möglichen Frameworks und Vorgehensmodellen zitiert wird[6], hätte mittlerweile zu einer utopisch-idealen IT-Welt führen müssen – ist so aber nicht der Fall. Offensichtlich erfolgreiche Anwendung findet der PDCA - Zyklus nur dort, wo die Feedback-schleifen hinreichend kurz sind. Z.B. in agilen Umfeldern.

SAFe nimmt in jedem seiner Level Bezug auf den PDCA- Zyklus. Abb. 2-2 zeigt dessen vier Phasen:

Plan: Planung eines Schrittes oder einer Maßnahme, um ein Ziel zu erreichen oder ihm näher zu kommen.

➔ Z.B. die Planung eines Sprints im Sprint Planning in einem herkömmlichen Scrum-Umfeld

Do: Ausführung des geplanten Schrittes oder der Maßnahme.

➔ Z.B. Durchführung des Sprints durch das Scrum-Team.

Check: Überprüfung der Wirksamkeit des soeben durchgeführten Schrittes.

➔ Z.B. in Form eines Sprint Reviews im Scrum-Umfeld.

Adapt/Act: Anpassung des eben durchgeführten Schritts angewendeten Verfahren oder Maßnahme.

➔ Dies geschieht z.B. im Rahmen einer Scrum-Retrospektive.

---

[6] Z.B. in der IT Infrastructure Library (ITIL).

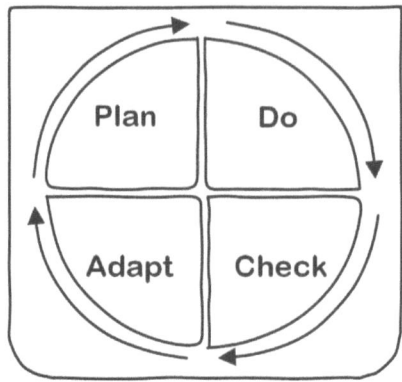

Abb. 2-2 PDCA-Zyklus

2.2. Agile Softwareentwicklung

Agile Softwareentwicklung bezeichnet die am PDCA-Zyklus ausgerichtete inkrementell-iterative Vorgehensweise in der Softwareentwicklung. Durch den konsequenten PDCA-Einsatz erhöhen sich Transparenz und Flexibilität, was zu einem schnelleren Einsatz entwickelten Systeme führen soll, in Kombination mit minimierten Risiken im Entwicklungsprozess.

Die Agile Software-Entwicklung versucht auf diese Weise, mit geringem bürokratischem Aufwand und Regeln auszukommen und sich schnell an Veränderungen anzupassen, ohne dabei das Risiko für Fehler zu erhöhen.

Geschichtliche Entwicklung und agiles Manifest

Erste Ansätze zu agiler Softwareentwicklung sind bereits Anfang der 1990er Jahre zu finden. Popularität erreichte die agile Softwareentwicklung erstmals Mitte der 1990er Jahre mit dem nahezu zeitgleichen Aufkommen von Extreme Programming (XP) und Scrum. Dieses Interesse an Extreme Programing ebnete den Weg ebenso für andere agile Prozesse und Methoden.

Die Grundprinzipien agiler Vorgehensweisen und der Begriff „agil" selbst wurden im Februar des Jahres 2001 (Agiles Manifest, 2001) im „agilen Manifest" formuliert. SAFe nennt das agile Manifest als eine seiner externen Grundlagen. Die 12 Grundsätze des agilen Manifests lesen sich in der deutschen Übersetzung ungefähr so:

Wir erschließen bessere Wege, Software zu entwickeln, indem wir es selbst vorleben und anderen dabei helfen, es uns gleichzutun.

Durch diese Tätigkeit haben wir diese Werte zu schätzen gelernt:

— Individuen und Interaktionen sind wichtiger als Prozesse und Werkzeuge

- Funktionierende Software ist wichtiger als umfassende Dokumentation
- Zusammenarbeit mit dem Kunden ist wichtiger als Vertragsverhandlungen
- Reagieren auf Veränderung ist wichtiger als das Befolgen eines Plans

→ *Das heißt: Obwohl die auf der rechten Seite der Statements genannten Werte wichtig sind, schätzen wir die Werte auf der linken Seite höher ein.*

An die Kernaussage des agilen Manifests schließen sich dessen 12 Prinzipien an:

1. *Unsere höchste Priorität ist es, den Kunden durch frühe und kontinuierliche Auslieferung wertvoller Software zufrieden zu stellen.*
2. *Heiße Anforderungsänderungen selbst spät in der Entwicklung willkommen. Agile Prozesse nutzen Veränderungen zum Wettbewerbsvorteil des Kunden.*
3. *Liefere funktionierende Software regelmäßig innerhalb weniger Wochen oder Monate und strebe dabei die kürzest mögliche Lieferzeit an.*
4. *Fachexperten und Entwickler müssen während des Projektes täglich zusammenarbeiten.*
5. *Errichte Projekte rund um motivierte Individuen. Gib ihnen das Umfeld und die Unterstützung, die sie benötigen und vertraue darauf, dass sie die Aufgabe erledigen.*
6. *Die effizienteste und effektivste Methode, Informationen an und innerhalb eines Entwicklungsteams zu übermitteln, ist im Gespräch von Angesicht zu Angesicht.*
7. *Funktionierende Software ist das wichtigste Fortschrittsmaß.*
8. *Agile Prozesse fördern nachhaltige Entwicklung. Die Auftraggeber, Entwickler und Benutzer sollten ein gleichmäßiges Tempo auf unbegrenzte Zeit halten können.*
9. *Ständiges Augenmerk auf technische Exzellenz und gutes Design fördert Agilität.*
10. *Einfachheit -- die Kunst, die Menge nicht getaner Arbeit zu maximieren -- ist essenziell.*
11. *Die besten Architekturen, Anforderungen und Entwürfe entstehen durch selbstorganisierte Teams.*
12. *In regelmäßigen Abständen reflektiert das Team, wie es effektiver werden kann und passt sein Verhalten entsprechend an.*

Man sieht sofort anhand der o.g. Prinzipien, dass es schwierig sein könnte, diese in einem Multi-Team- oder gar Multi-Abteilungs-Szenario ohne Weiteres "leben" zu können.

Zum Zeitpunkt der Formulierung des agilen Manifests wurden Vorgehensweisen wie Scrum, XP, und Kanban bereits bekannt (neben anderen heute nicht mehr oft genutzten Verfahren). Diese wurden noch nicht landläufig als "agil" bezeichnet[7], sondern zunächst mit Begriffen wie "adaptiv", "leicht" oder "leichtgewichtig" umschrieben. Die Unterzeichner des agilen Manifests verhalfen schließlich den Terminus "agil" zum Durchbruch.

Die heutzutage in der agilen Entwicklung sichtbaren Praktiken leiten sich aus den o.g. 12 Prinzipien ab. Die folgenden Abschnitte dienen der Erläuterung der Prinzipien in Vorbereitung auf die folgenden Teile und Kapitel des Buches:

Praktik:

Erstelle Software innerhalb kurzer Zeitabschnitte in kleinen aufeinander aufbauenden Inkrementen. Also iterativ, inkrementell und, im Ganzen betrachtet, evolutionär. Die in einem Sprint (2 – 4 Wochen) umzusetzenden Anforderungen werden nur für einen Sprint geplant und umgesetzt. Neuer Sprint, neue Planung.

➔ Agile Prinzipien 1, 2 und 3.

Praktik:

Arbeite in kleinen, überschaubaren Teams, die Disziplin-übergreifend aufgestellt sind. Alle Fähigkeiten und Qualifikationen zur Erstellung des Produkts sind im Team vorhanden. D.h. neben Entwicklern sind Architekten, Business Analysten etc. vorhanden. Ein sog. Product Owner (PO) repräsentiert im Team die Fachseite. Der PO hat Entscheidungsgewalt darüber, welche Anforderungen mit welcher Priorität umgesetzt werden sollen. Der Rest des Teams hat die Entscheidungsgewalt, wie welche Anforderungen zu welchem Zeitpunkt umgesetzt werden, solange sich die Entwickler an der PO-seitigen Priorität orientieren.

➔ Agile Prinzipien 4 und 6.

Praktik:

Das Team konzentriert sich auf den Kundennutzen, das heißt darauf, dass das im jeweiligen Sprint erstellte Produktinkrement einen Mehrwert für den Kunden darstellt und somit "irgendwie" demonstrierbar ist. Der PO überprüft jede User Story auf ihren Kundennutzen.

➔ Prinzipien 1, und 10.

Praktik:

Es werden nur Stories umgesetzt, die von allen Entwicklern im Team verstanden sind und auf deren Aufwand sich die Entwickler geeinigt bzw. ein Commitment abgegeben haben. Jede

---

[7]Die Einführung der Bezeichnung trat Mitte/Ende der 1990er Jahre sporadisch auf, bis die Herausgeber des agilen Manifests den Begriff im Jahre 2001 endgültig prägten.

geschätzte Story, die in einem Sprint umgesetzt werden soll, benötig das Commitment der Entwickler, dass diese Story im jeweiligen Sprint umgesetzt werden kann und wird. Niemand, auch nicht der PO, legt fest, dass eine Story zu einem bestimmten Zeitpunkt umgesetzt werden soll.

➔ Prinzip 11.

Praktik:

Der PO, unterstützt von Business-Experten, verfasst kurze Anforderungen in Form von User Stories, die in einem Produkt Backlog für alle einsehbar sind. PO und Entwicklungsteam ordnen im Rahmen des Sprint Plannings einzelne User Stories dem kommenden Sprint zu. Alle an der Implementierung einer Story beteiligten nehmen eine relative[8] Aufwandsschätzung der User Stories vor. Der PO entscheidet, was mit in einem Sprint nicht implementierten Stories geschieht: Entweder in den nächsten Sprint verschieben, überarbeiten, wieder im Product Backlog ablegen oder einfach ignorieren. Der PO unterstützt durch das übrige Team darin, dass immer genug Stories im Backlog vorhanden sind, um das Team in seinen Sprints auszulasten.

➔ Agile Prinzipien 4, und 8.

Praktik:

Die Entwickler arbeiten zeitweise zu zweit an einem Rechner (*Pair Programming* oder *Pair Work*). Dies geschieht sowohl während der üblichen Entwicklung als auch während den Refactorings, in denen vorhandener Programm-Code überarbeitet wird.

➔ Prinzipien 1 und 9.

Praktik:

Einmal pro Sprint, meistens an dessen Ende, finden Retrospektiven statt. In einer Retrospektive identifiziert das Team Erfolge und Misserfolge des aktuellen Sprints und einigt sich auf korrigierende Maßnahmen, wenn notwendig.

➔ Prinzip 12.

---

[8] „Relativ" meint: Der Aufwand der Stories wird nicht in konkreten Zeiträumen oder finanziellen Mitteln geschätzt. Vielmehr dienen *Story Points*, *T-Shirt-Größen* oder jede andere imaginäre Währung als Maß für die entstehenden Aufwände der einzelnen Stories.

Praktik:

Der einem Team zugeteilter Scrum Master mit Erfahrung in agiler Entwicklung überprüft die Einhaltung aller Prinzipien.

Im Idealfall präsentiert das Team am Ende eines jeden Sprints die entwickelte Funktionalität den internen oder externen Kunden. Metriken zur Messung der Team-Performance und des Erreichten werden automatisch über die Bearbeitung der User Stories erfasst und ebenso ausgewertet. Idealerweise läuft die individuelle Zeiterfassung, wenn notwendig, über die User Stories. Kein Entwickler, auch nicht der PO, erstellt manuell ein Fortschritts-Reporting.

➔ Prinzipien 1, 4 und 7.

Die erfolgreiche Realisierung des o.g. Prinzips 8 („*Agile Prozesse fördern nachhaltige Entwicklung[...]*") ist auf den Einsatz aller o.g. Praktiken zurückzuführen.

> SAFe nennt das agile Manifest als seine Grundlage nicht nur aus dem Anspruch heraus, die agilen Prinzipien bei aller Skalierung nicht zu vernachlässigen zu wollen, sondern ebenso, um den Kritikern agiler Skalierung etwas entgegenzusetzen.

2.2.1.   Agiles Theater

Es gibt sie zuhauf: Teams, die das agile Vokabular herauf und herunter deklinieren, in Sprints arbeiten und die agilen Events durchführen. Dies mag zwar in vielen Fällen hilfreich bei der Entwicklung sein, stellt aber keinen Garant für agiles Vorgehen dar.

Statistiken mit Aussagen über den Anteil der Unternehmen, die zumindest teilweise agil arbeiten, beruhen zumeist auf den Aussagen der Unternehmen selbst und sind nach aller Erfahrung mit Vorsicht zu genießen.

In Verbindung mit skaliertem Vorgehen kann sich agiles Theater extrem nachteilig auswirken, wenn die synchrone Zusammenarbeit der Teams in einem gemeinsamen Takt nicht funktioniert, somit kein *Flow* entsteht und in dessen Folge der agilen Transformation ihr Fundament entzogen wird.

➔ Es ist keine Schande, nicht agil zu arbeiten, jedoch höchst fragwürdig, Agilität nur vorzugeben, sie aber nicht zu leben.

➔ Umgekehrt ist es durchaus ehrbar, im Rahmen einer traditionellen Wasserfallentwicklung, soweit wie möglich iterativ inkrementell vorzugehen, und durch das Setzen entsprechend kurz aufeinander folgender Milestones schnell zu vorzeigbaren Entwicklungsergebnissen zu kommen.

Agiles Theater frustriert und demotiviert nicht nur die Mitarbeiter, sondern führt weiterhin dazu, dass für die in Verbindung mit hohen Schulungs- und Zertifizierungskosten kein ROI existiert.

→ Agiles Theater lässt alle verlieren, die Organisation, die einzelnen Mitglieder der „agilen" Teams sowie die Stakeholder und die Kunden.

Woran erkenne ich agiles Theater?

Agiles Theater ist in den meisten Fällen[9] kein Potemkin'sches Dorf, dass eine bewusste Irreführung darstellen soll. Vielmehr handelt es sich beim agilen Theater zumeist um die Folge bzw. das Symptom einer nicht konsequent durchgeführten agilen Transformation.

Es sind die Details, die agiles Theater verraten:
— In Sprint Reviews werden keine Ergebnisse am lebenden Objekt, dem System, gezeigt, sondern es wird reportet - in Form von Excel-Sheets und Präsentationen.

— In den täglichen Standups (*Daily Standups*, DSU) findet anstatt einer Klärung der Status der Backlog-Elemente ein „Rechtfertigungsreporting" statt.

— In den Sprint Reviews finden keinerlei Diskussionen statt – es wird vielmehr darauf geachtet, die Stakeholder von jeglichen Diskussionen und Kontroversen abzuschirmen. Es mag durchaus nachvollziehbar sein, dass die Teams in den Sprint Reviews keine missverständliche Wahrnehmung bei den Stakeholdern erzeugen möchten. Wenn Diskussionen aber von Management-Seite, z.B. einer Gesamtprojektleitung, unterbunden werden, bedeutet dies, dass dort die agilen Grundlagen entweder nicht verstanden sind oder die agile Vorgehensweise bewusst sabotiert wird, um eigene nicht-agile Herrschaftsbereiche abzusichern.

— Die in Sprint-Retrospektiven festgehaltenen Ergebnisse werden nicht oder nur in den seltensten Fällen nachgehalten oder in zukünftigen Retrospektiven wiederaufgenommen.

— „Hineinmanagen" in die Teams: Scrum Master, POs oder sonstige Stakeholder setzen feste Deadlines und Umfang für Ergebnisse der Sprints. Weiterhin verordnen sie Vorgehensweisen für Workarounds, um Impediments abzumildern. Dadurch hat das Team keinen vollen Einfluss auf die Art und Weise, wie technische Schulden aufgebaut

---

[9] Dem Verfasser sind Organisationen bekannt, denen es zunächst bewusst um die oberflächliche Einführung der agilen Begriffe, agilen Rollen, Artefakte sowie der agilen Team- und Event-Strukturen geht. Eine solche Organisation will sich ihren Kunden und Mitarbeitern so schnell wie möglich agil präsentieren. Dies geschieht nicht zuletzt, um Werte wie Eigenverantwortung in den Teams offensiv von den Mitarbeitern einfordern zu können – und um Entlassungen zu rechtfertigen – „wir sind ja jetzt lean-agil und damit produktiver".

oder vermieden werden. In einem solchen Szenario verhalten sich Scrum Master wie Teilprojektleiter.

— Micro-Managing: Scrum Master und Pos schalten sich übermäßig(!) in die Kommunikation zwischen Entwickler und Fachexperten während der Abarbeitung der User-Stories und der sich daraus ergebenen Tasks aktiv ein. Dabei wird permanent Druck in Bezug auf deren zeitnahen Abarbeitung aus sowie auf die Art und Weise der Bearbeitung ausgeübt. Diese Art des Micro-Managements wird im agilen Theater bisweilen zur Kunstform erhoben, wenn Projektmanager diese quasi in Vollzeit ausüben.

2.3. Lean Management und Lean Startup

SAFe bezieht sich bei der Verwendung des Wortes *Lean* nicht nur auf die Grundlagen des Lean Managements, so wie sie (Ohno, 2005) und (Womack, 2007) beschreiben, sondern auch und gerade auf das Lean Startup-Model (Dorf, 2014).

Lean bedeutet, wie der Name bereits sagt, dass möglichst alle unnötigen Tätigkeiten (*Waste*) in einem Produktionsprozess vermieden werden. Dies geschieht aus zwei Perspektiven heraus:

Der Unternehmensperspektive:

Mit unnötigen Tätigkeiten sind neben dem administrativen Overhead vor allem Tätigkeiten, Verfahren und Prozesse gemeint, deren Veränderung oder Abschaffung die Profitabilität der Entwicklung und Produktion selbst erhöht.

Der Kundenperspektive:

Das oder die Produkte unterliegen einer ständigen Optimierung und Verbesserung im Hinblick auf die Maximierung deren Kundennutzens. Dies geschieht auf der Basis eines permanenten Lernprozesses, der dem Prinzip der kleinen Fortschritts-Inkremente folgt:

Änderungen an bestehenden oder Innovationen für neue Produkte werden in den kleinstmöglichen Inkrementen durchgeführt und an den/die Kunden ausgeliefert. Nach jedem einzelnen Schritt wird der Erfolg des zuletzt durchgeführten Inkrements vor Kunde gemessen und aufgrund des Gelernten die Produktentwicklung in der einen oder anderen Richtung weitergeführt. Der Knackpunkt ist die Kürze der Inkremente (PDCA-Zyklus).

2.3.1.   Lean Management

Klassisches Lean Management[10] bedeutet die konsequente Ausrichtung auf das, was der Kunde wirklich benötigt und ihm/ihr einen Nutzen verschafft:

> „Wer ist unser Kunde bzw. die Zielgruppe und auf welchen Vertriebswegen wollen wir dem Kunden welche Leistung(en) anbieten, damit er oder sie diese am besten für sich nutzen kann?"

Diese Fragestellung wird vor dem Hintergrund der in vielen Firmen vorherrschenden eher schwergewichtigen Prozesse behandelt. Die Kernprinzipien des Lean Managements finden sich durchgehend in SAFe wieder und sind nachfolgend beschrieben:

Den Wert (*Value*) für den Kunden (Kundennutzen) kennen.

Wenn Ressourcen in die Entwicklung eines technologisch gesehenen fortschrittlichen Produktes investiert werden, das am Ende aus Kundensicht nicht praxisgerecht einsetzbar ist, nützt dies weder Kunden noch Produzenten. Mit reinen Umfragen zur Marktforschung ist es nicht getan, da diese nicht immer dem realen Kundenverhalten[11] Rechnung tragen.

Den Wertstrom (SAFe: Value Stream) kennen

Den Wertstrom stellte die Gesamtheit alle Prozesse und Aktivitäten eines Produktes oder Service dar. Indem sich alle beteiligten über den oder die Wertströme einer Organisation im Klaren sind, fällte es ihnen leichter, unnötige Aktivitäten (*Waste*) zu identifizieren und zu entfernen. Dazu muss die Organisation den o.g. Value kennen, um den Wertstrom auf diesen Value ausrichten zu können.

Das Fluss-Prinzip (Flow) nutzen

Es geht um nichts anderes, als den kontinuierlichen Produktionsfluss aufrecht zu erhalten. Der Ansatz des Lean Managements ist es, diese Optimierung über Abteilungsgrenzen hinweg durchzuführen. Lokale Optimierung würde zu Unterbrechungen oder Engpässen des Flusses an Abteilungsgrenzen führen und den Value Stream schwächen, so wie eine Kette nicht stärker als das schwächste Glied sein kann.

---

[10] (Ohno, Das Toyota-Produktionssystem, 1993) (Poy, 1999) (Werner Pfeiffer, 1992) (James Womack, 2007)

[11]Kunden, die sich in Marktumfragen für ökologische KFZ aussprechen, die sich aufgrund kleiner Ausmaße leicht einparken lassen, geben am Ende doch dem SUV den Vorzug.

Schaut man aus der Produktsicht auf den Produktionsprozess, erkennt man die vielen Stopps in Form von Wartezeiten, Zwischenlagern und Pufferbeständen. Aus dem Blickwinkel des Lean Managements verbergen sich bzgl. dieser Stopps erhebliche Verbesserungspotenziale, die durchaus eine weitreichende Auswirkung auf die Effizienz des gesamten Wertstroms haben.

Wenn es gelingt, Engpässe zu beseitigen, die Produktion zu harmonisieren sowie darüber hinaus möglichst kleine Lose sehr schnell und kontinuierlich zu verarbeiten („fließen") zu lassen), dann schafft dies eine wesentliche Voraussetzung dafür, die Fertigung flexibel, auftragsbezogen und effizient steuern zu können.

Das Pull-Prinzip einführen

Das zu erstellende Produkt oder zu implementierende Feature stellt den Auslöser zum Start der Produktion durch den Entwickler/Bearbeiter dar. Das letzte Glied zieht („pull") die benötigten Ressourcen, Materialen oder Anforderungen. Im Extremfall werden diese erst zum Zeitpunkt der Bedarfsanmeldung (z.B. Kundenbestellung) produziert. In der Realität liegen am Start der Entwicklung nicht alle Anforderungen in der zur Implementierung notwendigen Detailtiefe vor, sondern nur die wichtigsten.

In vielen Unternehmen wird nach der Maßgabe der maximalen Maschinenauslastung produziert[12]. Wenn das Unternehmen jedoch konsequent auf den Kunden ausgerichtet ist und die Organisation den Wertstrom nach dem Fluss-Prinzip organisiert, wird erst dann produziert, wenn der Kunde bestellt oder die Bestände ein Minimum erreicht haben. Diese Bestellpunkte bilden den Anstoß für die Produktion. Beim Pull-Prinzip zieht man vom Kunden aus gesehen die Produkte durch die Produktionsschritte, anstatt sie durch Planungsvorgaben in die Produktion zu drücken („push"). So ist ohne Terminjägerei und Überstunden eine 100-prozentige Liefertreue erreichbar. Es entfällt zudem nicht nur die Lagerung von Teilprodukten und Fertigwaren und der damit verbundene Such- und Transportaufwand, sondern häufig kann darüber hinaus die Fertigung ebenso personell entlastet werden.

Wertstromanalyse

Wertstromanalyse bedeutet die Identifizierung der in einem Unternehmen vorhandenen Wertströme nebst Detaillierung aller involvierten Prozessschritte im Rahmen einer Ist-

---

[12] Dies passiert zuweilen auch auf die Auslastung von Software-Entwicklungs-Teams zu, wenn diese bereits mit Entwicklern besetzt sind, ohne dass sich bereits eine genügend hohe Anzahl verwertbarer Anforderungen im Backlog befindet. Solche Teams entwickeln in einer solchen Situation bisweilen „einfach mal so" ein Framework in der Annahme, dass dies im weiteren Verlauf der Entwicklungstätigkeit benötigt wird.

Analyse. Neben dem Zusammenhang aller für den Produktionsablauf benötigten Schritte und Ressourcen ist das Ergebnis der Wertstromanalyse die Identifizierung von Flaschenhälsen, Wartezeiten, doppelten Arbeiten oder Nacharbeiten aufgrund von Entwicklungs- oder Produktionsmängeln.

Geringe Batch- oder Los-Größen

Es mag der Intuition zunächst widersprechen: Die Verarbeitung großer Stückzahlen stellt in vielen Fällen nicht die effektivste Methode der Verarbeitung dar, speziell nicht für neue Produkte, die sich erst noch am Markt bewähren müssen. Ein Extremfall, der „one-piece-flow" in der Produktion, versetzt die Beteiligten z.B. in die Lage, nach jedem Stück das Ergebnis zu überprüfen und, wenn notwendig, Änderungen an Qualität oder Funktionsweise vorzunehmen sowie die Lagerhaltung und die Belegung derzeit nicht benötigter Ressourcen zu minimieren.

Anwendung von Metriken

Um den erreichten Fortschritt messbar und damit auswertbar zu gestalten, werden effiziente Metriken benötigt, wie sie Kap. 4.5.1. beschreibt.

Einbeziehung der Mitarbeiter

Mitarbeiter haben von Anfang an Anteil an der Produktentwicklung und bringen Meinungen und Verbesserungsvorschläge ein. Der Wille zur Einbeziehung muss glaubhaft sein. Weiterhin muss sich das Unternehmen auf die Loyalität seiner Mitarbeiter verlassen können. Umgekehrt motiviert eine ehrliche Einbeziehung der Mitarbeiter deren Loyalität und fördert den innerbetrieblichen Know-How-Transfer.

Perfektion anstreben

Perfektion kann weder angeordnet noch erreicht werden. Vorbedingung für eine Annäherung an das „Perfekte" sind die zuvor beschriebenen Lean Management-Prinzipien, die das Arbeiten mit kleinen Losgrößen und deren Visualisierung zwecks Auswertung im Sinne kleiner PDCA-Zyklen proklamieren. Stimmen dann noch die eingesetzten Metriken, so ist eine permanente Qualitäts- und Erfolgskontrolle machbar. Aus dieser Erfolgskontrolle lassen sich Maßnahmen zur kontinuierlichen Verbesserung bzw. zur Annäherung an die Perfektion ableiten.

2.3.2.   Lean Startup und validiertes Lernen

Das Lean-Startup-Modell baut auf dem Lean Management auf und nimmt für sich in Anspruch, allgemeingültig zu sein, kann aber am leichtesten bei der Erstellung virtueller Güter eingesetzt werden.

Die Grundprinzipien der Lean-Startup-Methode setzen sich folgendermaßen zusammen:

Entrepreneure und Intrapreneure

Personen, die neue innovative Produkte oder Dienstleistungen realisieren. Der Erfolg derartiger Produkte ist nicht gesichert. Entrepreneure arbeiten in einem Startup – Intrapreneure führen eine Einheit innerhalb einer etablierten Organisation nach Lean- Startup-Prinzipien.

Die Möglichkeit, nach Lean- Startup-Prinzipien zu arbeiten finden sich in allen Unternehmen oder Bereichen, in denen neue, innovative Produkte (oder Dienstleistungen) unter unsicheren Bedingungen und Erfolgsaussichten geschaffen werden sollen.

Validiertes Lernen

Aufgrund dieser Unsicherheit sehen Entrepreneure Lernkurven und Lernschleifen vor; das Ausprobieren wird zum Prinzip! Fehlschläge gehören zum Programm („*Fail fast, fail often*")). Dieser Prozess wird *Validiertes Lernen* genannt:

> Beim Validierten Lernen handelt es sich um nichts anderes als die Anwendung der aus der agilen Entwicklung bekannten kurzen Feedbackschleifen auf die Produktentwicklung. Validiertes Lernen sieht diese Feedbackschleifen durch den gezielten Einsatz von explorativen Prototypen[13] („Experimenten") vor. Ein Prototyp kann z.B. in Form von sog. Minimum Viable Products (MVP) oder Minimum Marketable Products[14] (MMP) auftreten. Das Ergebnis des Experiments wird jeweils mit der Vision abgeglichen. Als Resultat ändern sich die Anforderungen an das Produkt, die Vision oder beides.

> → Beim Vorgehen nach dem Lean-Startup-Model kann es durchaus Phasen gebe, in denen die Vision sehr volatil ist. Prinzipiell ist eine Vision niemals in Stein gemeißelt. Eine „lebende" Vision und deren Kommunikation im Unternehmen stellt aller Erfahrung nach viele Organisationen vor eine Herausforderung.

---

[13] Das Konzept des explorativen Prototyps existiert bereits seit langem in der agilen Vorgehensweise, speziell im Extreme Programming.

[14] Anstatt über MMPs zu sprechen, wird oft auf einzelne Features, sog. Minimum Marketable Features (MMFs) Bezug genommen.

Nach (Ries, 2011) stellt ein MVP ein minimal funktionsfähiges Produkt dar. Dies wird mit dem Ziel erstellt, eine konkrete Hypothese zu verifizieren oder zu falsifizieren. Das geschieht durch mehrere einzelne Experimente vor Kunde. Der MVP enthält idealerweise nur die für die besagten Experimente notwendige Funktionalität.

Konkret beantwortet ein MVP die Fragen nach:

- Dem Problem – welche Probleme sollen aus Sicht des Kunden gelöst werden?
- Der Rezeption der Funktionalität durch den Kunden – löst die Funktionalität des MVP die Probleme des Kunden überhaupt?
- Dem besten Vertriebsweg – wie erreiche ich den oder die Kunden am besten?
- Der Zielgruppe – wer ist mein bzw. wer sind meine Kunden?

Dem validierten Lernen liegt die Erfahrung zugrunde, dass in der Vergangenheit vielversprechende Produkte deshalb versandeten, weil die o.g. Fragen nicht ausreichend geklärt wurden. Das gilt nicht nur für Software. Im Automobilbereich landete z.B. VW einen formidablen Fehlschlag im Rahmen der Einführung eines zweitürigen Kleinwagenmodells (Automotive News Europe, 2001):

Der Offizielle von VW angeführte Grund (Preis zu hoch bzw. zu nah am VW-Modell „Polo") ist nicht die ganze Wahrheit. Ein Zweitürer hat in China prinzipiell sehr schlechte Chancen am Mark. Wie mir dort mitgeteilt wurde, würde das Verfrachten von Mitreisenden in den Fond eines PKW ohne Hintertüren mit einem Gesichtsverlust für den Besitzer des KFZ einhergehen – insbesondere dann, wenn es sich bei den hinten sitzenden um Familienmitglieder handelt.

Pivot or Persevere

Der englische Bezeichnung *Pivot or Persevere* (Schwenken oder Durchhalten) steht für das Kernkonzept des *Validierten Lernens* und bezeichnet die *Adapt*-Station des PDCA-Zyklus, der allen agilen Vorgehensweisen zugrunde liegt.

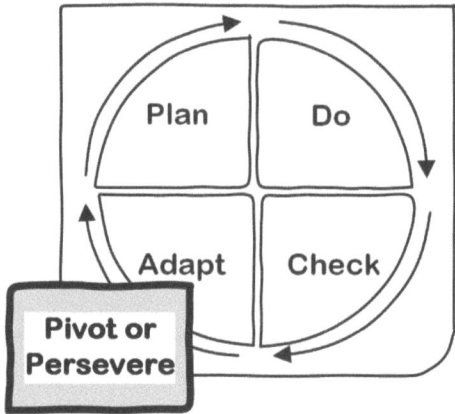

Ein Lernzyklus beim validierten Lernen beginnt immer mit einer Kundennutzen-Hypothese in der Form: *„Der Kunde legt Wert darauf, dass Produkt in der Form* <Beschreibung des Kundennutzens> *nutzen zu können"*.

Im Falle eines MVP oder explorativen Prototypen fallen das Team oder die jeweils Verantwortlichen nach Auswertung der Kundenreaktion die Entscheidung, ob das Produkt wie bisher geplant weiterentwickelt wird oder nicht. Für das „Weiter so" steht *Persevere*; *Pivot* steht für schwenken oder (sich) drehen im Sinne eines Richtungswechsels in der Produktentwicklung.

Eine passende Umschreibung für *validiertes Lernen* könnte „validierte Marktforschung am konkreten Produkt" lauten.

Traditionell ist ein derartiger Richtungswechsel eher selten, stellt er doch die ursprüngliche Produktversion in Frage oder negiert sie sogar. Dem Produktmanagement wird in einer solchen Situation mitunter „Versagen" vorgeworfen, weil es nicht in der Lage war, die Kundenbedürfnisse exakt erkannt zu haben.

Fairerweise muss angemerkt werden, dass sich validiertes Lernen nicht für alle Produkte gleichermaßen eignet. Validiertes Lernen passt ideal zu zur Produktentwicklung innerhalb unsicherer Rahmenbedingungen, beispielsweise der Entwicklung innovativer Endnutzerprodukte unter Zuhilfenahme neuster nicht voll ausgereifter Technologien in Verbindung mit einer unfertigen Produktversion.

Validiertes Lernen verspricht weiterhin, bei der Fortentwicklung längst erfolgreich eingeführter Projekte neue Wege aufzeigen zu können, um so in gesättigten Märkten den Lebenszyklus eines Produktes zu verlängern.

Bauen, Messen, Lernen

Um den Erfolg eines Experiments zu messen, muss ein Entrepreneur sein/ihr Produkt in kurzen Zyklen bauen:

- Das Produkt dem oder den Kunden zur Verfügung stellen;
- Den Produkterfolg quantitativ und qualitativ Messen;
- Aus den Messungen Erkenntnisse ziehen (Lernen);
- Diese Erkenntnisse in den Bau der nächsten Produkt-Vision einfließen lassen.

Die Betonung der kurzen Zyklen und den daraus resultierenden Feedback-Schleifen liegt auf „schnell". Nicht immer lassen sich kurze Feedback-Schleifen einfach realisieren. Im Avionik- oder militärischem Umfeld ist der Weg zum Produkt mit vielfältigen Audits und Zertifizierungen zwecks Einhaltung gesetzter Standards gepflastert. Es gibt allerdings Wege, die Zyklen zu optimieren, wenn es z.B. um die Entwicklung eines Inflight-Infotainment-Systems geht, wie es heute bei allen großen Fluggesellschaften bereits im Economy Compartment zur Standard-Ausstattung gehört:

Es wird die Basis des Systems zertifiziert, die direkt mit dem Datenbus des Fluggeräts kommuniziert. Die Architektur wird so gewählt, dass eine Erweiterung der Nutzerfunktionalität, z.B. durch im Flugzeug angeboten Waren und Medien keine Auswirkungen auf die Zertifizierung hat. Die UX wird getrennt entwickelt und zunächst am Boden getestet. Nach der ersten Zertifizierung können weitere UX-Varianten direkt im Flugbetrieb getestet werden.

Dass Resultat wiederholter erfolgreicher Feedback-Schleifen stellt die Innovationsbilanz (s.u.) dar: Diese stellt Fortschritte, Erfolge und Misserfolge in Relation zueinander. Auf dieser Basis setzt das Produktmanagement die Prioritäten für die weitere Entwicklung.

Metriken

Metriken nehmen sowohl in der Agilität als auch im Lean-Startup Modell eine wichtige Stellung ein, weshalb dieses Buch sie in Kap. 4.5.1. gesondert behandelt.

Wichtig ist, dass nicht „wild drauf los gemessen wird". Es geht darum, eine Aussage über die Einsetzbarkeit der Funktionalität des MVP zu erhalten. D.h. die Art der Messung ist bereits bei der Präsentation des MVP vor Kunde definiert und erfolgt zweckmäßigerweise automatisch. Für Metriken formuliert (Ries, 2011) die folgenden Eigenschaften und Kriterien (AAA):

Aktionsorientiert: Mit „Aktion" ist die Implementierung einer Funktionalität oder der Änderung einer Funktionalität gemeint. Gemessen wird dann die Kundenreaktion auf genau diese eine Funktionalität/Änderung. Ergebnis ist eine genaue Aussage zur Nutzung und

Akzeptanz einer bestimmten Funktionalität. Es verbietet sich deshalb z.B. weiterhin, mehrere Änderungen an einer Funktionalität vorzunehmen, was dazu führen würde, dass die Messungen keine eindeutige Verifizierung oder Falsifizierung zum Ergebnis hätten. Weiterhin wäre die Messung z.B. steigender Nutzerzahlen nicht hinreichend, ohne dass klar ist auf welcher Änderung oder Neuimplementierung diese beruht.

Allgemein zugänglich: Wie in der agilen Welt üblich, macht das Startup die Ergebnisse einer Messung allen Beteiligten zugänglich, z.B. mittels Dashboard-Monitor. In so einem Fall können Mitarbeiter kumulierte Messwerte z.B. per „Drill Down" analysieren. Diese drastische Forme der Transparenz, die jedwede Messergebnisse offenlegt, ob erwartet oder nicht, stellt für traditionelle Management-Strukturen eine große Hürde dar. Gleichwohl handelt es sich bei dem Kriterium der Allgemeinen Zugänglichkeit um ein „Muss-Kriterium" für Messungen bzw. deren Ergebnisse.

Allgemein nachprüfbar: Die allgemeine Nachprüfbarkeit ergibt sich prinzipiell aus der bereits beschriebenen allgemeinen Zugänglichkeit. Dazu gehört weiterhin die Nachverfolgung der Werte, z.B. durch lesenden Zugriff auf die Originaldaten. Die o.g. „Drill Down" Funktionalität bietet eine exzellente Voraussetzung, um die Nachprüfbarkeit von Messergebnissen zu gewährleisten.

Innovationsbilanz

Die Innovationsbilanz ergibt sich aus dem Verhältnis von erfolgreich zu nicht erfolgreich vor Kunde getesteter Features.

Es stellt eine übliche Praxis im Lean-Startup-Umfeld dar, dass mehrere MVPs erstellt werden, die sich in wesentlichen Details unterscheiden. Der Entrepreneur beobachtet verschiedene disjunkte Gruppen von Kunden (*Kohorten*) über den gesamten Lebenszyklus des MVPs bzw. des Produktes hinweg. Also z.B. von der Registrierung über die Nutzung eines Freemium-Produktes über den Erwerb weiterer Produktoptionen bis zum Erwerb und der Nutzung des eines Premium-Modells oder Produkts.

Diese Form der Auslieferungen verschiedener (meistens zwei) Produktversionen und deren Test durch verschiedene Kohorten wird A/B-Test genannt.

Bei Start-ups, die mit einem Kanban-System arbeiten, unterstützt dies die kontinuierliche Verbesserung im Rahmen des *Lean-Startup-Model*. Bei der Visualisierung und Abbildung der Prozessschritte am Kanban Board kommt in der Prozesskette ein Validierungsschritt hinzu, in dem Teams überprüfen, ob sich die aufgestellte Hypothese zum entwickelten Produkt/MVP validieren ließ oder nicht.

2.3.3.   TL;DR

Werden die lean-agilen Prinzipien während der Einführung und Anwendung von SAFe eingehalten, wird das Ganze mehr sein als die Summe der einzelnen in SAFe erwähnten Praktiken.

Wird das lean-agile Fundament vernachlässigt, führt dies zu lean-agilem Theater.

2.4. Die Framework-Idee und wie SAFe sie umsetzt.

Die Bezeichnung „Scaled Agile Framework" für SAFe trifft es einigermaßen: Bei SAFe handelt es sich nicht um ein Vorgehensmodell, dass streng nach Rezept bzw. nach einer Vorlage umgesetzt werden kann. Es gibt zwar Mindestanforderungen an eine SAFe-Transformation, die eingehalten werden müssen, damit sich das Ganze SAFe nennen darf, z.B. die Umsetzung aller der in Kap. 4.4. beschriebenen neun Prinzipien von SAFe sowie die Umsetzung der zur jeweiligen SAFe-Ausbaustufe gehörenden Kernkompetenzen.

SAFe will besonders breit aufgestellt sein, um für jede Organisation nutzbar zu sein, die agile Vorgehensweisen über viele Teams, Abteilungen und Standorte skalierbar machen muss.

Allerdings gibt es Grenzen der Einsatzmöglichkeiten von SAFe:

SAFe macht genau dann Sinn, wenn sich die beteiligten Teams in einem Takt synchronisieren (müssen) und sich das Anforderungsmanagement vertikal innerhalb einer Organisation hinzieht. Hierfür sieht SAFe in jedem SAFe-Level verschiedene Backlogs vor, die der Verwaltung der umzusetzenden Anforderungen dienen.

Es bleibt der Organisation selbst überlassen, welche SAFe-Konfiguration sie implementiert.

Quellen des Missverständnis

Das *Scaled Agile Framework* birgt die Wurzel die Missverständnisse bereits in seinem Namen. Dieser weist zwar richtigerweise auf ein wichtigstes Instrument von SAFe hin, der skalierten agilen Vorgehensweise, nicht aber auf das Ziel von SAFe, der agilen Lean-Transformation. Dadurch drehen sich viele Diskussionen bei der SAFe-Einführung um die Art und Weise, wie Agilität erreicht wird und um die diesbezüglichen Stärken und Schwächen von SAFe[15].

---

[15] Unter Agilisten stellt es immer noch ein Diskussionsthema dar, inwieweit agile Vorgehensweisen denn überhaupt skalierbar sein können. Es ist klar, dass die Effizienz einzelner agiler Teams in einem skalierten Umfeld sinken muss, allein schon aufgrund der zusätzlichen Abstimmungen und des hierdurch gesteigerten Personal-Overheads. Im günstigsten Fall steht dieser Preis in Form des Overheads in einer „gesunden" Relation zum Nutzen der skalierten Umgebung.

Diese Diskussionen, so nützlich sie für die Einführung skalierter Prozesse in eine Organisation auch sein mögen, verstellen den Blick auf das eigentliche Ziel einer SAFe-Einführung: Der lean-agilen Transformation eines Unternehmens, also der Einführung eines Lean Managements unter Zuhilfenahme agiler Methoden.

Eine Organisation, die SAFe lediglich einführen will, um „agil zu werden" macht etwas falsch bzw.:
- Wird im günstigsten Falsch nicht das volle Potential von SAFe ausschöpfen;

- Wird im schlechtesten Fall die SAFe-Einführung nicht zu Ende führen.

- Es wird ersichtlich, dass zwischen *lean* und *agil* eine enge Verwandtschaft besteht. Ohne agile Vorgehensweisen würde sich Lean Management in seiner radikalsten Ausbaustufe, dem Lean Startup-Model nur schwer durchsetzen lassen.

- Wenn SAFe die Etablierung von Lean Startup-Methoden in großen Konzernen zum Ziel hat, spricht man von *Lean Entrepreneurship anstatt* von *Lean Intrapreneurship*.

3.1. Woher kommt SAFe?

SAFe geht zu einem großen Teil auf Dean Leffingwell zurück. Leffingwell ist kein Unbekannter, was Vorgehensweisen und Prozesse in der IT angeht: Von 1993 – 1997 war Leffingwell CEO des von ihm gegründeten Unternehmens "Requisite Pro", Anbieter eines Anforderungsmanagement-Werkzeugs, das von Rational in seine „Rational Suite" integrierte wurde. Im Jahre 2003 wurde Rational von IBM übernommen.

Bei Rational war Leffingwell für die Entwicklung des „Rational Unified Process" und verschiedener Software Tools verantwortlich. Viele Befürworter des RUP sahen bereits damals in diesem Framework eine Möglichkeit zur skalierten Umsetzung agiler Software-Entwicklung, speziell von Extreme Programming.

Der Ansatz und Anspruch des RUP war es bereits, wenn nicht Agilität, so doch iterativ-inkrementelle Software-Entwicklung im skalierten Umfeld, teilweise inspirierte durch Extreme Programming (XP) zu ermöglichen. Rückblickend hat dies in der Praxis nur in wenigen Fällen funktioniert. Dies lag daran, dass die Firmen den RUP ohne hinreichende Reflexion einsetzten. Durch die Übernahme unnötiger Rollen, Artefakte, Prozesse und Techniken wurde regelmäßig zu viel Overhead produziert, was zu vielen Misserfolgen bei der Anwendung des RUP geführt hat.

Dieses Buch beschreibt zunächst die Funktionsweise, die Rollen, Artefakte und Events von SAFe (Scaled Agile Inc., 2018).

3.2. SAFe - Das „Little Big Picture"

Das Konzept von SAFe erschließt sich nicht auf den ersten Blick auf das Big Picture (Abb. 3-3) von SAFe, abgesehen davon, dass verschiedene Schichten (*Level*) existieren, die verschiedenen SAFe-Ausbaustufen zugeordnet sind.

Um das Verständnis von SAFe zu erleichtern, stellt dieses Kapitel ein „Little Big Picture" vor, dass die konzeptionellen Grundlagen der drei wichtigsten Aktivitäten von SAFe darstellt:
- Lean-agiles Anforderungsmanagement in skalierten Umgebungen,
- Lean-Agile Entwicklung in skalierten Umgebungen,
- Lean-agile Budgetierung- und Finanzierung in skalierten Umgebungen.

Die o.g. drei Aktivitäten haben nichts zu tun mit ähnlich lautenden Phasen oder Disziplinen herkömmlicher nicht-agiler Verfahren. Stattdessen finden die o.g. Aktivitäten in cross funktionalen Teams statt.

Abb. 3-3 Das Big Picture anhand der größten SAFe-Ausbaustufe Full SAFe. Quelle: SAFe Agile Inc.

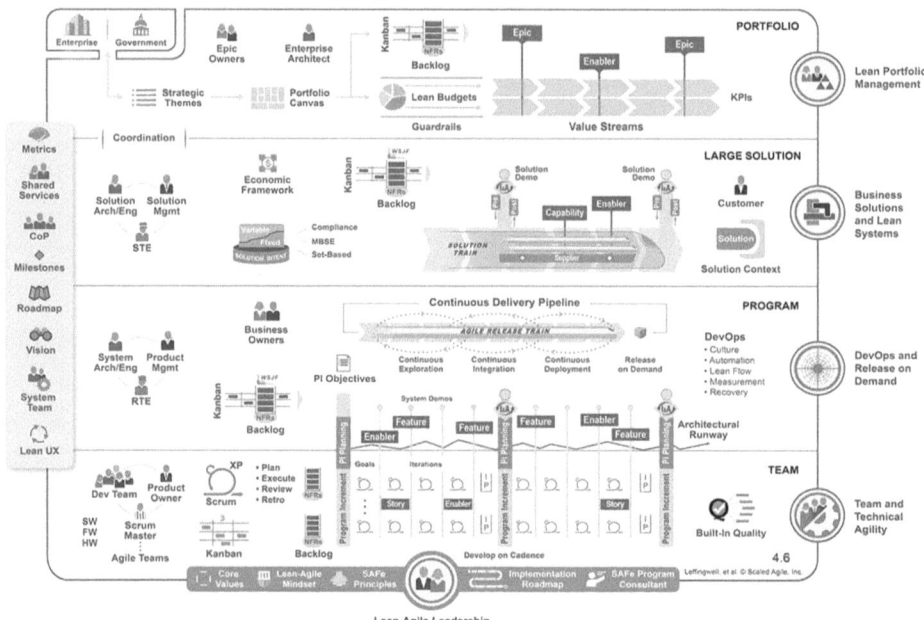

3.2.1. Essential SAFe

Die in Abb. 3-5 dargestellte minimale Aufbaustufe *Essential SAFe* umfasst bereits zwei Level:

- **Den Team Level**: Dieser Level stellt prinzipiell die bekannten Elemente nicht-skalierter agiler Vorgehensweisen zur Verfügung.

- **Den Program Level**: Dieser Level umfasst die Synchronisierung der Teams und die Ausrichtung deren Arbeit auf ein gemeinsames Ziel als Ergebnis mehrerer aufeinanderfolgender Iterationen.

Team Level

Im untersten *Team-Level* (Abb. 3-4) arbeiten die einzelnen agilen Teams (4-9 Personen) in festen Zeitabschnitten (2–4 Wochen), die SAFe *Iterationen* nennt. Der Team Level ist für sich allein nicht skalierbar und stellt somit keine eigene SAFe-Ausbaustufe dar, sondern bestenfalls gelebte agile Praxis.

Die maßgeblichen Rollen des Team Level sind neben dem Entwicklungsteam die *Product Owner* und *Scrum Master*. Product Owner repräsentieren die Fachseite und treffen alle Entscheidungen bzgl. der Funktionalität während die Scrum Master üblicherweise die Befolgung agiler Praktiken coachen und von den Teams einfordern. Das agile Entwicklungsteam setzt sich aus Software-Entwicklern sowie technischen und fachlichen Spezialisten zusammen.

Als Quelle für Anforderungen des Team Level dient das Team Backlog mit funktionalen und nichtfunktionalen Backlog-Elementen in Form sog. *Stories*.

Abb. 3-4 Team Level

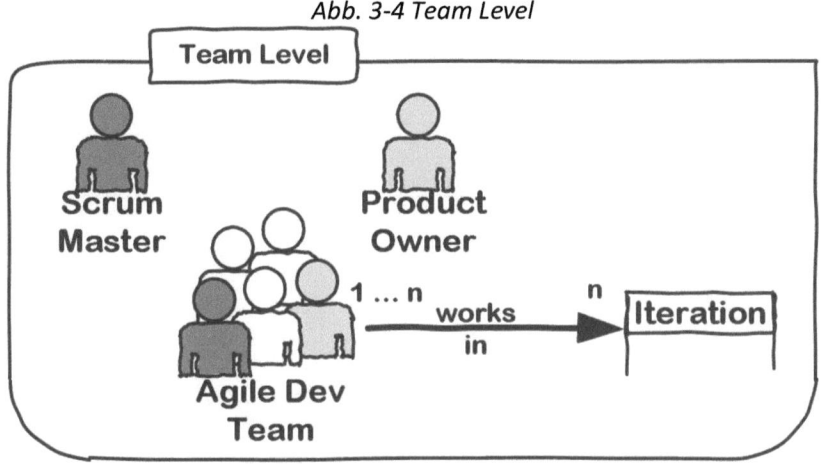

Program Level

Der auf dem Team Level aufbauende *Program Level* (Abb. 3-5) koordiniert die Arbeit der verschiedenen Teams in größeren Zeiträumen (8–12 Iterationen), in SAFe *Program Increment* (PI) genannt.

Organisatorisch werden die agilen Teams in *Agile Release Trains* (ARTs) zusammengefasst. ARTs bestehen aus 60 bis 120 Personen bzw. der entsprechenden Anzahl Teams. Zusammen mit dem Team Level bildet der Program Level die minimale SAFe-Ausbaustufe *Essential SAFe*.

Innerhalb eines ART arbeiten die Teams synchronisiert in Iterationen, die für alle Teams denselben Startpunkt und dieselbe Dauer aufweisen. Mehrere Iterationen bilden ein *Program Increment* (PI).

Spätestens am Ende eines PI, wenn nicht bereits früher, streben die Teams gemeinsam die Auslieferung eines Release in Produktion an.

Abb. 3-5 Essential SAFe, bestehend aus Program Level und Team Level

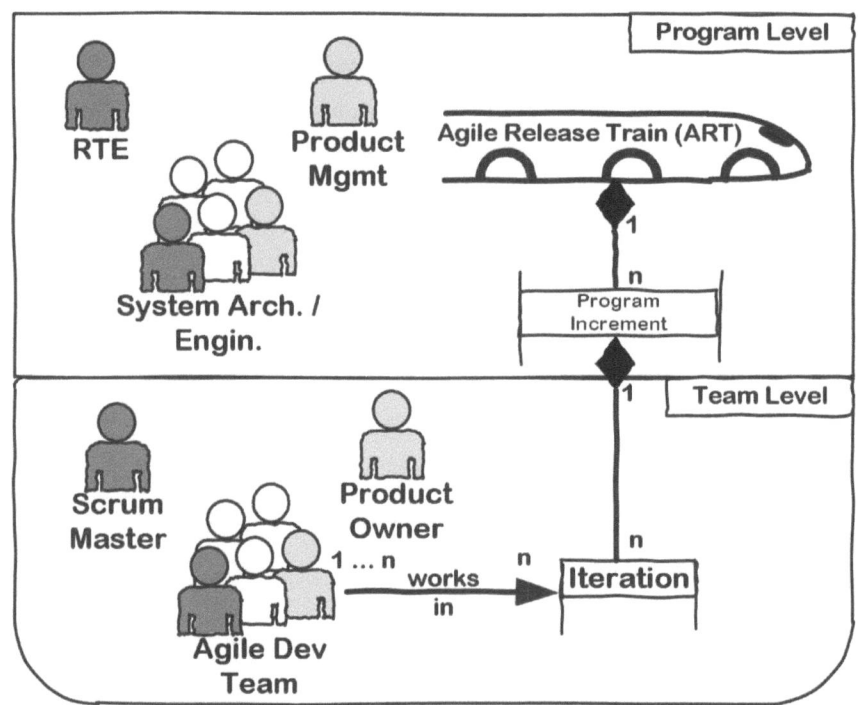

Die maßgeblichen Rollen des Team Levels werden mehr oder weniger eins zu eins in den Program Level gespiegelt:

- Der Release Train Engineer (RTE) des Program Level entspricht dem Scrum Master des Team Level und nimmt dort entsprechende Aufgaben pro ART war.

- Im Program Level nimmt das Product Management oder der Product Manager eine ähnliche Funktion für einen ART war, wie es der PO für ein Team tut. Umgekehrt repräsentiert der PO im Team Level das Produktmanagement.

- Auf Program Level liegen die Anforderungen im Feature Backlog in Form von Features und Enablern (*Enabler Features*) vor, zu denen die Teams die entsprechenden Stories in den Team-Backlogs der einzelnen Teams erstellen.

3.2.2.   Large Solution SAFe

Der über dem Program Level liegende *Large Solution Level* (Abb. 3-6) fasst die ARTs zu *Solution Trains* zusammen. Solution Trains können neben ARTs externe Lieferanten enthalten – und tun dies in der Regel auch. In Solution Trains können durchaus mehr als 1000 Personen eingebunden sein. Diese SAFe-Ausbaustufe wird *Large Solution SAFe* genannt.

Abb. 3-6 Large Solution SAFe

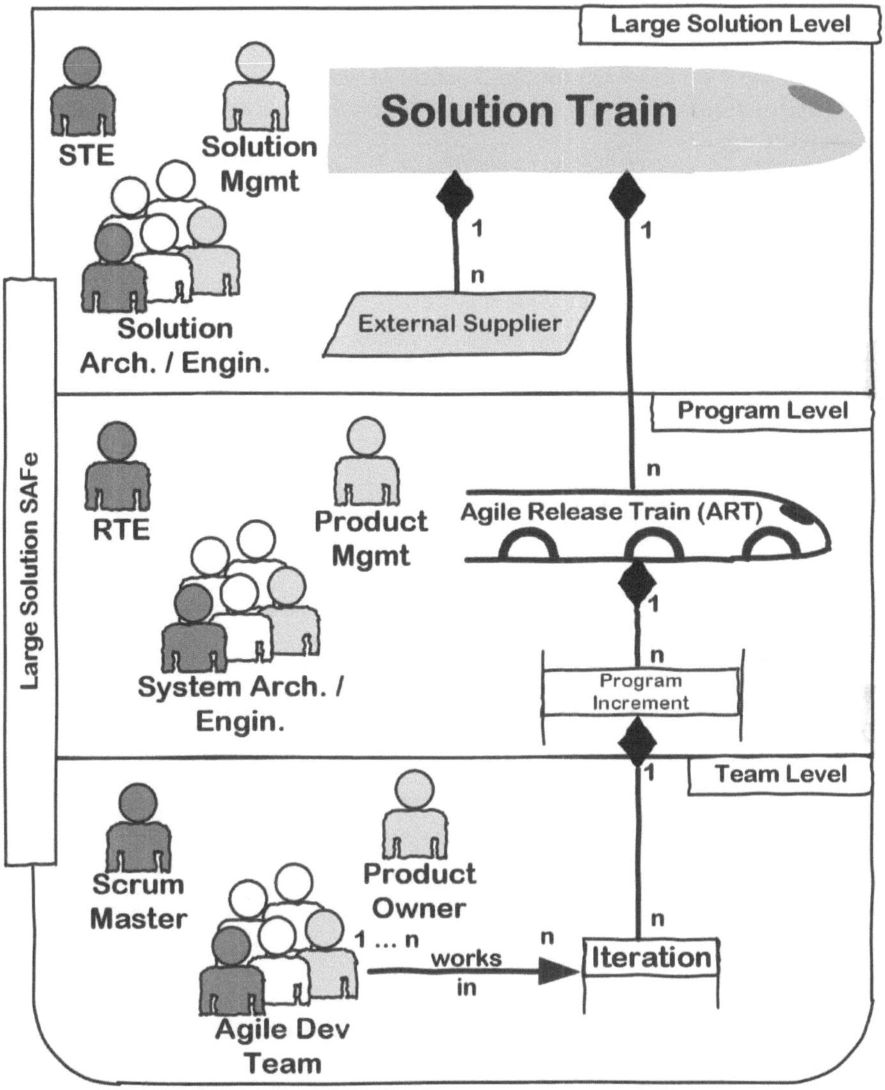

Analog zum Team- und Program Level im Essential SAFe existieren im Large Solution SAFe die Rollen (Abb. 3-6):

- Der *Solution Train Engineer* (STE) des Large Solution Level entspricht dem Scrum Master des Team Level und dem RTE des Program Level. Der STE ist für die Koordination des Solution Trains und seiner Events verantwortlich.

- Im Large Solution Level nimmt das *Solution Management* eine entsprechende Funktion für einen Solution Train war, wie es der PO für ein Team oder der Produktmanager für einen ART tut.

- Im Large Solution-Level liegen die Anforderungen im Solution Backlog in Form von Capabilities und Enablern vor, zu denen dann die entsprechenden Features und Enabler in den Program-Backlogs der einzelnen ARTs erstellt werden.

Eine Organisation, die Large Solution SAFe anstrebt, muss sich darüber im Klaren sein, dass es um komplexe Entwicklungsvorhaben gehen sollte, in denen viele von SAFe zur Verfügung gestellte Werkzeuge genutzt werden und die Personenstärke 1000 Mitarbeiter übersteigen kann.

Nicht genutzt werden in Large Solution SAFe hingegen die Portfolio- Accounting-Werkzeuge, z.B. Lean Budgets und die damit verbundenen Techniken. Stattdessen würden weiterhin die in den meisten Firmen etablierten Accounting- und Finanzierungsmethoden auf Projekt- oder Abteilungsbasis zum Tragen kommen[16]. Dieser Ansatz, komplexe lean-agile Entwicklungsvorhaben in skalierten Umgebungen mit herkömmlichem Accounting und Management-Overhead steuern zu wollen, stellt in der Praxis eine Herausforderung dar. Deshalb sieht SAFe den Portfolio Level vor, der Bestandteil der in den folgenden Kapiteln vorgestellten SAFe-Konfigurationen *Portfolio-SAFe* und *Full SAFe ist*.

3.2.3. Portfolio SAFe

Im Falle der Konfiguration *Portfolio SAFe* liegt der *Portfolio Level* (Abb. 3-8) direkt über dem Program Level. Der Portfolio Level ist verantwortlich für die Anwendung von *Lean Budgets*. Der Begriff *Lean Budget* bezeichnet Praktiken zur Finanzierung und zum Controlling von Value Streams in SAFe – also nicht, wie man missverständlich meinen könnte, die Budgets selbst.

---

[16] Die Praxis zeigt, dass eine Organisation, die große und komplexe Entwicklungsvorhaben mittels SAFe ohne Portfolio-Level angestrebt, u.U. Probleme bei der nachhaltigen Finanzierung in Kauf nimmt. Auf lange Sicht kann dies auf ein Glaubwürdigkeitsproblem hinauslaufen, was die lean-agilen Ambitionen angeht.

SAFe bezeichnet das in der Organisation für sämtliche SAFe Portfolios zur Verfügung stehende Gesamtbudget etwas sperrig als *Enterprise Solution Portfolio Budget*. *Enterprise Executives* und *Portfolio Stakeholders* verteilen das *Enterprise Solution Portfolio Budget* auf einzelne Portfolio Budgets und weiter auf die einzelnen Value Streams innerhalb der Portfolios.

Abb. 3-7 Portfolio Level

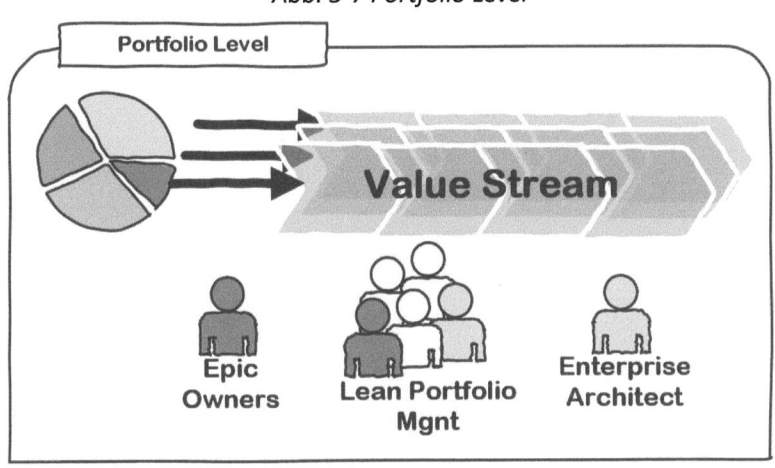

Es existieren somit keine traditionellen Projekt- oder Abteilungs-Budgets. Zu jedem dieser Value Streams gehört mindestens ein ART im Program Level.

Im Gegensatz zu allen anderen Leveln stellen die Rollen des Portfolio Level keine direkte Entsprechung der Rollen in den anderen Leveln dar.:

1. Der Epic Owner verantwortet die fachlichen Initiativen, die sog. Portfolio Epics, die die Backlog-Elemente des Portfolio Level darstellen.

2. Die Rolle des **Enterprise Architect** berät den Epic Owner bei der Ausarbeitung und Formulierung der Portfolio Epics.

3. Das **Lean Portfolio Management** kümmert sich um die Finanzierung der Value Streams über Portfolio Budgets, denen jeweils ein oder mehrere Value Streams zugeordnet werden.

– Die zuvor erwähnten *Enterprise Executives* und *Portfolio Stakeholders* sind keine dedizierten Portfolio Level-Rollen.

Es existiert im Portfolio Level keine dem RTE, STE oder Scrum Master vergleichbare organisatorische Rolle. Für Organisationen mit mehr als einem Value Stream sollte eine Organisation auf jeden Fall eine SAFe-Konfiguration mit Portfolio Level auswählen.

Abb. 3-8 Portfolio SAFe

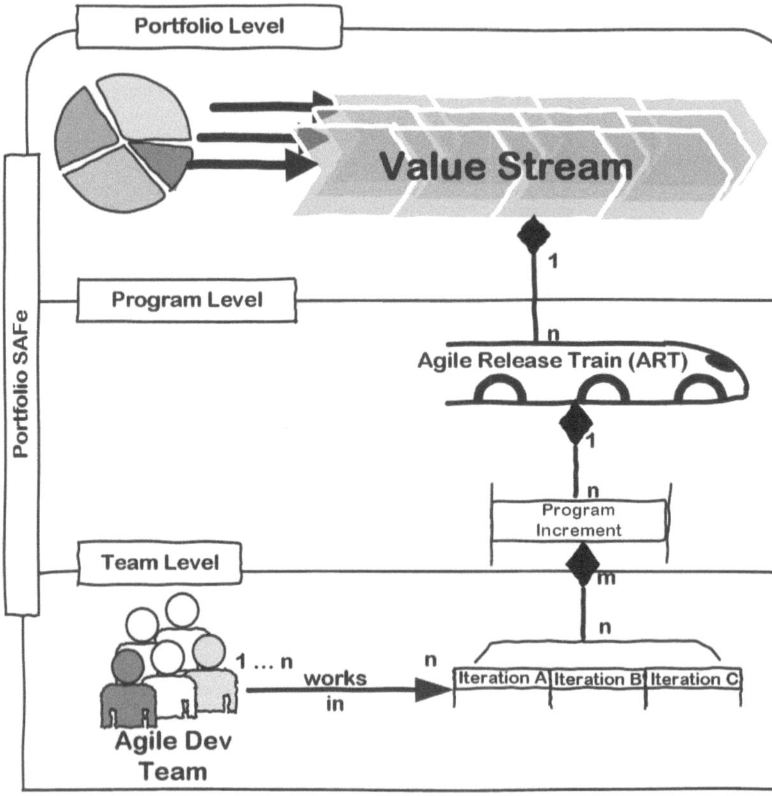

3.2.4.   Full SAFe

Die SAFe-Ausbaustufe *Full SAFe* (Abb. 3-9) kombiniert Portfolio SAFe und Large Solution SAFe. Wenn das Commitment einer Organisation mit mehreren Value Streams zur 100%igen lean-agilen Transformation mittels SAFe besteht, sollte Full SAFe die Ausbaustufe der Wahl sein.

Im Falle der Full SAFe-Konfiguration ordnet der Portfolio Level die Solution Trains den jeweiligen Value Streams zu. *Lean Budgets* stellen die Finanzierung der einzelnen Value Streams sicher (Abb. 3-9).

Darüber hinaus enthält Full-SAFe keine weiteren Elemente als Team-, Program, Large Solution- und Portfolio-Level.

Abb. 3-9 Full SAFe

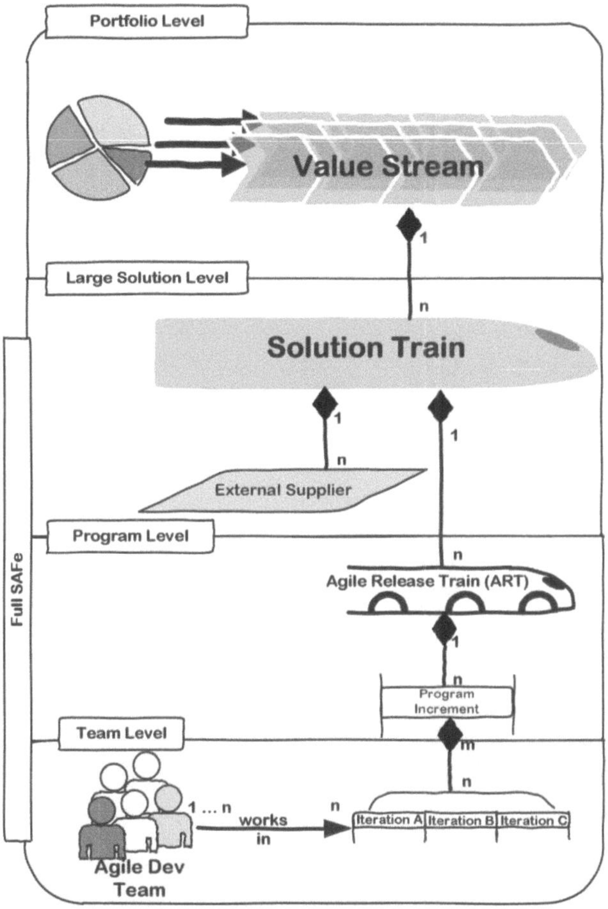

3.3. Lean-agiles Anforderungsmanagement in SAFe

Das von SAFe propagierte lean-agile Anforderungsmanagement unterscheidet sich in wesentlichen Aspekten fundamental vom traditionellen Anforderungsmanagement, das die Erstellung abgeschlossener und im Idealfall unabänderlicher und schwergewichtiger Spezifikationen erfordert.

Demgegenüber setzt SAFe auf sich entwickelnde Anforderungen im Sinne des in Kap. 2.3.2. beschriebenen validierten Lernens.

Im Unterschied zu anderen Vorgehensmodellen kennt SAFe keine Phasen, wie z.B. Implementierungs- oder Analyse-Phase. Vielmehr werden Anforderungen, wie in der agilen

51

Welt üblich, als kontinuierlicher Strom an Beschreibungen neuer Funktionalitäten organisiert und umgesetzt.

Diese kontinuierliche Umsetzung geschieht in einem oder mehreren Value Streams, d.h. die in Kap. 3.3.8. eingeführten Portfolio-Epics werden an Value Streams übergeben und dort weiter verfeinert - in sogenannte Program Epics; Program Epics werden im Program Level als Features und Enabler auf mehrere ARTs verteilt werden.

3.3.1. Ziele müssen S.M.A.R.T. sein

Das englische Akronym S.M.A.R.T (Wayne State University, 2019) steht für die folgenden Ziele:
- Spezifisch (*Specific*),
- Messbar (*Measurable*),
- Erreichbar („*Achievable*"),
- Relevant (*Relevant*),
- Zeitorientiertes Arbeiten (*Time-Oriented*).

Spezifisch:

Die genaue Antwort auf die Frage: "Was soll getan bzw. erreicht werden?". Das Ziel bzw. die Anforderung ist so geschrieben, dass Fehlinterpretationen (nahezu) ausgeschlossen sind.

Messbar mit / Messung

Die genaue Antwort auf die Frage: "Woher weiß ich, dass das Ziel die Kundenanforderung erfüllt." D.h., das Ziel muss messbar und verifizierbar sein. Die Messbarkeit bezieht sich auf Quantität, Qualität, Häufigkeit, Kosten, Termine, etc.

Erreichbar

Die genaue Antwort auf die Frage: "Kann mein Team das Ziel erreichen?" Es muss sichergestellt sein, dass das erforderliche Know-How und die entsprechende Erfahrung im Team vorhanden sind. Insbesondere muss der Zeitrahmen realistisch sein.

Relevant

Die genaue Antwort auf die Frage: „Weshalb ist das Ziel wichtig für den Kunden?". Dies gilt vor allem hinsichtlich des Nutzens und der Auswirkungen auf den oder die Kunden.

Zeitorientiert

Die genaue Antwort auf die Frage: "Bis wann können wir liefern?" Die Iterationen bzw. die entsprechenden Review-Events dienen im agilen Umfeld der Sicherung bzw. der Kontrolle der zeitgemäßen Umsetzung.

3.3.2. Stretch-Objectives

Bei den Stretch-Objectives handelt es sich um Backlog-Elemente aller Typen, die definiert, geschätzt und für eine Iteration oder einen PI optional eingeplant sind. D.h. deren Umsetzungen ist vorerst noch nicht verpflichtend.

Stretch-Objectives bieten somit eine flexible Option für das Kapazitäts- und Scope-Management. Stretch-Objectives kommen in allen SAFe Leveln vor und setzen sich entsprechend in den von ihnen abgeleiteten Backlog-Elementen der jeweils darunter liegenden Leveln fort.

Jedes Level entscheidet, ob eine als Stretch Objective gekennzeichnetes Backlog-Element umgesetzt wird oder nicht. Prinzipiell kann sich die Implementierung einer Stretch-Objective solange verzögern, bis sie nicht mehr als Stretch-Objective In der Planung geführt wird. Bei der Planung wird der Aufwand für Stretch-Objectives nicht auf die geplante Velocity angerechnet, wohingegen implementierte Stretch Objectives sich im Ergebnis der am Iterationsende gemessenen Velocity einer Iteration niederschlagen.

3.3.3. Der Lean Startup-Zyklus

Am Anfang des Lean Startup-Zyklus (Abb. 3-10) steht ein sog. Epic – zumeist ein Portfolio-Epic (Kap 3.3.5.1.) im Portfolio Level. Ein Epic stellt eine Entwicklungsinitiative dar. Im Falle des Portfolio Epics ist das Epic an ein Lean Budget gekoppelt, dass der Finanzierung der Entwicklungsinitiative dient.

Der oder die Epic Owner priorisieren die Epics entsprechend und stehen in ständigem Austausch mit dem darunterliegenden Level. Je nach SAFe-Konfiguration kann dies der Large Solution Level oder der Program Level sein.

Die Ebenen unterhalb des Portfolio Level verfeinern das Epic weiter, solange bis die Teams im Team Level die aus einem Epic hervorgegangenen User Stories umsetzen.

Die physikalische Entsprechung eines Epics im Sinne von SAFe ist ein MVP, den die Organisation den internen oder externen Kunden zur Verfügung stellt. Für den Fall, dass die Kunden den MVP bzw. dessen Funktionalität positiv aufnehmen, beginnt die eigentliche Produktentwicklung, in deren Zuge der MVP weiter ausgebaut und/oder eingeschränkt wird. Hierzu kann prinzipiell ein weiteres Portfolio Epic erstellt und umgesetzt werden – muss aber nicht. Beispielsweise können Produktmanager im Program-Level Features oder Program-Epics definieren, die sich auf bestehende Portfolio Epics beziehen.

Abb. 3-10 Lean Startup-Zyklus, frei nach (Ries, 2011)

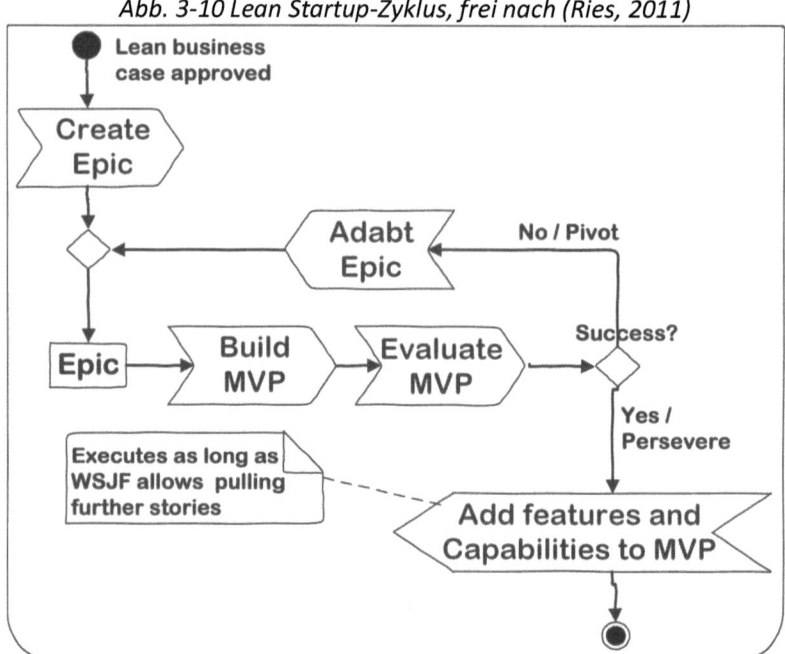

Wenn sich bei der Umsetzung oder Erweiterung eines Portfolio Epics herausstellt, dass der anfangs festgelegte finanzielle Rahmen nicht ausreicht, existieren zwei Optionen:

1. Erweiterung des ursprünglichen Kostenrahmens des Epics. Diese macht bei einer kontinuierlichen Erweiterung eines MVP oder MMP Sinn, solange die Wirtschaftlichkeitsrechnung bzw. der *Lean Business Case*, auf dem ein Portfolio Epic basiert, dies erlaubt.
2. Die Betrachtung des Lean-Business Case lässt eine Weiterentwicklung der Initiative oder des Produktes nicht zu. In diesem Fall ändert das Portfolio Management entweder die Ausrichtung des Portfolio Epics grundlegend oder stoppt die Entwicklungsinitiative und damit die Entwicklung der entsprechenden Funktionalität insgesamt.

3.3.4.   Elementares zum Kanban Board

Wie bereits in den Kap. 2.2. und 2.3. angedeutet, stellt Kanban eine agile Vorgehensweise dar, die den Fokus auf zwei Aspekte legt:

- Abarbeitung aller anstehenden Aufgaben innerhalb eines kontinuierlichen Flusses ohne Unterbrechung und unnötiger Tätigkeiten (*Waste*) auf der Basis der jeweiligen Prioritäten und Aufwände.

- Kontrolle des Arbeitsflusses durch Ermittlung und Begrenzung des *Work in Progress* (WIP). Eine Größe für das WIP stellt entweder die Anzahl oder der Gesamtaufwand aller sich gleichzeitig in Bearbeitung befindlicher Aufgaben dar.

Im Bereich der Software-Entwicklung haben sich zur Veranschaulichung des Arbeitsflusses die Kanban-Boards etabliert. Alle anstehenden Aufgaben durchlaufen mehrere Status, wie Abb. 3-11 sie in einem stark vereinfachten Beispiel darstellt.

Das Kanban-Board funktioniert wie folgt:
- Am Anfang befinden sich alle definierten und geschätzten, aber noch nicht begonnenen Arbeiten im Status *Ready*.
- Die Mitglieder des Teams ziehen Aufgaben aus dem Status *Ready* in den Status *Development*. Um den Flow aufrechtzuerhalten kann es passieren, dass einzelne Mitarbeiter mehr als eine Aufgabe bearbeiten bzw. in den Status *Development* ziehen.

Abb. 3-11 Einfaches Kanban Board

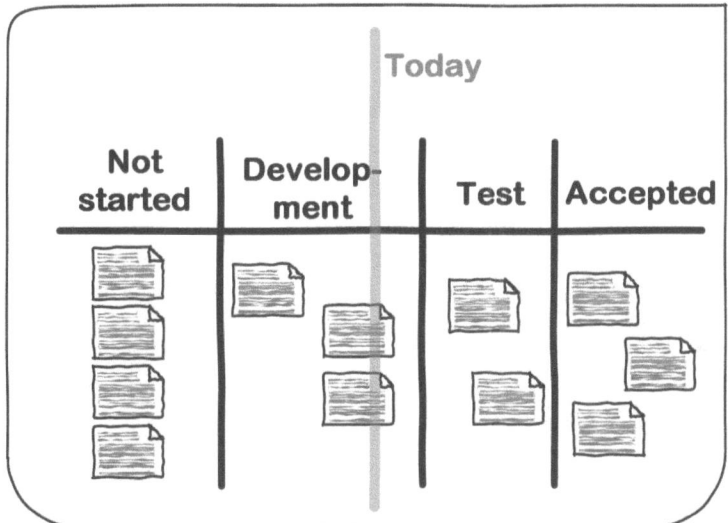

- Abgeschlossene Aufgaben schieben die Teammitglieder in diesem vereinfachten Kanban-Beispiel in den Status *Done*.

Weiterhin ist es im Hinblick auf SAFe wichtig zu verstehen, dass verschiedene Kanban Boards in verschiedenen SAFe-Leveln existieren:
- **Team Level**: Ein Kanban Board pro Team bzw. Team Backlog;
- **Program Level**: Ein Kanban Board im Level für alle ARTs bzw. für das Program Backlog;

- **Large Solution Level**: Ein Kanban Board im Level für alle Solution Trains bzw. für das Solution Backlog;
- **Portfolio Level**: Ein Kanban Board im Level pro Portfolio bzw. Portfolio Backlog.

Das Team ermittelt die optimale Größe für das WIP über einen längeren Zeitraum. Bei gleichförmigen Aufgaben mit ähnlichen Aufwänden kann dies über die Anzahl der Aufgaben geschehen, die sich zur selben Zeitpunkt im Status *Development* befinden. Handelt es sich, wie in der Software-Entwicklung üblich, um Aufgaben unterschiedlicher Größe und damit mit verschiedenen Aufwänden, bieten sich Story Points zur Ermittlung bzw. Definition des WIP an. Das Team ermittelt über einen gewählten Zeitraum den für seine Verhältnisse max. WIP, bei dem es den kontinuierlichen Fluss seiner Arbeit aufrechterhalten noch kann.

3.3.5. Hierarchie der Backlog-Elemente

Das Anforderungsmanagement von SAFe baut auf den aus Scrum bekannten *User Stories* auf. SAFe ergänzt diese die User Stories um weitere Typen von Anforderungen: Den *Enablern*, *Capabilities*, *Epics*, *NFRs* und *Features*.

Allen Backlog-Elementen gemeinsam ist, dass es sich bei ihnen nicht um seitenlange Spezifikationen oder Lastenhefte handelt, sondern jedes dieser Artefakte eine Funktionalität, Eigenschaft oder Fähigkeit eines Systems möglichst kurz und prägnant beschreibt. Im Detail unterscheiden sich die Struktur der Artefakte. Alle Anforderungsartefakte werden in Backlogs verwaltet, sodass dieses Buch sie zusammenfassend als Backlog-Elemente oder Backlog Items bezeichnet.

In SAFe existiert eine 4-Stufen-Hierarchie aus Artefakten zur Beschreibung funktionalen Systemverhaltens (Abb. 3-12). Diese Anforderungs-Hierarchie deckt sich zum Teil mit der Hierarchie der SAFe-Level in den verschiedenen SAFe-Konfigurationen.

Der Verfasser widerspricht der Aussage von Scaled Agile Inc. In (Stories, Scaled Agile Inc., 2018), in der behauptet wird, dass Stories keine Anforderungen seien. Dort heißt es:

> "Stories are the primary artifact used to define system behavior in Agile. They're not requirements. Instead, they're short, simple descriptions of functionality usually told from the user's perspective and written in their language."

Eine User Story ist eine kurze in der Sprache des Anwenders verfasste Beschreibung des Systemverhaltens, dass in Form einer Funktionalität zu implementieren ist. Dies ist nichts anderes, als eine spezielle Form der Anforderung.

Abb. 3-12 Hierarchie der Anforderungs-Artefakte in SAFe

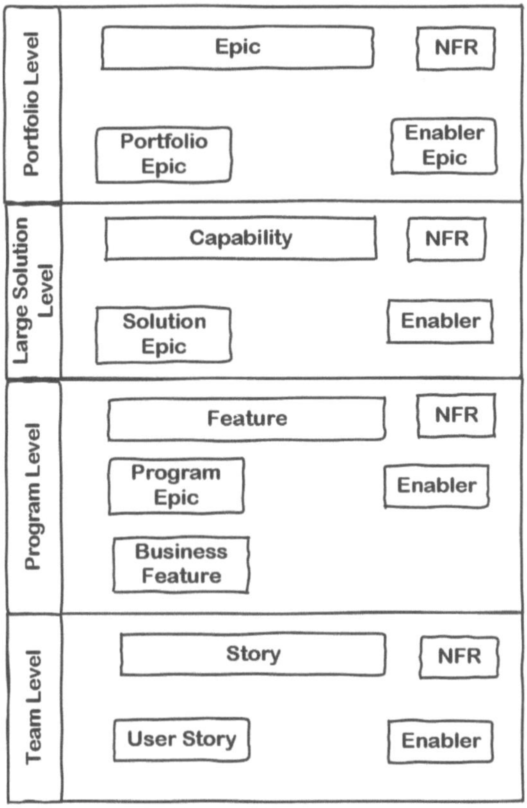

Alle die in Abb. 3-12 aufgeführten Anforderungsartefakte bilden zusammen den Solution Intent in SAFe (Kap. 3.3.5.7.).

3.3.5.1. Epics

Findet SAFe in der Konfiguration *Portfolio SAFe* oder Large Solution SAFe Anwendung, stehen Portfolio Epics an oberster Stufe der Anforderungshierarchie. Das Epic stellt eine Art „Super-Story" dar und beschreibt eine Entwicklungsinitiative auf dem Portfolio-Level; deren Ziel ist die Implementierung eines *Minimum Viable Product* (MVP) für eine oder mehrere ausgewählten Funktionalitäten.

Portfolio Epics beziehen sich auf ein Portfolio Budget und können mehrere Solution Trains umfassen. Somit sind Portfolio Epics strategischer Natur.

Ein Epic definiert zwar einen Scope an Funktionalität, dieser muss jedoch nicht zwingend vollständig implementiert werden und kann sich im Laufe der Umsetzung ändern – ein gravierender Unterschied zum klassischen Anforderungsmanagement. Ein Portfolio Epic dient als Instrument für das in Kap. 2.3.2. beschriebene validierte Lernen nach (Ries, 2011).

Der Epic Owner im Portfolio Level zeichnet für Definition und Umsetzung von Epics verantwortlich.

SAFe spricht von Business Epics und Enabler Epics, die zusammen an der Spitze der Hierarchie der Anforderungsartefakte stehen:
- Business Epics beziehen sie auf die umzusetzenden Anforderungen, die auf den Kunden- oder Anwendernutzen ausgerichtet sind.
- Enabler Epics oder üblicherweise schlicht als *Enabler* bezeichneten Epics stellen große Architektur-Vorhaben dar, die sich z.B. auf die *Architectural Runway* oder die zugrundeliegende Infrastruktur beziehen können.

Außerhalb des Portfolio Levels kommen Epics weiterhin im Large Solution Level und im Program Level vor. Die vollständige Bezeichnung dort ist entsprechend *Solution Epics* oder *Program Epics*. Sie und gehorchen dort generell denselben Prinzipien, wie es die Portfolio Epics tun. Zu Unterschieden im Detail macht Scaled Agile Inc. keine näheren Angaben. SAFe sieht offensichtlich die Verantwortung bei den SAFe anwendenden Organisationen, wie sie Program- und Solution Epics ausgestalten und ob sie diese überhaupt verwenden. In der Praxis hat sich der Einsatz von Enabler-Epics auf allen SAFe Leveln bewährt.

> Der Begriff *Epic* als Backlog-Element ist ebenso in der agilen Entwicklung außerhalb von SAFe gebräuchlich, allerdings mit etwas anderer Bedeutung, z.B.: (Mountain Goat, 2019), (Scrum Academy, 2019), (Hackernoon, 2017).

Dort steht das Epic z.B. gemeinhin für eine Story, die nicht in einem Sprint abschließend bearbeitet werden kann und deshalb in mehrere User Stories aufgeteilt werden muss. Dies deckt sich teilweise mit dem Epic in SAFe – aber eben nur teilweise.

Portfolio Epic, validiertes Lernen und MVP

Das Portfolio Epic resultiert in einem MVP – bzw. der ersten Version eines MVP. Sobald eine Funktionalität in einem sinnvollen Zusammenhang einsetzbar ist, wird dieser umgehend(!) vor Kunde getestet. Das Portfolio Management wertet das Feedback der externen oder internen Kunden aus. Ist das Feedback negativ oder nicht positiv genug, stoppt das Portfolio Management jede weitere Arbeit am MVP und stellt das Epic sowie den zugrundeliegenden Lean Business Case auf den Prüfstand.

Sind die ersten Rückmeldungen der Kunden auf die neuen/geänderten Features jedoch ermutigend, werden weitere Features und Capabilities des Epics im MVP implementiert oder weggelassen.

Diesem Vorgang aus Implementierung und Testen vor Kunde läuft solange, bis das Portfolio Management eine der folgenden Entscheidungen trifft:

— Die Gewichtung[17] der implementierten Features lässt keine Implementierung weiterer Features oder Capabilities zu und der bisher erfolgreiche MVP stellt somit in seiner jetzigen Form das Endprodukt dar. Je nach Unternehmens- und Entwicklungskultur ist weiterer Feinschliff möglich oder sogar notwendig. Dieser sollte die großflächige Nutzung des Produkts nicht verzögern, sondern idealerweise im Rahmen der kommenden Maintenance-Releases durchgeführt werden.

— Die zuletzt vor Kunde getestete Funktionalität wurde durch den Kunden negativ aufgenommen. Entsprechend wird das Epic wiederum auf den Prüfstand gestellt, ob es sich nach Rücknahme der zuletzt hinzugefügten Features bereits als Produkt eignet oder der MVP mit neuen Features fortgesetzt getestet werden soll.

---

[17] Gewichtung meint Priorisierung mittels WSJF (Kap. 4.8.).

Tabelle 3-1 Beispiel einer Epic-Benefit-Hypothese

Epic-Hypothese		
Element	Beschreibung	Beispiel
Value Statement	Für wen **<Kunde>** bei seiner/ihrer Aktivität **<Aktivität / Aufgabe>** soll **<was/welche Lösung>** in **<welcher Weise>** so geleistet werden, dass der **<Nutzen>** für den Kunden entsteht. ANDERS ALS **<Konkurrent, bestehende bzw. nicht-bestehende Lösung>** WEIL **<warum diese Lösung die bessere ist>**.	Für die Fa. „Drones as a Service" bei ihren automatisierten UAV-gestützten Sicherheitsdiensten sollen **die einzelnen Missionen** ohne Verletzung von Flugverbotszonen und sonstiger geschützter Lufträume gewährleistet werden, sodass keinerlei Strafzahlungen oder rechtliche Folgen für den Kunden entstehen. Im Gegensatz zum derzeitigen Vorgehen, bei dem die Controller trotz Warnung nicht vom Einfliegen in Flugverbotszonen abgehalten werden, <warum diese Lösung die bessere ist>.
Ergebnis-Hypothese	Angabe des quantitativen oder qualitativen Nutzens, ab dem das Unternehmen von der Richtigkeit der Hypothese ausgehen kann.	Weniger Verletzungen gesperrten Luftraums und infolgedessen geringere Strafzahlungen. Ermöglichung eines höheren Automatisierungsgrades.
Indikatoren	Maßnahmen oder Anzeichen, die helfen werden, die Geschäftsergebnisse vorherzusagen	Geringere Anzahl von Anzeigen und Beschwerden wg. Verletzung von Flugverbotszonen. Höhere Kundenzufriedenheit.
NFRS	Identifiziert alle nicht-funktionalen Anforderungen, die mit dem Epic verbunden sind.	Stabile Online-Anbindung an Geolocation-Provider für Flugverbotszonen. Möglichkeit des lokalen Speichern von Geolocation-Informationen.

Das Anforderungsmanagement in SAFe basiert auf dem aus Kanban bekannten Flussprinzip (Kap. 3.3.4.). Das Kanban-Prinzip in SAFe funktioniert in zwei Richtungen:

- **Horizontal**: Dies bezieht sich auf die einzelnen Elemente, die sich durch die im Kanban-Board visualisierten Status bewegen. Jede Anforderung in dem besagten SAFe-Level durchläuft eine Reihe von Status im Kanban-Board. Dies Status sind SAFe-Level-spezifisch.

- **Vertikal**: Alle Level außer dem obersten Level der jeweiligen SAFe-Konfiguration enthalten Verfeinerungen der Elemente des nächst oberen Levels. Die Teams der jeweiligen SAFe Level verfeinern die für sie jeweils maßgeblichen Anforderungen aus dem Backlog des jeweils darüberlegenden Levels.

Die folgenden Unterabschnitte geben einen Überblick darüber, wie die Verarbeitung der Anforderungselemente durch alle SAFe-Level erfolgt.

3.3.5.2. Capabilities

Capabilities (Features/Capabilities, Scaled Agile Inc., 2018) stellen im Large Solution Level funktionale Eigenschaften und Fähigkeiten einer Solution dar. Capabilities leiten sich aus Epics ab und beziehen sich regelmäßig auf mehrere ARTs. Es ist Sinn der Sache, dass die ARTs eines Solution Trains beschlossene Capabilities innerhalb eines PI abarbeiten. Capabilities werden im Large Solution Level definiert und im Solution Backlog verwaltet.

Ebenfalls im Large Solution Level befinden sich die Solution Epics. Solution Epics stellen Entwicklungsinitiativen innerhalb eines Solution Trains dar.

3.3.5.3. Features

Features (Features/Capabilities, Scaled Agile Inc., 2018) sind funktionale Artefakte, die im Program Level aus Capabilities abgeleitet werden. SAFe betont, dass die die Nähe zum darunterliegenden Team Level nicht dazu verleiten darf, Features als „große" User Stories aufzufassen und sie womöglich in derselben Form wie Stories auf Team Level zu verfassen. Im Gegensatz zu User Stories beschreiben Features Funktionalitäten, die mehrere Nutzergruppen adressieren können und von mehreren Teams in verschiedenen Iterationen parallel implementiert werden (können). Features teilen sich in Business Features und Enabler Features auf.

Im Program Level finden sich weiterhin die Program Epics. Program Epics sind analog zu allen anderen Epics aufgebaut, „leben" aber im Program Backlog.

3.3.5.4. Stories

Stories (Stories, Scaled Agile Inc., 2018) sind die Backlog-Elemente auf Team-Level und beschreiben das Systemverhalten aus der Sicht eines Anwenders und in der Sprache des Anwenders. Stories können innerhalb einer Iteration umgesetzt werden und teilen sich in User Stories und Enabler Stories auf.

SAFe geht in Bezug auf Stories detailliert auf deren Formulierung ein. Dies macht Sinn, da von einer „guten" Formulierung der Stories letztendlich der Erfolg des Entwicklungsvorhabens abhängt.

Stories sollen dem allgemein bekannten INVEST-Prinzip gehorchen:

Independent (unabhängig): Eine Story im Team Backlog hängt nicht von Stories in den Backlogs anderer Teams ab.

Negotiable (verhandelbar): Solange das Increment einer Iteration nicht ausgeliefert ist, können Änderungen an den zugrundeliegenden Stories im Team Backlog vorgenommen werden.

Valuable (nützlich): Die Umsetzung einer Story des Backlogs erhöht den Gebrauchswert des Produkts für den Endkunden.

Estimable (quantifizierbar): Der Aufwand für die Umsetzung einer Story muss abschätzbar sein. Dazu muss sie von allen Mitgliedern des Teams verstanden sein.

Small (klein): Der Aufwand für die Umsetzung sollte überschaubar sein. Eine Story sollte idealerweise durch eine Person in einer Iteration bearbeitet werden können.

Testable (überprüfbar): Der PO soll die erfolgreich umgesetzte Story nach objektiven Kriterien überprüfen und abnehmen können.

Beispiel einer Story:

Nutzenversprechen:

Sicherstellung der Beachtung von Flugverbotszonen durch ein autonomes Fluggerät. (*Drohne* bzw. *Unmanned Aircraft System* oder *UAS*).

Tabelle 3-2 Beispielformulierungen für User Stories und Enabler Stories

User Stories	Enabler Stories
Als Controller einer Drohne muss ich gegen das unbeabsichtigte, weil strafbewehrte Einfliegen von Flugverbotszonen geschützt werden.	Evaluierung von Anbietern mit Geo-Daten zu Flugverbotszonen.
Als Pilot einer Drohne muss ich während des Flugs über das Vorhandensein einer oder mehrerer in der Nähe gelegenen Flugverbotszone(n) informiert werden.	Analyse und Tests von Methoden zur Ereignisgesteuerten Information des Piloten, ohne dessen Aufmerksamkeit zu sehr von der Steuerung des Fluggerätes abzulenken.

Akzeptanzkriterien

Akzeptanzkriterien für Stories werden in der Beschreibungssprache *Gherkin* verfasst. Mithilfe der Testwerkzeuge wie *Cucumber* werten Tester im Rahmen des *Behavioural Driven Development* (BDD) und *Behavioural Driven Testing* (BDT) diese Akzeptanzkriterien automatisiert aus.

Unabhängig von der maschinellen Auswertbarkeit hat sich die Formulierung mittels Gherkin sehr bewährt, weil sie den Verfasser bei der Strukturierung seiner Gedanken hilft.

Die Gherkin-Schlüsselwörter in den Beispielen sind in Großbuchstaben verfasst. Zwei Beispiele anhand der Bedienung einer Flugdrohne:

Beispiel 1):

GEGEBEN: Mein Fluggerät befindet sich im Flugbetrieb.

SOBALD: Sich mein Fluggerät einer Flugverbotszone um näher als <konfigurierbar> annähert.

DANN: Wird mir diese Annäherung angezeigt.

UND: Das Fluggerät regelt seine Geschwindigkeit so, dass es unter Beibehaltung des aktuellen Flugvektors rechtzeitig, d.h. an der Grenze der Flugverbotszone, anhalten und automatisch ein Landemanöver einleiten kann, wenn ich als Controller die Flugrichtung des Fluggeräts nicht korrigiere.

Beispiel 2):

GEGEBEN: Mein Fluggerät ist gelandet.

WENN: Ich den Startvorgang einleite

UND: Sich das Fluggerät in einer Flugverbotszone befindet.

DANN: Zeigt mir das Steuergerät an, dass ich das Fluggerät nicht starten darf.

UND: Das Fluggerät lässt sich nach erfolgreichem Self-Check aller Systeme nicht starten.

3.3.5.5. Enabler

Die Enabler aller SAFe Level stehen für System- und Architekturanforderungen. Insbesondere steht die Architectural Runway (Kap 5.3.7.) im Zentrum der Enabler.

Enabler sind darüber hinaus sämtliche notwendige Stories, Epics, Capabilities und Features, die für sich allein keinen Business Value liefern, deren Realisierung jedoch die Voraussetzung für weitere Funktionalität darstellt. Somit gehören zu den Enablern z.B. Analyse-, Marktforschungs- und Ausschreibungs-Aktivitäten.

Enabler kommen in allen SAFe-Leveln vor. In (Enabler, Scaled Agile Inc., 2018) spricht SAFe dediziert z.B. von *Enabler Epics*, prinzipiell steht der Begriff *Enabler* jedoch für sich allein, wenn klar ist, um welchen Level oder welchen Backlog es sich handelt.

3.3.5.6. Nichtfunktionale Anforderungen

Nichtfunktionale Anforderungen bzw. *Non-Functional Requirements* (NFRs) finden sich auf allen SAFe-Leveln.

Nichtfunktionale Anforderungen (Nonfunctional Requirements / NFRs) definieren Eigenschaften von Systemen wie Verfügbarkeit, Sicherheit, Wartbarkeit, Performanz und Skalierbarkeit sowie Usability. NFRs finden ihren Niederschlag in Form von Anforderungen des Type NFR im Product Backlog." \s "Nichtfunktionale Anforderungen.

3.3.5.7. Der Solution Intent

Alle in SAFe dargestellten Backlog-Elemente finden ihre reale Entsprechung in einem oder mehreren Systemen, in denen sie auf den verschiedenen Leveln erstellt und gepflegt werden.

SAFe bezeichnet diese(s) System(e) mit dem Begriff *Solution Intent*. Dieser enthält nicht nur die Backlog-Elemente, sondern ebenso die ihnen zugrundeliegenden Quellen, Analysen, Konzepte, Untersuchungen, Markbetrachtungen, Wirtschaftlichkeitsrechnungen, Modelle, Designs, Schnittstellenbeschreibungen und Spezifikationen.

Weiterhin stellt der Solution Intent die Nachvollziehbarkeit zwischen den einzelnen Elementen des Solution Intent sicher, z.B. durch Verlinkung. Deshalb ist der Solution Intent ein wichtiges Werkzeug, mit dem POs und Businessexperten ihre Arbeit untermauern. Mit der Einführung des Solution Intent steht ein offizielles Artefakt zur Verfügung, das POs, Produktmanagern und allen Beteiligten der Fachseite helfen kann, ihr Wissen und ihre Gedanken zu sortieren, bevor sie in Stories fließen.

Der Solution Intent kennt unterschiedliche Arten von Informationen:

Dimension 1: Kategorien von Informationen
- **Spezifikationen**: Capabilities, Epics, Feature Stories, Enablers, NFRs, Standards und Regularien;
- **Design**: Soweit notwendig, Modelle, Entscheidungen und Entscheidungsvorlagen zu Design- und Architektur-Entscheidungen;
- **Test**: Alle Arten von manuellen und autonomen Tests: Unit Test, Regressions-, funktionale und nichtfunktionale Tests, Integrations- sowie System Tests.

Dimension 2: Obligatorische vs. Optionale Anforderungen

- Spezifikation für obligatorisch umzusetzende Anforderungen, z.B. rechtliche und regulatorische Anforderungen.

- Beschreibung von Ideen und variablen sowie optionalen Anforderungen, deren Wert für den Kunden (noch) nicht verstanden oder klar ist. Beispiel: Die Möglichkeit, einen Avatar in einer virtuellen Welt schrittweise steuern zu können, mag durchaus ein Alleinstellungsmerkmal für ein Produkt darstellen. Es kann jedoch passieren, dass die Anwender von dieser Möglichkeit gar keinen Gebrauch machen, da sie die Möglichkeit, einem Avatar jede Bewegung zu diktieren, als viel zu Zeitintensiv empfinden.

Dimension 3: Aktuelle vs. Zukünftige Anforderungen

- Aktuell zu implementierte Anforderungen;

- Zukünftig ohne festgelegten Zeitpunkt zu implementierende Anforderungen.

Der Solution Intent bzw. dessen Inhalt beantwortet die beiden Fragen zur Gesamtlösung:

1. Was ist die Lösung, die erstellt werden soll?

2. Wie werden wir diese Lösung bauen?

> Die Erstellung, Erweiterung und Pflege des Solution Intent stellt eine SAFe Level übergreifende Gemeinschaftsaufgabe aller Teams dar.

3.3.6. Anforderungsmanagement im Team Level

Die POs und Business-Spezialisten der einzelnen Teams im Team Level analysieren die Features und Enabler in dem übergeordneten Program Backlog und leiten daraus die die für das jeweilige Team relevanten User Stories und Enabler im Team Level ab.

Das Program Backlog ist der Container für Anforderungen vom Typ Feature, die die funktionalen Anforderungen für einzelne ARTs enthält.

Die Stories in den Iteration Backlogs des Team Level bleiben mit den jeweiligen Features und Enablern im Program Backlog des Program Level referenziert.

3.3.7. Anforderungsmanagement im Program Level

Das Produktmanagement der einzelnen ARTs analysiert wiederum die Features und Enablers in dem übergeordneten Solution Backlog (Solution SAFe) oder Portfolio Backlog (Portfolio SAFe). Aus den Features und Enablern der übergeordneten SAFe Level erstellt das Product Management im Program Backlog neue Features und Enabler für den jeweiligen ART.

Im Program Level spiegelt sich die Vorgehensweise des Team Levels – mit anderen Rollen und Artefakten (Abb. 3-13).

Die Features und Enablern im Program Backlog bleiben mit den jeweiligen Features und Enablern im Solution Backlog referenziert.

Abb. 3-13 Entsprechende Rollen und Artefakte im Program Level und Team Level

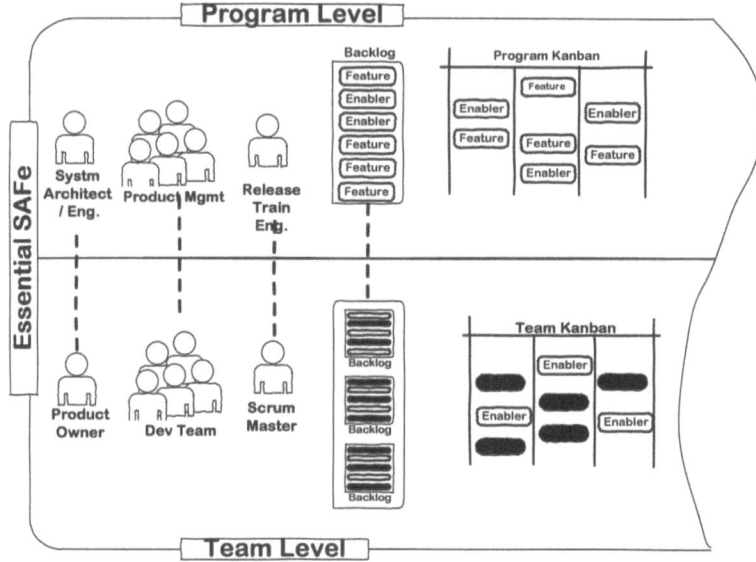

Beispiel der Bearbeitung von Features und Stories in Essential SAFe:

Im Program Backlog des Program Level existiert das Feature *F*, noch im Status *Backlog*. Es könnte jetzt folgendes passieren:

Das Produktmanagement entschließt sich zu Beginn eines PI, das Feature *F* in den Status in *Implementing* zu setzen.

Zu diesem Zeitpunkt befindet sich im Team Backlog des Team Level eines der Teams des ARTs eine Story *S*, die sich aus *F* herleitet und sich ihrerseits noch im Status *Backlog* befindet. Weiterhin existieren die Stories *S'* und *S''* in den Team Backlogs zweier anderer Teams des ARTs.

Der Statuswechsel von *F* nach *Implementing* stellt ein Signal für die Teams dar, die entsprechende Stories *S*, *S'* und *S''* für den kommenden oder einen der folgenden Iterationen des PI einzuplanen.

➔ Die Herausforderung für die Teams in Zusammenarbeit mit dem Produktmanagement liegt jetzt darin, Abhängigkeiten zwischen den Stories *S*, *S'* und *S''* zu erkennen und deren Implementierung entsprechend zu koordinieren

➔ Im Extremfall müssen *S*, *S'* und *S''* innerhalb derselben Iteration implementiert werden, bzw. mittels Feature Toggles (Kap. 5.3.1.) freigeschaltet werden. Im günstigsten Fall können *S*, *S'* und *S''* unabhängig voneinander implementiert und getestet werden, sodass das Feature *F* sozusagen automatisch im I&A Event zur Verfügung steht, wenn aller Teams ihren „Job gemacht" haben.

➔ Dieses Schema setzt sich in den weiteren Leveln nach oben hin fort.

Streng genommen stellt das beschriebene Vorgehen eine Mischung aus Push- und Pull-Prinzip dar – also kein reines Kanban. Dadurch, dass das Produktmanagement das Feature in den Status Implementing zieht, macht es ein Vorgabe („Push") für den kommenden PI. Die Teams im Team Level haben dann eine gewisse Freiheit, zu entscheiden, in welcher Iteration die Implementierung der besagten Stories geschehen, bzw. wann diese gezogen werden sollen.

3.3.8.   Anforderungsmanagement im Portfolio Level

Im Program Portfolio Level spiegelt sich die Vorgehensweise des Large Solution Levels und des Program Levels wider – mit jeweils eigenen Rollen und Artefakten (Abb. 3-13).

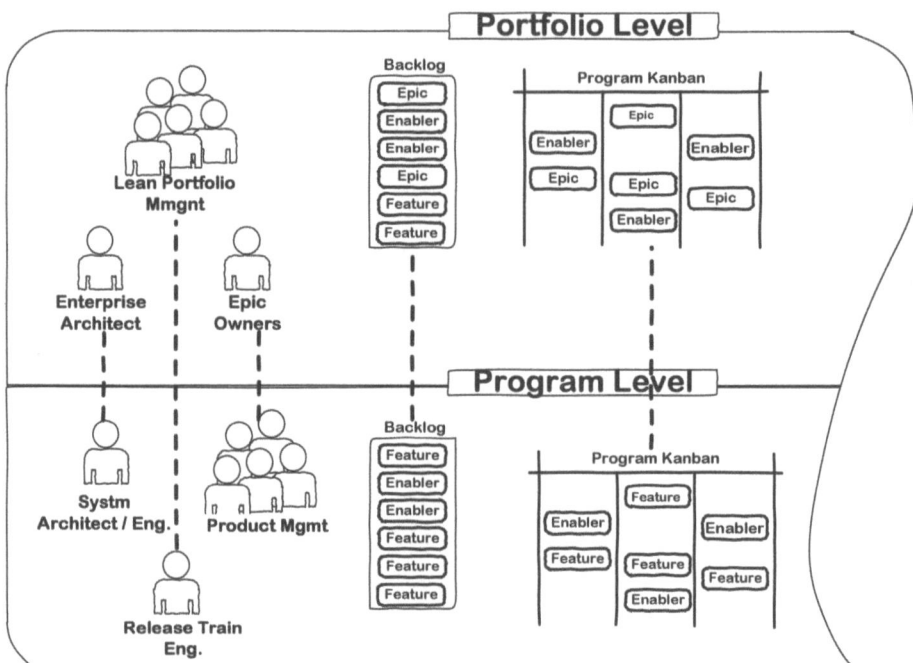

Das Produktmanagement der einzelnen ARTs analysiert wiederum die Features und Enabler in dem übergeordneten Solution Backlog und ordnet sie den einzelnen ARTs zu (Abb. 1-1). Aus den Features und Enablern des Solution Backlogs erstellt das Product Management im Program Backlog neue Features und Enablers für den jeweiligen ART.

Die Features und Enabler im Program Backlog bleiben mit den jeweiligen Features und Enablern im Solution Backlog referenziert.

Abb. 3-15 Entsprechende Rollen und Artefakte im Large Solution Level und Program Level

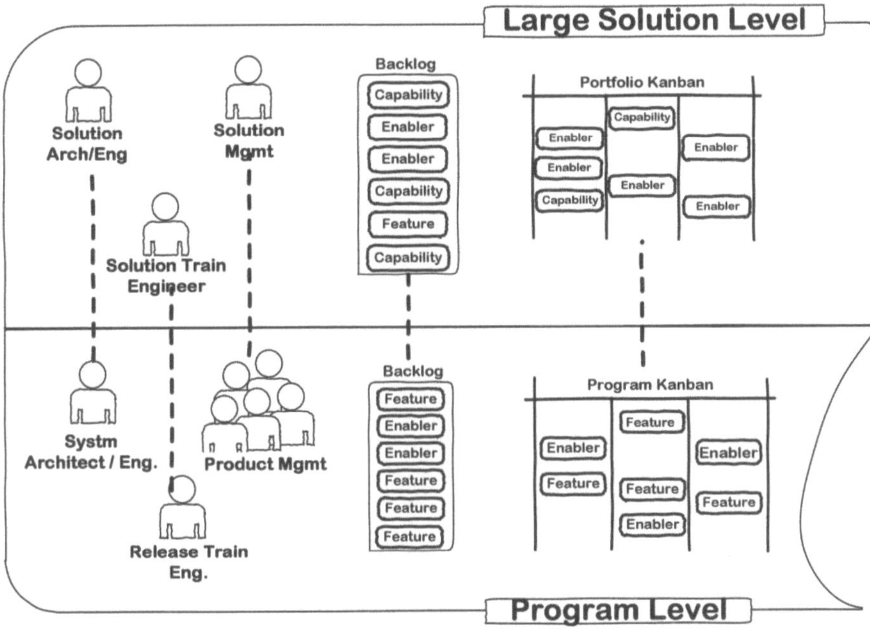

3.3.9. Anforderungsmanagement im Large Solution Level

Das *Solution Management* eines jeden Solution Trains analysiert die Portfolio Epics basierend auf deren Priorisierung und erstellt auf Basis der Epics funktionale Anforderungen (*Features*) und nichtfunktionale Anforderungen (*Enablers*). Weiterhin erstellt und verwaltet das Solution Management Features und Enablers im *Solution Backlog* (Abb. 3-16).

3.4. Kerntätigkeiten in den SAFe Leveln

3.4.1. Entwicklung im Team Level

Die eigentliche Entwicklungsarbeit, das Umsetzen der Stories, findet durch die in Iterationen arbeitenden agilen Entwicklerteams des Team Levels statt.

Im Team Level arbeitet jedes agile Team in Sprints bzw. Iterationen und weitestgehend in den aus Scrum bekannten Rollen Product Owner, Scrum Master und Entwickler, unterstützt durch Business Analysten und Architekten. SAFe führt an dieser Stelle eine neue Bezeichnung für den agilen Prozess auf Team- Level ein: *ScrumXP*; dies soll heißen, dass SAFe die Techniken aus Scrum und Extreme Programming kombiniert.

Der PO legt zusammen mit den Entwicklern die in einer Iteration zu implementierenden Stories fest.

Abb. 3-16 Entsprechende Rollen und Artefakte zwischen Portfolio Level und Large Solution Level

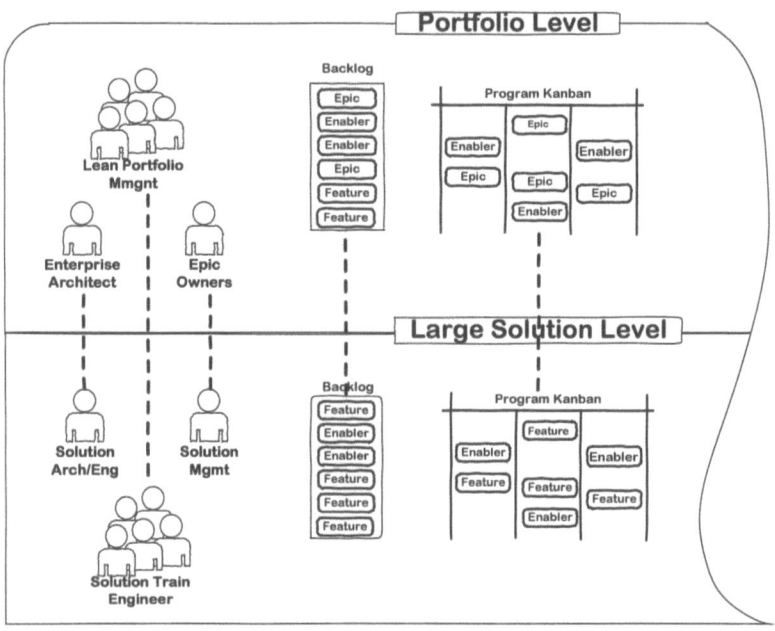

Abb. 3-17 Iterationen im Team Level

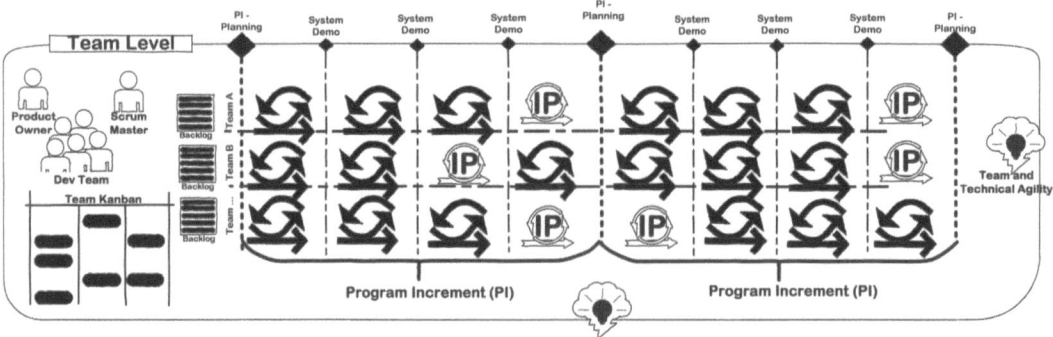

Drei bis acht Iterationen bilden zusammen ein Program Increment (PI) (Abb. 3-17).

Beispiel:

Zieht ein Entwickler eine Story in den Zustand Implementation, setzt sich diese Statusänderung für das referenzierte Feature oder den Enabler im Program Level und den entsprechenden Elementen aller übergeordneten Level fort, wenn sich das übergeordnete Element noch nicht im Zustand *Implementation* befindet.

Sollte sich das entsprechende übergeordnete Element bereits im Zustand „Implementation" befinden, ändert sich dort nichts. Zu dieser Situation wird es relativ häufig kommen, da üblicherweise mehrere Stories im Team Level auf ein Feature oder Enabler im Program Level verweisen.

3.4.2. Steuerung im Program Level

Der Program Level fasst die Teams zu den o.g. ARTs zusammen. Das Äquivalent zu den Iterationen des Team Levels bilden im Program Level die PIs. PIs umfassen 6 bis 12 Wochen.

Das Ende einer jeden Iteration markiert die System Demo, in der alle Teams eines ART das integrierte System oder verschiedene Teile des Systems demonstrieren. Alternativ können die Teams Anstatt einer einzigen System Demo jeweils parallel ihre eigenen Lösungen in Form einer Messe bzw. Ausstellung im kleineren Rahmen durchführen.

An der Solution Demo dürfen alle involvierten Stakeholder teilnehmen. Keinesfalls soll die System Demo als Frontal-Veranstaltung ablaufen. Fragen seitens Stakeholder und Kunden sind erlaubt. Sich ergebende und evtl. ausufernde Diskussionen dürfen nicht einfach abgewürgt werden, sondern sollten konstruktiv moderiert und ggf. auf einen konkreten kommenden Termin vertagt werden.

Abb. 3-18 Entwicklung im Program Level

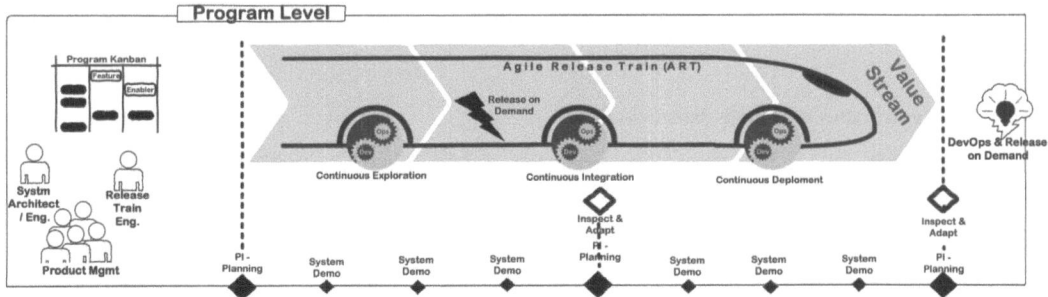

3.4.3.   Steuerung im Portfolio Level

Im Portfolio Level findet keine Entwicklung statt. Technische Rollen in Form der Enterprise Architects unterstützen den oder die Epic Owner bei der Erarbeitung der Portfolio Epics und deren Finanzierung.

Abb. 3-19 Der Portfolio Level

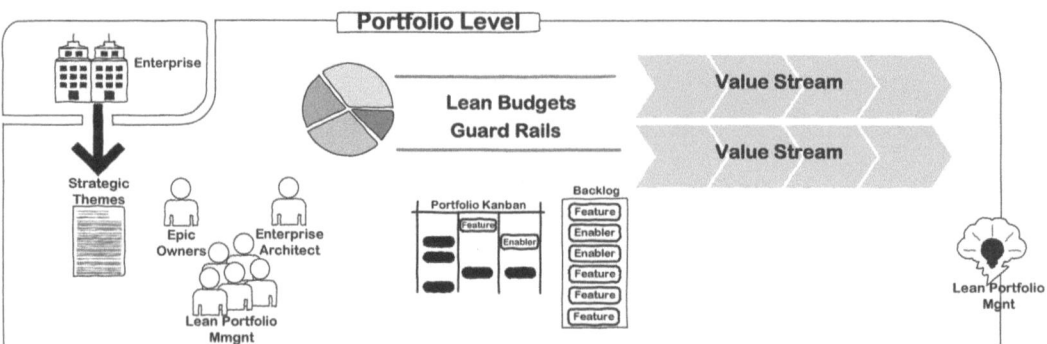

Im Portfolio-Konzept zeigt sich eine der Fallen bei der SAFe-Einführung: In der Praxis lebt skalierte Agilität von der Durchlässigkeit der einzelnen Level. D.h. ein z.B. bei der Gestaltung von Portfolio Epics mitwirkender Enterprise Architect sollte ebenso in die konkrete Arbeit an den Backlog-Elementen und Lösungen in den anderen SAFe-Leveln eingebunden sein. Die Praxis zeigt jedoch, dass derartige Positionen speziell in großen Firmen selten so flexibel ausgelegt sind, dass sie Level-überschreitende Arbeit unterstützen. Ein isolierter Portfolio Level, indem die Epic Owner Portfolio Epics im stillen Kämmerlein ausbrütet, stellt ein lean-agiles Antipattern dar – ein Symptom für nicht überwundenes Silodenken.

> Dies ist eine grundlegende und oft geübte berechtigte Kritik an SAFe bzw. dessen Umsetzung - dass Firmen bei der SAFe-Einführung den lean-agilen „Geist" vernachlässigen. Analog zum agilen Theater wäre das Ergebnis einer solchen missratenen SAFe-Einführung ein *lean-agiles Theater*.

3.4.4.   Steuerung im Large Solution Level

Ist das Ziel die Entwicklung mehrerer voneinander unabhängiger Lösungen („Solutions"), fasst der Large Solution Level die ARTs und Zulieferer zu den Solution Trains zusammen.

Im Large Solution Level findet keine Implementierungsarbeit statt. Stattdessen definieren die dort angesiedelten Rollen *Solution Management, Solution Train Engineers* (STE) sowie *Solution Architects* die *Capabilities* und *Enabler* sowie *Solution Epics*.

Inhaber der o.g. Solution-Level-Rollen sowie Repräsentanten der ARTs und ggf. des System Teams sowie das LACE nehmen an den Solution Train Events (Pre-/Post-Planning, Solution Demo) teil.

Die Events des Large Solution Level (Solution Demo + I&A, Pre-Planning und Post Planning), an denen ausgewählte Entwickler aus den agilen Entwicklungsteams des Solution Trains teilnehmen, sorgen für kurze und damit schnelle Feedback-Schleifen im Sinne des *Check* und *Adapt* des Deming Circle.

Das „Large" in Large Solution SAFe deutet nicht nur auf die Größe an Personen hin, sondern steht ebenso für eine erhöhte Komplexität. Die für Large Solution SAFe hinreichende Komplexität kann bereits gegeben sein, wenn neben einem ART ein einzelner Zulieferer oder Outsourcing-Provider eingebunden ist.

Abb. 3-20 Der Large Solution Level

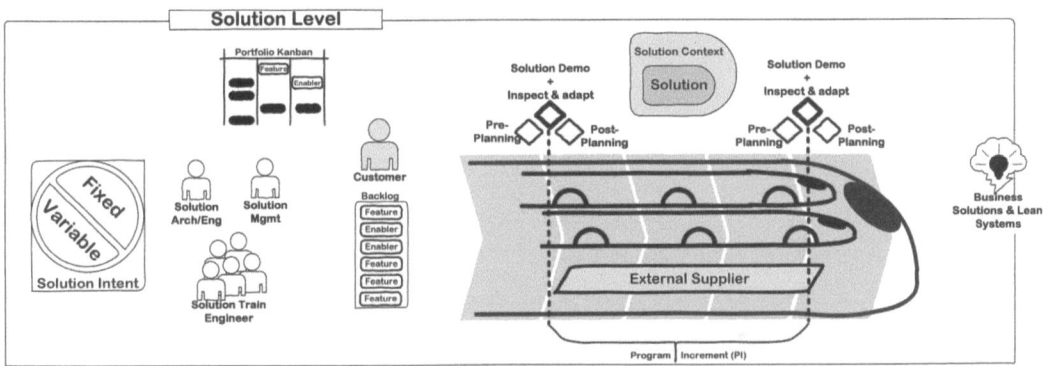

Outsourcing stellt eine oft unterschätzte Erhöhung der Komplexität eines Entwicklungsvorhaben dar[18]. Im Sinne einer lean-agilen Entwicklung sollten die Zulieferer komplexer Komponenten entweder so fest wie möglich in die Prozesse eingebunden sein oder die Organisation betreibt ein (Re-)Insourcing, um die entsprechenden hinzugelieferten Komponenten in Zukunft selbst zu produzieren. Natürlich ist ein solches Vorgehen bei spezialisierten zugelieferten Komponenten nicht immer möglich.

Generell hat skalierte agile Entwicklung das Potential für Organisationen, sich aus ineffizienten Outsourcing-Verhältnissen befreien zu können.

---

[18] Damit ist Komplexität im Sinne des Managements gemeint. Diesen Mehrkosten können (und sollten auch) niedrige Entwicklungskosten gegenüberstehen.

3.5. Lean-agile Budgetierung- und Finanzierung

Die Finanzierung in SAFe setzt im Portfolio Level bei den Value Streams an – in Form der *Lean Budgets*.

Lean Budgets

Der von SAFe eingeführte Begriff *Lean Budgets* sind keine „schlanken" Budgets im Sinne kleiner Budgets, sondern eine Sammlung von Verfahren zur Finanzierung agiler Entwicklungsvorhaben in skalierten agilen Umfeldern unter Beachtung der Prinzipien des Lean Management.

Lean Budgets sollen die Fehler herkömmlicher Finanzierungsstrategien vermeiden, bei denen Menschen über die Finanzierungen von Vorhaben oder Projekten entscheiden, die dort nicht selbst involviert sind und überdies einen großen Zeithorizont abschätzen müssen.

Die Finanzierung der Value Streams erfolgt durch Portfolio Budgets, denen jeweils ein oder mehrere Value Streams zugeordnet sind. Portfolio Stakeholders und Enterprise Executives teilen das für die Organisation definierte Portfolio Budget auf die einzelnen Value Streams auf. Das Budget eines Value Streams wird als *Operating Budget* bezeichnet.

Bei SAFe geht es somit nicht um Projektfinanzierung, sondern um die Finanzierung von Value Streams. Ausgangsbasis hierfür ist das SAFe-Portfolio, bzw. die SAFe-Portfolios, von denen jedem einzelnen ein oder mehrere Value Streams zugeordnet werden.

Epic Owner und Enterprise Architekten erstellen in Abstimmung mit *Enterprise Executives* und *Portfolio Stakeholders* die Portfolio Epics, aus denen die strategischen Entwicklungsinitiativen im Portfolio Level hervorgehen.

> Es existieren SAFe-Ausbaustufen ohne Portfolio-Level. Solchen Szenarien können den langfristigen Erfolg der lean-agilen Transformation gefährden, wenn der agilen Entwicklung ein traditionelles Budgeting gegenübersteht. Auf der anderen Seite greift die konsequente Einführung von Lean Budget-basierter Kostenverantwortung einschneidend in bestehende Organisationsstrukturen ein, sodass viele Organisationen zunächst Ausbaustufen ohne Portfolio-Level bevorzugen.

Analog existiert im Portfolio Level ein Epic-Backlog für die zu finanzierenden Vorhaben (Epics) und entsprechende Epic Owner.

Neben den in Kap. 2. besprochenen lean-agilen Grundladen und dem agilen Manifest baut SAFe auf weiteren Komponenten auf, die im Gegensatz zu den in Kap. 2. aufgeführten Grundlagen Bestandteil von SAFe selbst sind.

Unabhängig von der SAFe-Ausbaustufe und deren Einsatz im Unternehmen, basiert SAFe in der diesem Buch zugrundeliegenden Version 4.6 auf den folgenden Säulen:

- Den lean-agilen Führungskräften (eine der 5 Kernkompetenzen von SAFe),

- Den 4 Kernwerten (Core Values),

- Dem lean-agilen Mindset,

- Den 9 SAFe-Prinzipien,

- Der SAFe-Implementierungs-Roadmap,

- Den SAFe Program Consultants (SPC).

4.1. Kernkompetenz: Lean-Agile Leadership

Die Rolle der lean-agilen Führungskräfte (*Lean-Agile Leaders*) (Lean-agile Leadership, Scaled Agile Inc., 2018) bzw. des *Lean Agile Leadership* definiert SAFe als eine der fünf Kernkompetenzen, die SAFe mit seiner Version 4.6 eingeführt hat. Die Wichtigkeit der lean-agilen Führungskräfte hat SAFe bereits vor Version 4.6 betont.

In Bezug auf die lean-agilen Führungskräfte beschreibt SAFe sehr euphorisch einen neuen Typus des Managers, der sich fundamental vom traditionellen Manager-Typus unterscheiden soll. Es handelt sich um eine sog. „dienende Führungskraft" (*Servant Leader*), die in agilen Kreisen allgemein bekannt und unabdingbar ist. Diese Rolle stellt nach Meinung von SAFe bzw. Scaled Agile Inc. ebenso einen Kristallisationspunkt und ein Universalwerkzeug für die lean-agile Transformation dar[19].

> Lean-agile Führungskräfte stellen die absolute Grundvoraussetzung für eine Adaption des SAFe-Frameworks in einem Unternehmen dar.
>
> Oder anders ausgedrückt: Ohne lean-agile Führungskräfte, die zusätzliche Coaching-Funktionen übernehmen, wird eine Lean-agile Transformation nicht gelingen.

---

[19] Dies ist ebenso eine Herausforderung, zeigt sie doch die Erfahrung, dass viele traditionell geprägten Führungskräfte der agilen Vorgehensweise tendenziell zögerlich gegenüberstehen. Scaled Agile Inc. verweist in diesem Zusammenhang verstärkt und wiederholt auf seine SAFe-Trainings für lean-agile Führungskräfte.

Die lean-agilen Führungskräfte rekrutieren sich aus allen Management-Ebenen der Organisation, unterstützt von externen agilen Beratern und Coaches, sofern notwendig.

Für traditionell aufgestellte Organisation mit funktionalen Silostrukturen stellt die Wandlung der traditionell eingestellten Managementkräfte zu lean-agilen Führungskräften, die den Wandel proaktiv mitgestalten, nach aller Erfahrung die größte Herausforderung dar.

Lean-agile Führungskräfte sehen sich als aktive Treiber und folgen keineswegs nur einer einmal beschlossenen Agenda zur Einführung lean-agiler Vorgehensweisen. Sie schaffen das Umfeld, in dem die agilen Teams erfolgreich sein können - und erhalten es nachhaltig aufrecht.

Die Voraussetzung hierfür ist, dass die lean-Agilen Führungskräfte ein ebensolches *lean-agiles Mindset* (Kap. 4.3.) verinnerlicht haben und diese an hochqualifiziertes Personal bzw. Mitarbeiter weitergeben können. Scaled Agile Inc. setzt an diesem Punkt an –keineswegs uneigennützig – mit seinem Schulungs- und Zertifizierungsangebot für SAFe Program Consultants.

Es geht bei der lean-agilen Transformation nicht nur um Wissensvermittlung, sondern vor allem um Verhaltensänderungen über alle komplette Hierarchieebenen hinweg!

Selbst Firmen mit Entwicklungsteams, die formal nach Scrum agieren, wird es genauso wenig leichtfallen, lean-agile Arbeitsweisen und Strukturen flächendeckend zu etablieren, wenn dies angestammte Herrschafts- und Wissensbergeiche berührt.

Die Aufgaben der lean-agilen Führungskräfte teilen sich in zwei Phasen auf, die in den folgenden Abschnitten beschrieben werden:
- Anleiten der lean-agilen Transformation,
- Leitung der lean-agilen Organisation.

Eine Gefahr ist, dass im traditionellen Umfeld sozialisierte Managementkräfte den lean-agilen Ideen sehr offen gegenüberstehen können, diese jedoch nicht völlig verinnerlicht haben bzw. die notwendigen Erfahrungen noch nicht machen konnten. Dies führt bisweilen zu überzogenen Erwartungshaltungen hinsichtlich des Fortschritts der Transformation und ebenso zu einem falschen Verständnis hinsichtlich Agilität und Lean Management.

Dies wird dann zum Hindernis, wenn es zu kritischen Situationen und Zeitverzug kommt. In diesen Fällen kann die Versuchung sehr stark sein, in die Teams „hinein zu managen", die Scrum-Master in Teilprojektleiter-Rollen zu drängen oder die Zeit für agile Events, z.B. Retrospektiven und System Demos einzuschränken.

Anleiten der lean-agilen Transformation

SAFe nennt die folgenden zentralen Begriffe, auf die sich die lean-agilen Führungskräfte konzentrieren:

Vision:
> Die lean-agilen Führungskräfte erstellen und kommunizieren dauerhaft und wiederholt die Vision in die Organisation.

Authentizität:
> Die lean-agilen Führungskräfte müssen die Ziele der Transformation jederzeit kompetent und authentisch vertreten, um nicht ihre Glaubwürdigkeit vor den Wissensarbeitern zu verlieren und damit die Transformation zu gefährden.

Wachstum:
> Um die lean-agile Transformation voranzutreiben, versetzen die lean-agilen Führungskräfte die Mitarbeiter in die Lage, die Transformation eigenständig voranzutreiben. Dadurch soll das Treffen dezentraler Entscheidungen gefördert werden.

Innovation:
> Um innovativ handeln zu können, muss die Organisation den Mitarbeitern die Möglichkeit bieten, selbst getroffene Entscheidungen auszuprobieren und diese ggf. korrigieren zu können. Mit anderen Worten: Die lean-agilen Führungskräfte helfen dabei, eine Fehler- und Lernkultur zu erschaffen.

Um den lean-agilen Wandel zu motivieren, schlägt SAFe die folgenden Maßnahmen und Hilfsmittel vor:

— Kommunikation der Dringlichkeit eines Wandels, um das Verständnis für die anstehenden Veränderungen bei allen Beteiligten zu wecken oder zu fördern. Dabei müssen die Gründe für den angestrebten Wandel natürlich nachvollziehbar und wahr sein. Wird nur mit Drohkulissen gearbeitet, erreicht die Organisation das Gegenteil.

— Der lean-agile Führungsstil muss sich in den Karrierepfaden und Weiterbildungen für alle Mitarbeiter niederschlagen. Dies geht zu Lasten der bisherigen Positionen und Karrieren, insbesondere innerhalb des unteren und mittleren Managements.

— Einführung dezentraler Strukturen zur dezentralen Entscheidungsfindung und Selbstorganisation. Derartige Strukturen stellen Enabler für lean-agiles Management dar.

— Die Organisation ersetzt ihre bisher vorhandenen Organisationsstrukturen durch agile Teams, ARTs und ggf. Solution Trains, die allesamt nach den vorhandenen Value Streams organisiert sind. Das Ausmaß an Richtlinien und Arbeitsanweisungen muss auf das absolut notwendige Maß reduziert werden. Dies ist bereits ein Folge der Dezentralisierung von Entscheidungen und der entsprechenden Verlagerung von Verantwortlichkeiten in die Teams.

— Schaffung eines Entscheidungsrahmens für einzelne Mitarbeiter und Teams. Die Organisation befähigt ihre Mitarbeiter, Problemlösungskompetenz zu entwickeln und anzuwenden. Dieser hängt eng zusammen mit dem o.g. Punkt der Reduzierung unnötiger Richtlinien.

— Erschließung der intrinsischen Motivation der Wissensarbeiter. Dieser Punkt geht einher mit Selbstorganisation und dezentraler Entscheidungsfindung.

— Treffen von Maßnahmen und Durchführung von Aktivitäten zur Verbesserung des Verständnisses des Werteflusses und der darauf basierenden Value Streams:

  o Identifizieren von Flaschenhälsen innerhalb der Value Streams sowie sich dadurch aufstauende Arbeitspakete. Diese führen zur Erhöhung des Work in Progress;

  o Fokussierung auf die Beseitigung von Verzögerungen und unnötigen Aktivitäten (Waste);

  o Festigung der SAFe-Kernwerte (Core Values), Kap. 4.2. ;

  o Etablierung der lean-agilen Denkweise (Mindset), Kap. 4.3. ;

— Unterstützung bei der Anwendung der lean-agilen Prinzipien. Die genannten Punkte sorgen in den Organisationen für eine Menge Aufwand und können, wenn es nach Scaled Agile Inc. ginge, nur durch den Einsatz zertifizierter SPCs sichergestellt werden.

4.2. Festigung der SAFe Kernwerte (Core Values)

Es ist Aufgabe der lean-agilen Führungskräfte, die vier Core Values von SAFe in der gesamten Organisation zu vermitteln:

— Eingebaute Qualität,

— Alignment,

— Program Execution,

— Transparency.

4.2.1. Abstimmung/Ausrichtung (Alignment)

Mit dem Core Value der Abstimmung und Ausrichtung der Teams richtet die Organisation sich bzw. ihre verschiedenen Teile auf ein Ziel (Mission) aus.

Dies fängt bei der Strategie und Vision eines Unternehmens an und geht weiter mit den daraus resultierenden Entscheidungen für oder gegen Entwicklungsinitiativen im Portfolio Level. Zur

Kommunikation der Unternehmensziele dienen die Vision und die Roadmap sowie die Anforderungen auf allen Ebenen der Organisation.

Die Produktverantwortlichen in allen SAFe-Level tragen ihren Teil zum Alignment bei, indem sie ihre Maßnahmen bei der Produktentwicklung aufeinander anstimmen und in dieselbe Richtung treiben.

Man könnte natürlich einwenden, dass Alignment genauso in traditionell arbeitenden Organisationen maßgeblich ist. Es ist jedoch allgemein bekannt, dass in der Realität die verschiedenen Unternehmensbereiche nicht immer an einem Strang ziehen. Somit ist es das Ziel von SAFe, ein Alignment von Vornherein unverzichtbar zu machen.

Im Team Level kommt der Kadenz-basierten Entwicklung eine besondere Bedeutung beim Alignment zu: Alle Teams entwickeln im Takt aufeinander abgestimmte Produktinkremente. Architekten, Designer und UX-spezialisten sorgen für das Alignment auf technologischer und Usability-Ebene.

Ein erfolgreiches Alignment darf nicht mit einer zentralen Kontrolle gleichgesetzt werden – die Mechanismen zur gemeinsamen Ausrichtung dienen der Stabilisierung einer Organisation, die es erst ermöglicht, dass diese Organisation dezentrale Entscheidungen in den agilen Teams zulassen kann.

4.2.2. Eingebaute Qualität

Es ist keine alleinige SAFe-Weisheit, dass nachträgliche Qualitätskontrollen niemals so effizient und effektiv sein können, wie eine von vornherein konzeptionell *eingebaute Qualität*" bzw. die durchgehende Qualitätssicherung von Anfang an durch alle Stationen eines Value Streams.

Für die Software-Entwicklung stellt dies eine Herausforderungen dar, da es unter Zeitdruck nur allzu verführerisch sein kann, sich die Einhaltung einer Deadline mit der Vernachlässigung von Qualitätskriterien zu erkaufen. Es ist nicht zuletzt die Aufgabe der lean-agilen Führungskräfte, das Verständnis für eingebaute Qualität so stark in der Organisation zu verankern, dass sie bei der nächsten kritischen Situation nicht wieder vernachlässigt wird bzw. nicht vernachlässigt werden kann, da sie weitestgehend automatisiert ist.

Um Qualität in Software einzubauen, dienen in der agilen Welt die folgenden nicht von SAFe erfundenen, aber propagierten Techniken:

Continuous Integration (CI) und Continuous Deployment (CD): Die Automatisierung der Integration und des Rollouts setzen automatisiertes Testen und entsprechend schnelles Feedback durch interne oder externe Kunden in gleichbleibender Qualität voraus. CI und CD sind somit die Enabler für das validierte Lernen im Lean Startup-Model. Ein Modul kann nur erfolgreich ausgeliefert werden, wenn automatisierte Integrationstests für die CI-Pipeline vorhanden sind und diese erfolgreich durchgeführt werden konnten.

Test-First: Dazu gehören *Test-Driven Development* (TDD) mit den dazugehörigen Sub-Techniken *Acceptance Test-Driven Development* (ATDD) und *Behavioural-Driven Development* (BDD). Idealerweise wird bei der Programmierung einer Funktionalität mit den grundlegenden Unit Tests begonnen.

Gemeinsame Verantwortung und Eigentümerschaft am Produkt: Dies bedeutet, dass kein Team oder Entwickler einen Anspruch auf „Eigentümerschaft" an einem bestimmten Teil der Codebasis für sich reklamieren kann. Einheitliche Codierungsrichtlinien sorgen dafür, dass jede/r Entwickler/in jedes Modul bearbeiten und ein Refactoring durchführen kann.

→ Entwickler eines Teams müssen in der Lage sein, Refactorings an Quellcodes durchzuführen, die sie selbst nicht erstellt haben.

Pair Work: Diese Methode, nach dem 4-Augen-Prinzip vorzugehen, hat sich sowohl bei der Neuerstellung von Software als auch bei Refactorings bewährt. Entweder erstellen die Entwickler den Programmcode im Dialog oder einer der beiden steuert z.B. Informationen aus Manuals oder sonstigen Quellen bei und beantwortet die Fragen des anderen möglichst umgehend, um den codierenden Partner im *Flow* zu halten.

Green Build Policy: Durchsetzung einer gemessenen Mindestqualität des Programmcodes. Es ist nicht allein maßgeblich, ob der Compiler einen Code als fehlerfrei akzeptiert, sondern es werden organisations- und projektspezifische Coding Guidelines automatisiert überprüft. Diese legen fest, welche Konstrukte, Strukturen, Techniken und Mechanismen bei der Programmierung erlaubt oder verboten sind. In nahezu jeder Programmiersprache existieren Konstrukte, die die Fehleranfälligkeit erhöhen, sodass deren Benutzung geregelt, eingeschränkt oder verboten sein sollte. Die Einhaltung dieser Policies und Guidelines messen die Teams unter Zuhilfenahme zeitgemäßer Entwicklungs- und Monitoring-Werkzeuge.

In diesem Zusammenhang wird z.B. die Testabdeckung durch Unit Tests gemessen. Liegt diese unter einem Minimum von z.B. 80%, wird der Gesamt-Build „rot", d.h. der Build-Prozess weigert sich, den unzulänglichen Quellcode in einen ausführbaren Zustand zu versetzen.

Weiterhin richtet SAFe einen Appell an die Entwickler: Diese hätten es in der Hand, eingebaute Qualität zu gewährleisten und wenn nötig, durch entsprechende Maßnahmen zu erzwingen. Zu diesen Maßnahmen gehören u.a.:

— Die Weigerung, unzulängliche oder gar minderwertige Arbeit abzuliefern bzw. definierte Qualitäts-Standards einer Zeitvorgabe zu opfern.

- Einfordern von Kapazitäten zur Verhinderung oder zum Abbau technischer Schulden, z.B. durch Refacturings.
- Einfordern von wohldefinierten/verstandenen Vorgaben bzw. User Stories. Dazu gehört eine vom gesamten Team oder ART akzeptierte *Definition of Done* (DoD) und *Definition of Ready* (DoR).
- Ablehnung der Implementierung nicht vollständig, formulierter, verstandener oder geschätzter Stories.

Code Qualität und technische Schulden

Eine hohe Codequalität geht immer einher mit weitestgehender Vermeidung der sog. *Technischen Schulden.* Der hohe Wert der Codequalität soll verhindern, dass im Zuge der Entwicklung versucht wird, Zeitvorgaben auf Kosten der Codequalität bzw. unter Anhäufung technischer Schulden einzuhalten. Technische Schulden stehen für die Konsequenzen schlechter Implementierung von Software. Diese schlägt sich während der Entwicklung und der späteren Maintenance-Phase in Form von zusätzlichem Aufwand bzw. Kosten nieder. Technische Schulden

4.2.3. Transparenz

Transparenz ist einer der 4 Core Values der agilen Vorgehensweise schlechthin – die gesamte Art und Weise der Visualisierung, wie Stories das Kanban durchlaufen stellt bereits eine Form gelebter Transparenz dar.

Die verschiedenen Kanban Boards haben verschiedene Zielgruppen, z.B.:
- Portfolio Kanban: Vorstandsebene, Lean Portfolio Management,
- Program Backlog: Teams und Mitglieder der ARTs, Teilnehmer der Inspect & Adapt Events.

Die in allen SAFe-Leveln in verschiedenen Ausprägungen vorkommende Kanban-Boards stellen für sich bereits eine Form von Metriken dar.

Abb. 4-21 Beispiel für ein Kanban-Board auf Team Level

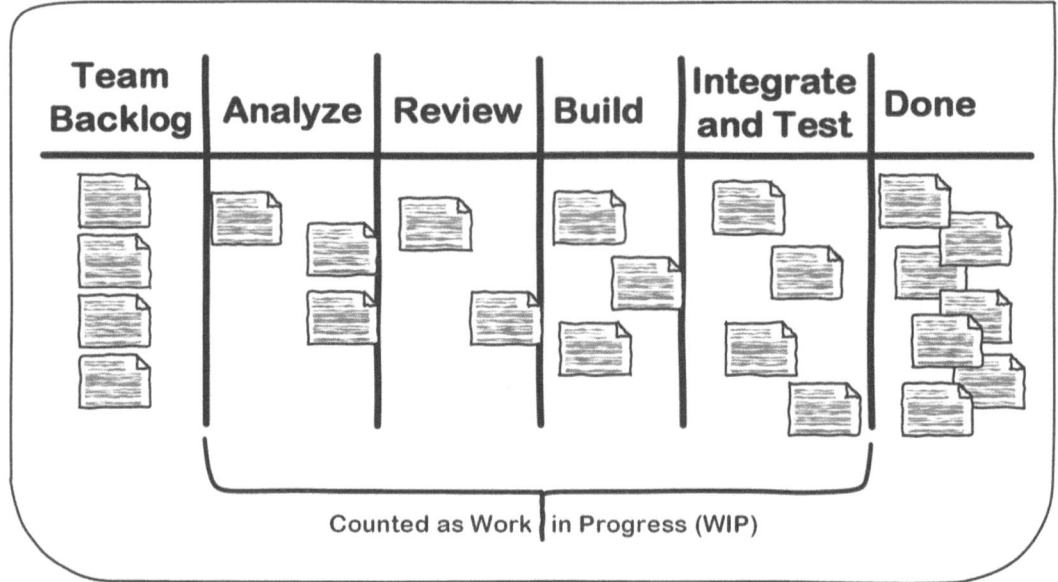

Es ist eine vielzitierte agile Weisheit, dass zur gelebten Transparenz auch eine Fehlerkultur gehört, in der Irrtümer und Fehler eingeräumt werden können, ohne dass dies mit Schuldzuweisungen oder „Blaming" verbunden ist, sondern konstruktiv weitergearbeitet werden kann.

4.2.4.   Einhaltung des Programms

Mit der Einhaltung des Programms (*Program Execution*) meint SAFe die Lieferzuverlässigkeit im Sinne der Vorgaben des Program Level. Dort findet die eigentliche Entwicklung innerhalb der ARTs in PIs statt.

In der Praxis bedeutet dies, dass eine Organisation primär Wert auf die Produktion von Kundennutzen innerhalb der PIs legen muss. Daraus folgt:
- Die Notwendigkeit der strikten Einhaltung der Synchronisation der Iterationen durch die Teams
- Die Durchführung erfolgreicher System Demos sowie die Durchführung der Inspect & Adapt Events zwischen den PIs.

Die Lean-agilen Führungskräfte stehen laut SAFe in der Verantwortung, die Einhaltung des Programms zu ermöglichen bzw. die agilen Teams darin zu unterstützen. SAFe geht davon aus, dass es den agilen Teams in einem skalierten Umfeld wie es SAFe vorsieht, nicht möglich ist, für sich allein die Programm-gerechte Lieferfähigkeit zu gewährleisten. Hierzu ist die maßgebliche Unterstützung der lean-agilen Führungskräfte notwendig.

4.3. Etablierung eines lean-agilen Mindset

Mit dem Begriff *Lean-Agile Mindset*, so propagiert es SAFe, ist eine geistige Haltung oder Einstellung gemeint, die die Kombination aus agiler Entwicklung und Lean Management, insbesondere dem Lean Startup-Model, verinnerlicht.

➜ Es kommt in der Praxis immer wieder vor, dass z.B. auf 6 Monate angelegte Zielvereinbarungen die Einführung dieses oder jenes agilen Frameworks beinhalten. Es liegt auf der Hand, dass das damit verbundene Mindset nicht ohne Weiteres messbar, quantifizierbar und deshalb nicht einforderbar ist.
Ein lean-agiles Mindset muss aufgebaut und am Leben gehalten werden. Hierfür sind alle lean-agilen Führungskräfte mitverantwortlich.

Im Zentrum des lean-agilen Mindset stehen, so SAFe, die drei Praktiken:
— Agile Entwicklung,
— System-Denken,
— Produktentwicklung unter Anwendung des validierten Lernens.

4.3.1. Lean denken

Verinnerlichung der Agilität

Der Originalbegriff aus SAFe „Embrace Agility" (Scaled Agile Inc., 2018) zur Verinnerlichung der Qualität stellt eine eher euphorische Umschreibung dar: Die Agilität soll „umarmt" im Sinne von „willkommen geheißen" bzw. „angenommen" werden.

Die Botschaft ist, dass Agilität nicht per Checkliste in einer Organisation etabliert werden kann. SAFe bemüht sich in diesem Zusammenhang um eine anschauliche Beschreibung der lean-agilen Werte in Form des *House of Lean* in Abb. 4-22, dass sämtliche SPCs und sonstige SAFe-Apologeten in die Welt tragen.

Die folgenden Abschnitte erklären die Bedeutung der Elemente des House of Lean.

Mehrwert für den Kunden

Ziel und damit „Dach" des House of Lean ist die Schaffung eines maximalen Mehrwerts für den Kunden. Dazu gehören kürzest mögliche Vorlaufzeiten, Durchlaufzeiten und Feedbackschleifen. SAFe nennt schlagwortartig weitere Faktoren für einen großen Kundennutzen:
- Hohe Moral innerhalb der lean-agilen Organisation;
- Sicherheit – damit ist offensichtlich jegliche Form der Sicherheit gemeint;
- Kundenbegeisterung - „Vergnügen bei der Nutzung" (*Customer Delight*) - Kundenzufriedenheit.

Abb. 4-22 House of lean

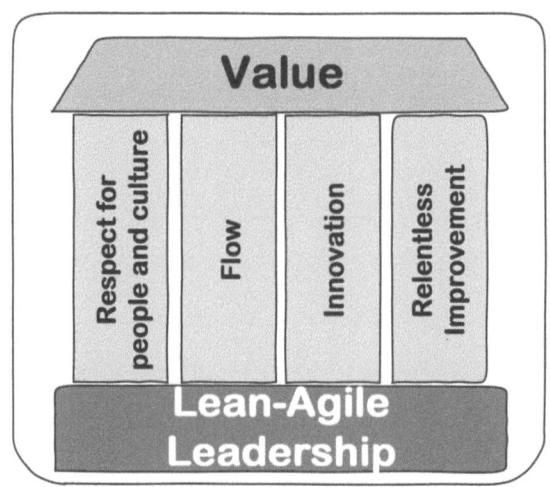

Respekt für die Menschen und deren Kultur

Der Lean-agile Ansatz funktioniert speziell bei Wissensarbeitern und den Kunden anspruchsvoller Produkte nur in Verbindung mit der gegenseitigen Wertschätzung aller Beteiligten und deren bestehender Unternehmens- und Arbeitskultur (erste Säule des House of Lean von Links).

Im Bereich der Wissensarbeit reicht eine Management-getriebene Anordnungskultur mit z.B. einem jährlichen Teambuilding-Event auf Firmenkosten nicht aus, um Wissensarbeiter dauerhaft zu motivieren. SAFe zählt die folgenden Leitlinien für den respektvollen Umgang aus Sicht der Organisation auf:
- Es sind die Menschen in deiner Organisation, die die Arbeit machen.

- Jeder Nutzer der Ergebnisse der (Entwicklungs-) Arbeit ist dein Kunde.
- Überfrachte deine Kunden nicht mit unnötiger oder ungewollter Funktionalität.
- Lasse deine Kunden nicht warten.
- Vermeide aufwendigen Verfahren und Wunschdenken bei der Produkterstellung.
- Strebe langlebige vertrauensvolle Kundenbeziehungen an.
- Eine nachhaltige Veränderung bzw. Transformation ist das Ergebnis der lean-agilen Transformation, nicht umgekehrt.

Flow

Die zweite Säule des House of Lean repräsentiert den kontinuierlichen Arbeitsfluss, der es den Entwicklern erlaubt, ohne Störungen „ungestört" Produktinkremente zu erstellen und diese mit Hilfe kurzer Feedback-Schleifen zu testen und zu verbessern:
- Stetige Optimierung eines kontinuierlichen und nachhaltigen Arbeitsdurchsatzes;
- Nutzung des Prinzips der eingebauten Qualität (Kap 4.2.2.);
- Verständnis und Nutzung des Prinzips der Variabilität (Kap 4.3.);
- Vermeidung von abwechselnden Projekt-Start und –Stopps, also von Projektarbeit im Allgemeinen;
- Nutzung kurzer Feedback-Schleifen zum validierten Lernen und zur schnellen Entscheidungsfindung.

Innovation

Innovation im Sinne der dritten Säule des House of Lean bezieht sich nicht nur auf die einzelne Innovation an sich, sondern meint das stetige Bemühen um Fortschritt. Das Fehlen dieses stetigen Fortschritts setzt SAFe mit Niedergang gleich. In einer solchen Umgebung wäre eine lean-agile Transformation zum Scheitern verurteilt. Die folgenden Maßnahmen dienen zur Schaffung einer innovationsfreundlichen Umgebung:
- Dauerhafte direkte Kommunikation des Produkt- und Solution-Managements mit den Teams, wo die Arbeit erledigt wird – Innovation aus der Ferne funktioniert nicht. Dies passiert z.B. durch die Events (System Demo, I&A, etc.).
- Bereitstellung zeitlicher und räumlicher Ressourcen, um Innovative Ideen und Projekte vorantreiben zu können. Zu diesen Maßnahmen gehören Innovations- und Planungs-Iterationen sowie *Slack*, d.h. individuelle Zeit-Budgets zur freien Verfügung durch die Mitarbeiter.

- Continuous Exploration, das heißt die stetige Observation und Analyse im Hinblick auf Anforderung des Marktes und die Bedürfnisse der Kunden.

- Durchführung des validierten Lernens mit entsprechender Finanzierung (Innovation Accounting).

- Erstellung von explorativen Prototypen, MMPs oder MVPs und Auswertung der Ergebnisse deren Einsatzes vor Kunde. Wenn notwendig, erfolgt eine Änderung der strategischen Ausrichtung des Produkts.

Stetige Verbesserung

Die vierte Säule des House of Lean steht für kontinuierliche Verbesserung. Das ist prinzipiell nichts Neues. Kontinuierliches Lernen und das entsprechende Umsetzen der Resultate im Sinne von Produktverbesserungen eine der Grundlage des Lean Managements (Kap. 2.3.2.).

Hierzu gehören laut SAFe:
- Schaffung eines permanenten Gefühls der kompetitiven Bedrohung durch konkurrierende Marktteilnehmer [20];

- Optimierung in Bezug auf die gesamte Organisation und nicht nur auf einzelne Teile;

- Genaue und ggf. vorsichtige Abwägung aller Aspekte vor dem Treffen von Entscheidungen, denen dann eine sehr schnellen Umsetzung folgt;

- Anwendung schlanker Prozesse und Werkzeuge.

Lean-agile Führungskompetenz

Der hohe Stellenwert der -lean-agilen Führungskompetenz (*Lean-Agile Leadership*) resultiert aus der Tatsache, dass die lean-agile Transformation nicht delegiert werden kann. Es geschieht in der Praxis regelmäßig, dass Senior Management-Etagen genau dies versuchen – die Transformation zu delegieren. „Wir sind agil" wird zuweilen behauptet – kurz nachdem ein PMO mit einigen agilen Protagonisten ins Leben gerufen wurde. Agile Champions und agile PMOs lassen sich nicht immer verhindern und können bisweilen sogar hilfreich sein; sie bilden prinzipiell jedoch ein Anti-Pattern zu lean-agilen Transformationsbestrebungen.

---

[20] In (Lean-Agile Mindset, Scaled Agile Inc., 2018) heist es: *„A constant sense of competitive danger drives the company to pursue improvement opportunities aggressively"*. Ein zweischneidiges Schwert: Hält man bei der Anwendungen dieses Prinzips nicht an die Wahrheit bzw. wird eine identifizierte „Bedrohung" zu sehr aufgebauscht, erreicht die Information das genaue Gegenteil einer Motivation zur stetigen Verbesserung.

4.3.2. SAFe Program Consultants (SPC)

Die hervorgehobene Rolle der SAFe Program Consultants wurde bereits mehrfach in den zurücklegenden Kapiteln erwähnt. Ebenso wurde bereits auf die Gefahr durch agile Champions hingewiesen.

Diese Gefahr wird dadurch vermindert, dass SPCs nur in dieser einen Rolle und in keiner andere aufträten. Das Verständnis des SPCs ist eher das einer Qualifikation, die im Idealfall alle lean-agilen Führungskräfte zusätzlich zu ihren eigentlichen Fähigkeiten besitzen.

SAFe selbst spricht in den meisten Fällen von „Certified SPCs". Das ist der Tatsache geschuldet, dass Scaled Agile Inc. an den Zertifizierungen verdient, insbesondere für Führungskräfte. Diese Zertifizierungen stellen ein sehr einträgliches Geschäftsmodell dar. SAFe gibt ein Verhältnis von 3 – 5 SPCs pro 100 Entwickler an.

SPCs kombinieren ihr tiefgehendes technisches Verständnis von SAFe a mit der Motivation, die Entwicklungsprozesse eine Firma im Sinne eines lean-agilen Verständnisses zu transformieren.

Sieht man sich die in SAFe dargestellte Liste (SPC, Scaled Agile Inc., 2018) an Verantwortlichkeiten und Tätigkeiten der SPCs an, drängt sich durchaus der Vergleich mit einem „Lean-Agile Hero" auf.

Die Aufgaben der SPCs decken sich weitgehend mit den im Teil III dieses Buches beschriebenen Schritten zur Einführung der SAFe-Roadmap:

- Kommunikation des Verständnisses des Tipping Points[21] und der Notwendigkeit eines lean-agilen Wandels.
- Durchführung der Trainings für aller Arten von Führungskräften und Managern.
- Aufstellung eines *Lean-Agile Center of Excellence* (LACE), bestehend aus lean-agilen Führungskräften und den SPCs selbst. Im Rahmen der Etablierung eines LACE besteht durchaus die Gefahr der Delegation der lean-agilen Transformation. Das LACE wird in Kap. 10. genauer beschrieben.
- Identifizierung von Value Streams und ARTs. Dies geschieht zusammen mit allen betroffenen Stakeholdern.
- Erstellung des *Implementation Plans* für die ARTs im Rahmen der lean-agilen Transformation;

---

[21] Der Tipping Point markiert laut SAFe einen Zeitpunkt, ab dem ein „weiter so" ohne lean-agile Transformation nicht mehr möglich erscheint.

- Vorbereitung von ART-Launches. Der Start eines ARTs wird natürlich nicht nur durch den SPC allein durchgeführt. Vielmehr geschieht dies durch das LACE und alle am ART beteiligten Personen und Rollen .

- Im selben Sinne treiben die SPCs auch alle weiteren Schritte der SAFe Implementation Roadmap (Kap. 9.), wie z.B.:

   o Coaching der ART-Durchführung,

   o Starten weiterer ARTs und Value Streams.

4.4. Die 9 SAFe-Prinzipien

SAFe stellt ein Skalierungs-Framework für agile Prozesse dar, dem 9 Prinzipien zugrunde liegen.

Diese 9 Prinzipien stellen eine Abbildung der in Kap. 2. beschriebenen Grundsätze des agilen Vorgehens und des Lean-Startup-Modells dar.

4.4.1.   Prinzip #1: Einnehmen einer wirtschaftlichen Sichtweise

Mit der wirtschaftlichen Sicht ist in diesem Fall die Sicht aus der Lean-Perspektive gemeint, d.h. mit minimaler Vorlaufzeit die unter den gegebenen Bedingungen maximale Qualität zu erreichen. Aus diesem Grund fokussiert sich die Organisation auf den derzeit am dringendsten zu realisierenden Kundennutzen.

Dazu muss diese Organisation den Kundennutzen natürlich erst einmal herausfinden!

Hierzu wiederum bedarf es des Verständnisses der wirtschaftlichen Grundlagen der *Mission*. Was ist der wirtschaftliche Nutzen für den Kunden?

Andernfalls kann selbst ein technisch sauber konzipiertes System hohe Entwicklungskosten nach sich ziehen oder zu langen Lieferzeiten bzw. hohen Herstellungs- oder Betriebskosten führen. Um das zu vermeiden, schlägt SAFe zwei Vorgehensweisen vor:

➔ **Frühzeitige Lieferung** und häufige Lieferung. Dies ist nichts anderes als die in der agilen Welt übliche iterativ-inkrementelle Entwicklung in Kombination mit dem Prinzip des validierten Lernens, wie es das Lean-Startup-Modell erfordert.

➔ **Verständnis der wesentlichen wirtschaftlichen Einflussgrößen** auf das Ergebnis von Entwicklungsvorhaben und Wertströmen durch alle Mitarbeiter.

Frühzeitige Auslieferung des Kundennutzen

Das Prinzip der frühzeitigen Auslieferung von Produktinkrementen im Takt der Iterationen ist bereits Teil des agilen Manifests und wird an dieser Stelle noch einmal illustriert (Abb. 4-23). Die

Auslieferung eines sichtbaren Kundennutzens beginnt also bereits von Anfang an, nicht erst, wie beim Wasserfall-Vorgehen, nach Spezifikations-, Design-, und Konzeptionsphasen.

Der Beginn der eigentlichen Wertschöpfung geht idealerweise mit der Auslieferung der ersten Produktinkremente einher. Dies zu bewerkstelligen ist nicht einfach und setzt bei nichttrivialen Systemen eine funktionierende CI/CD-Pipeline zu einem frühen Zeitpunkt nach dem Start eines ART voraus.

Verständnis der wirtschaftlichen Einflussgrößen

SAFe identifiziert 4 wirtschaftliche Einflussgrößen auf das Ergebnis einer Entwicklung, von denen jede einzelne Einflussgröße von den jeweils anderen abhängig ist. Mit „Ergebnis" bezieht sich SAFe nicht nur auf Produkte, sondern ebenso auf Eigenschaften (*Features*) oder allgemeiner, auf die Tauglichkeit bzw. Fähigkeiten (*Capabilities*).

Die 4 Einflussgrößen im Einzelnen:
- **Entwicklungskosten**: beschreiben die gesamten Personal- und Materialkosten der Entwicklung einer Capability.
- **Entwicklungszeit**: der für die Entwicklung einer Capability benötigte Zeitraum.
- **Produktionskosten**: beschreibt die Produktionskosten im Sinne der Stückkosten für verkaufte Einheiten oder die Rollout-Kosten.
- **Mehrwert**: beschreibt den wirtschaftlichen Wert einer Capability für die Organisation und/oder für den Kunden.
- **Risiko**: beschreibt die gesamten Unsicherheiten in Bezug auf den Erfolg eines Produkts bzw. der Capability, sowohl in technischer als auch in kommerzieller Hinsicht.

Abb. 4-23 Inkrementelle Auslieferung von Kundennutzen

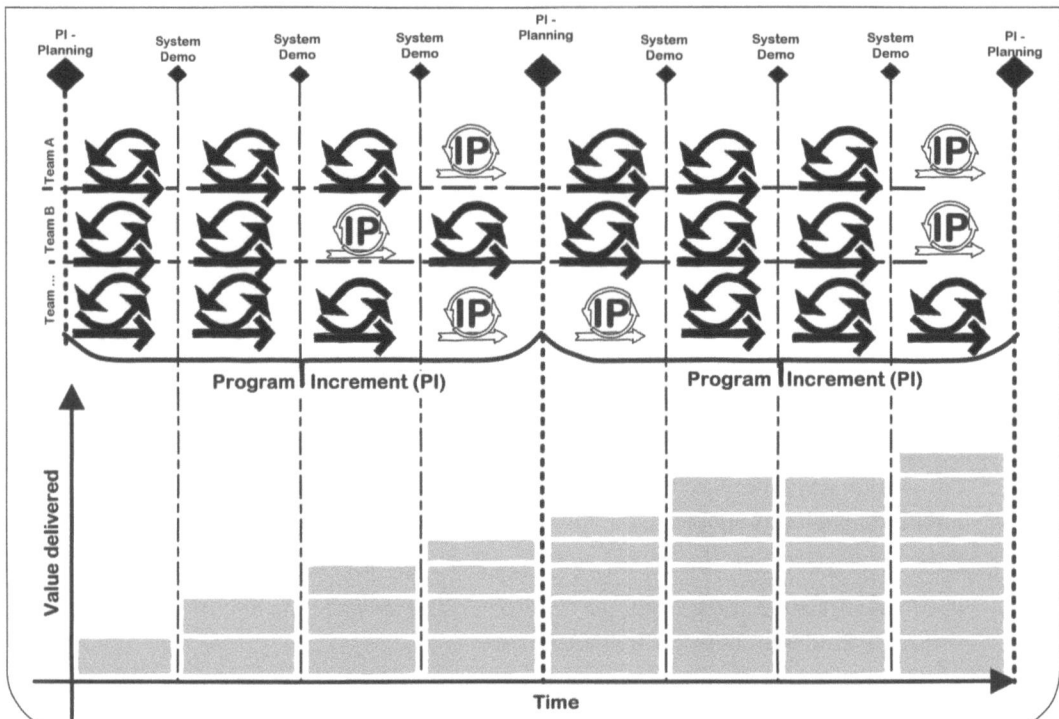

Die gegenseitigen Abhängigkeiten werden sichtbar, wenn sich ein Team z.B. in der Situation sieht, eine Funktionalität trotz bestehender technischer Schulden auszuliefern. Eine Auslieferung mit technischen Schulden führt zwar prinzipiell zu einem Kundennutzen, kann aber u.U. Ausfälle und erhöhte Wartungskosten nach sich ziehen. Ausfälle senken die Kundenzufriedenheit und erhöhen je nach SLA die Kosten in der Organisation. Dadurch verringert sich der Wert für den Kunden und die entwickelnde Organisation.

Um in solchen Situationen die „richtige" Entscheidung treffen zu können, identifiziert SAFe 5 Schlüsselprinzipien:

- Sichtbarmachung der Opportunitätskosten oder Verzugskosten einer (noch) nicht ausgelieferten Capability eines Produkts.
- Die permanente Notwendigkeit, ökonomische Abwägungen und Entscheidungen auf der Basis wirtschaftlicher Einflussgrößen vorzunehmen.

- Überprüfung, ob es einen besseren Zeitpunkt für die aktuelle(n) zur Entscheidung stehende(n) Frage(n) gibt – nicht immer muss eine Entscheidung und damit eine Festlegung sofort erfolgen.

- Vermeidung der Weiterführung einer prinzipiell fehlgeschlagenen Entwicklung. Mit anderen Worten: „Wirf schlechtem Geld nicht noch mehr schlechtes Geld hinterher" oder „Reite kein totes Pferd".

- Erstellung klarer Richtlinien für solche Entscheidungen, sodass diese soweit wie möglich dezentral getroffen werden können – idealerweise in den Teams.

4.4.2.   Prinzip #2: Denken in Systemen

Das Denken in Systemen stellt einen Grundpfeiler von SAFe dar. Beim Denken in Systemen handelt es sich um einen ganzheitlichen Ansatz zur Entwicklung von Systemlösungen, der sämtliche Aspekte eines Systems in Betracht zieht.

Das Denken in Systemen ist somit prinzipiell nicht neu, sondern sollte als selbstverständliche ingenieurmäßige Übung in einer Organisation verankert werden. Die primären Aussagen des Denkens in Systemen sind:
- Die zu entwickelnde Lösung ist ein System;

- Die Organisation, die eine System-Lösung entwickelt, stellt ein System für sich dar;

- Ein Value Stream stellt ein System dar, das als Ganzes betrachtet und optimiert werden muss.

Das Denken in Systemen geht vom Management aus

Wie die gesamte agile Transformation, erfordert das Denken in Systemen die Anwendung neuer Managementansätze. Das Management steht in der Pflicht, sich aktiv an den Problemlösungen zu beteiligen. Dies geschieht im Sinne des *Servant Leaders*, der die Teams unterstützt, anstatt zu delegieren oder in die Teams hineinzumanagen:
- Training und Vermittlung der lean-agilen Werte, Prinzipien und Praktiken;

- Aktive Mithilfe bei der Lösung von Problemen, hervorgerufen durch bereits existierende ineffiziente Systeme und Infrastrukturen;

- Aufzeigen und Vorantreiben von Problemlösungen sowie die Beseitigung von Impediments;

- Durchführung von Ursachenanalysen und Korrekturmaßnahmen in Zusammenarbeit mit den Teams, ggf. durch Verschiebung wichtiger Meilensteine.

Die Lösung stellt ein System dar

Was zunächst wie eine Binsenweisheit klingt, stellt durchaus eine Herausforderung für das Team dar, dass sich stets vergegenwärtigen muss, wo die Grenzen des Systems sind und wie das zu entwickelnde System über diese Grenzen hinaus mittels Schnittstellen mit anderen Systemen interagiert.

Hierzu ist ein Verständnis der Architektur des Systems notwendig – es darf also kein System ohne zugrundeliegende Architektur entwickelt werden. Leider kommt es in der agilen Praxis häufig vor, dass Architektur-Designs am Anfang der Entwicklung vernachlässigt werden. Dies geschieht vor dem Hintergrund, dass von der gänzlich inhärenten Entwicklung der Architektur ausgegangen wird. In großen bzw. komplexen Entwicklungsvorhaben führt dieser Missstand regelmäßig zu Problemen.

Die Organisation selbst ist ein System

Die Menschen und die Prozesse einer Organisation stellen ebenso Systeme dar. Ohne dieses Verständnis wird das zu erstellende System dazu neigen, die Struktur der Organisation widerzuspiegeln. In der Folge würden Änderungen und Optimierungen oft lokalen Charakter haben, da sie von einzelnen Abteilungen initiiert und ausgeführt werden. Das kann in der Praxis soweit gehen, dass die Systemarchitektur ein Spiegelbild der Struktur des Gebäudes oder der Firmengebäude darstellt. Nimmt die Organisation jetzt Optimierungen an einer Stelle eines solchen derart zergliederten Systems vor, würde sich diese Optimierung u.U. gar nicht auswirken.

Systemübergreifende in einem derartigen Umfeld weisen eine erhöhte Gefahr des Scheiterns auf.

Abb. 4-24 erklärt das an einem Beispiel. Ein Betreiber autonomer Fluggeräte nimmt Bestellungen für Überwachungsaufträge an, die überprüft, von Behörden genehmigt und am Ende, wenn alles gut läuft, ausgeführt werden. In einem derart sequenziell aufgestellten System haben lokale Optimierungen des Systems nicht unbedingt eine Auswirkung auf die Effizienz des Gesamtsystems.

Die beispielhaft in Abb. 4-24 dargestellten Stationen eines Value Streams selbst nehmen nur einen kleinen Teil der Time-to-Market in Anspruch – der Löwenanteil fällt auf die Vorlaufzeiten zwischen den einzelnen Stationen.

Abb. 4-24 Value Streams und seine Flaschenhälse

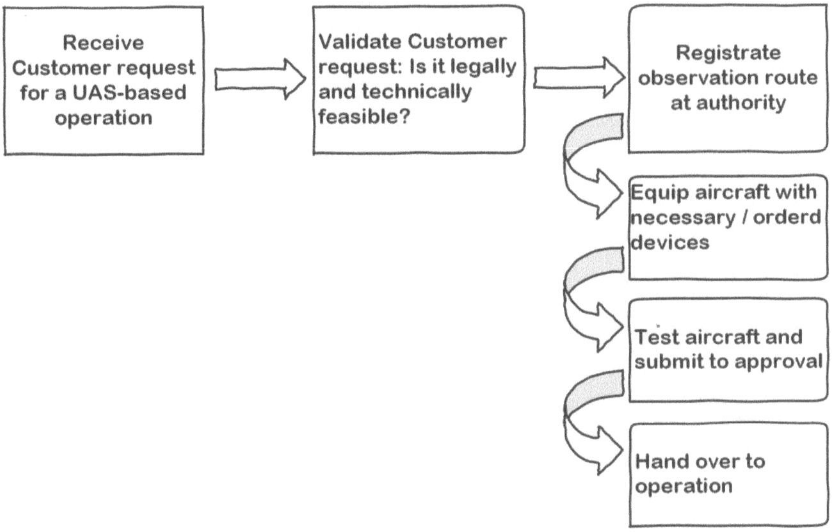

Verständnis und Optimierung des kompletten Value Streams.

Die Wertschöpfung eines Systems findet übergreifend über die Organisationsstrukturen im Rahmen eines ART statt, der einem Value Stream zugeordnet ist.

Um die gesamte Time-to-Market zu minimieren, dient das Denken in Systemen dazu, sich jede einzelne Station des Value Streams zu vergegenwärtigen und das zu entwickelnde System und dessen Komponenten auf eben diese Stationen des Value Streams abzubilden.

Diesen Prozess bezeichnet SAFe als *Value Stream Mapping*.

Betrachtung der Wertströme

Der Begriff des *Wertstroms* bzw. des *Value Stream* beschreibt eine vollständige Wertschöpfungskette, d.h. alle Aktivitäten und Prozesse, die zur Auslieferung einer Dienstleistung oder eines Produktes notwendig sind.

Die Verwendung von Value Streams hat eine große Bedeutung im Lean Management im Allgemeinen und SAFe im Speziellen. Der Value Stream betrachtet nämlich nicht nur diejenigen Aktivitäten, die einen messbaren Output erzeugen, sondern auch Tätigkeiten, die zwangsweise anfallen, wie z.B. Liege - und Wartezeiten sowie Tätigkeiten, die nutzlos sind und somit eine Form der Verschwendung darstellen. Weitere Ziele der Betrachtung von Value Streams sind die Identifikation von Flaschenhälsen und deren Beseitigung.

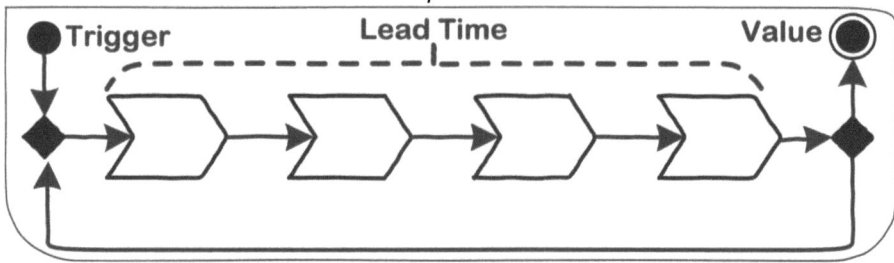

Abb. 4-25 Konzept eines Value Stream

Über den Begriff des Value Stream treffen sich Agilität und Lean Management. Letzteres hat zum Ziel, die Wertschöpfungskette bzw. den Value Stream von jeglichem Ballast zu befreien und zugleich eine hohe Kundenorientierung und Flexibilität zu bewirken.

Über eine differenzierte Betrachtung unter Beachtung von lean-agilen Prinzipien des Value Streams ist es möglich, in einer Phase des Übergangs, d.h. der SAFe-Einführung, agile und nicht-agile Teams in eine Wertschöpfungskette einzubinden.

Wenn eine Organisation sich dazu entschließt, agile Vorgehensweisen zu skalieren, dann "richtig", d.h. möglichst umfassend, nämlich unter Einbeziehung aller Wertschöpfungsschritte. Dazu gehören genauso die Schritte, die nicht zur eigentlichen Software-Entwicklung gehören. Dies bezieht sich z.B. auf Aktivitäten der Produktentwicklung oder des IT Service-Managements.

Abb. 4-25 skizziert die drei formalen Hauptbestandteile eines Value Streams:
- Der Auslöser in Form eines Ereignisses, z.B. einer Bestellung, eines Verkaufs oder eine Lieferung;
- Der Wert bzw. die Wertschöpfung für den Kunden am Ende des Value Streams;
- Die aufeinanderfolgenden Schritte innerhalb der Organisation vom Auslöser des Value Streams bis zu dessen Ergebnis;
- Die Menschen (Mitarbeiter) und Systeme, die den Fluss an Informationen und Materialien be- und verarbeiten;
- Die Bearbeitungszeit, in welcher die Schritte des Value Streams vom Auslöser bis zur Auslieferung durchlaufen werden.

Zwei Value Stream - Kategorien

SAFe unterscheidet zwischen verschiedenen Kategorien von Value Streams:
- **Operational Value Streams** sind direkt für den Kundennutzen verantwortlich, d.h. für den Service oder das Produkt.

- ***Development Value Streams*** sind verantwortlich für die Erstellung der Features und Fähigkeiten, die von den Operational Value Streams benötigt werden.

Das Verständnis eines Value Streams ist die Voraussetzung für dessen Optimierung. Das Value Stream Mapping versetzt die Akteure in die Lage, die wirklich wertschöpfenden Schritte zu identifizieren. Die eigentliche Programmierung von Komponenten, deren Verteilung nebst Test stellt in den allermeisten Fällen nicht den Hauptteil der zur Wertschöpfung notwendigen *Time-to-Market* dar. Dadurch liegt der Fokus der Betrachtung eines Value Streams auf den Verzögerungen zwischen den Wert-erzeugenden Schritten des Value Streams.

Es überrascht nicht, dass sich SAFe in der Hauptsache mit den Development Value Streams beschäftigt. Um diese zu finden, müssen zunächst die Operational Value Streams im Unternehmen ausfindig gemacht werden.

Hierzu setzt SAFe auf der Strategie-Ebene an und formuliert einen Fragenkatalog aus verschiedenen Kategorien von Fragen zur Identifizierung von Value Streams:

Generelle Fragen des Managements an das eigene Unternehmen:
- Welche Werte, die durch die entwickelte(n) System(e) oder Lösungen erzeugt werden, unterscheiden uns von den Wettbewerbern im Markt?
- Wie nehmen unsere Kunden den durch uns generierten Mehrwert war?
- Welche derzeit existierenden Vorhaben binden einen nennenswerten Teil unserer Entwicklungs- und Test-Teams?

Fragen externer Software- und System-Entwickler:
- Welche Produkte, Lösungen oder Services vertreibt das Unternehmen im Markt?
- Aus welchen größeren Systemen oder Sub-Systemen bestehen diese Lösungen und Services?
- Welche geschäftskritischen nichtfunktionalen Anforderungen (NFRs) müssen unterstützt werden?

Fragen aus Sicht der Unternehmens-IT:
- Welche Geschäftsprozesse werden durch die IT unterstützt, um die o.g. Ziele zu erreichen.
- Welche internen Abteilungen unterstützt die IT in welcher Weise?
- Welches internen oder externen Kunden des Unternehmens profitieren in welcher Form von Ergebnissen der Entwicklung, den Geschäftsprozessen und Abteilungen?

4.4.3.   Prinzip #3 Variabilität annehmen – Optionen offenhalten

Es liegt in der Natur der Sache der Entwicklung von Systemen, dass die Entwickler/innen die (unvorhergesehene) Variabilität des Entwicklungsprozesses und jedes (Teil-)Systems selbst soweit wie möglich reduzieren möchten.

Getreu dem im agilen Manifest enthaltenen vierten Grundsatz, dass das Reagieren auf Veränderung einen höheren Wert als das Verfolgen eines Plans hat, will auch SAFe Variabilität als Chance begreifen. Selbstverständlich kann ungemanagte Variabilität den Entwicklungsprozess negativ beeinflussen und zu schlechten Ergebnissen führen; das Verhindern jeglicher Variabilität kann sich jedoch ebenso nachteilig auswirken:

> Legt eine Organisation einen zu starken Fokus auf die Vermeidung von Variabilität, kann das zu einer Risiko-Vermeidungskultur führen, die jegliche Innovation lähmt. Dadurch kann auch nicht aus Fehlern gelernt werden; das validierte Lernen als Teil des Lean Management ist ohne ausreichende Variabilität nicht möglich.

Eine Möglichkeit, Variabilität von vornherein miteinzubeziehen, ist das Set-Based Design (SBD), das auch als Set-Based Engineering (SBCEE) bekannt ist. Abb. 4-26 gibt einen Überblick über SBD.

Das Entwicklungsteam stellt von Vornherein eine Menge an Design-Kandidaten (Prototypen oder Spikes[22]) zusammen. Das Unternehmen bzw. die Entwicklungsteams treiben die Entwicklung der Design-Kandidaten über mehrere zeitlich aufeinander folgenden Evaluierungs-Meilensteine (*Learning Points*) voran. An jedem dieser Learning Points werden die Kandidaten gegeneinander abgewogen und die vielversprechendsten Kandidaten bis zum nächsten *Integration Learning Point* weiterentwickelt.

---

[22] Prototypen und Spikes dienen dem Zweck, Konzepte testweise umzusetzen. Oft impliziert der Begriff Prototyp, dass dieser nach Gebrauch durch das eigentliche Produkt ersetzt wird. Der Spike hingegen wird nach erfolgreichem Test zum MVP oder darüber hinaus weiterentwickelt.

Abb. 4-26 Set-Based Design

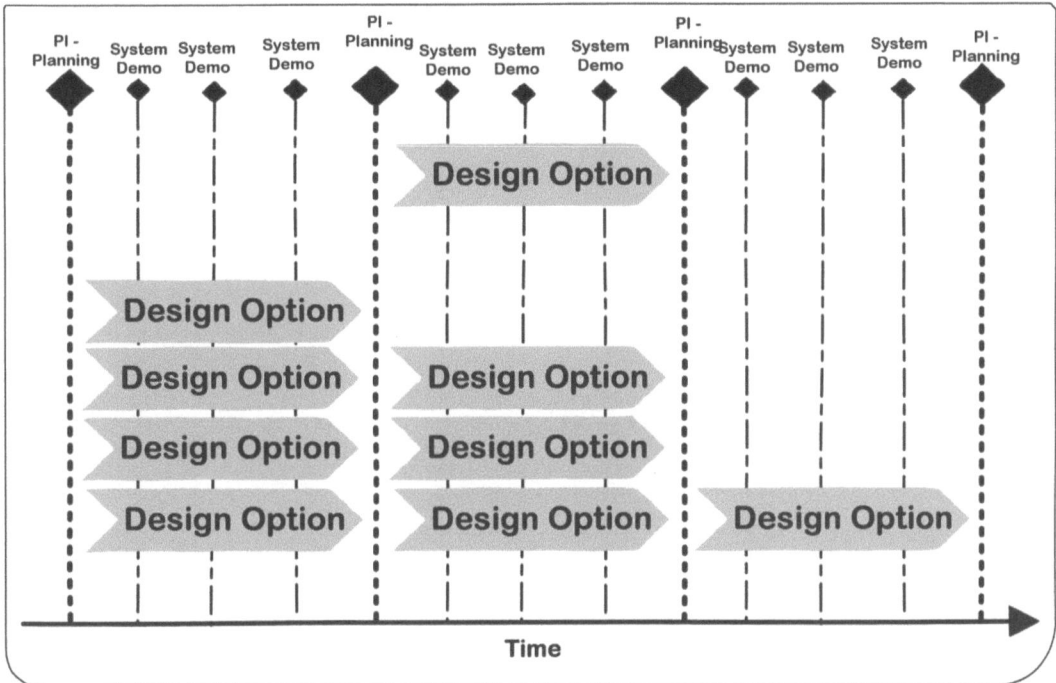

Dieses Prinzip ist nicht so zu verstehen, dass von vornherein immer alle möglichen Kandidaten identifiziert sind. Stattdessen findet es dann Anwendung, wenn entweder von vorneherein mehrere strittige alternative Designs existieren oder, wie Abb. 4-26 zeigt, eine neue Lösungsvariante mitten in der Entwicklung auftaucht. In einem derartigen Fall muss das Team kurzfristig entscheiden, ob die zusätzliche(n) Option(en) weiterverfolgt und ggf. kommende Integration Learning Points definieren werden sollen.

4.4.4. Prinzip #4: Inkrementellen Fortschritt mit schnellen integrierten Lernzyklen verbinden

Dieses Prinzip ist der Grundsatz des Lean Management und Lean Development, bei dem es im Gegensatz zur traditionellen Entwicklung, um die inkrementell-iterative Entwicklung in kurzen PDCA-Zyklen geht.

Eine Antipattern zur Lean Management und zur agilen Entwicklung stellt beispielsweise die komplette Neuentwicklung eines Online-Buchungssystems einer Fluggesellschaft dar, dass das alte System zu einem(!) bestimmten Zeitpunkt komplett(!) ersetzen und gleichzeitig neue, seit langem von Vertrieb und Marketing geforderte Funktionalitäten aufweisen soll.

Ein alternativer Lean Management-gemäßer Ansatz wäre, ein neues System zunächst in Form eines MVP zu erstellen, dass nur eine minimale Funktionalität aufweist und beispielsweise zunächst nur für Buchungen bestimmter Punkt-zu-Punkt-Verbindungen eingesetzt wird. Dies kann so aussehen, dass Kunden, die nach einer bestimmten Flugverbindung suchen, automatisch zum neuen Online-Buchungssystems umgeleitet werden, sodass das alte System wie gewohnt sämtliche andere Verbindungen bedient. Dieser MVP misst das Kundenverhalten bei den Buchungen und vergleicht diese mit vergleichbaren Buchungen im Altsystem. So lernt das agile Unternehmen aus seinen Versuchen und kann das Projekt schrittweise an den Kundenwünschen ausgerichtet weiterentwickeln und das Altsystem schrittweise ersetzen.

Der traditionelle Entwicklungsprozess ist dadurch gekennzeichnet, dass Analyse-, Design- und Implementierungskosten nahezu sofort vom Beginn der Entwicklungstätigkeit anfallen, der Kundennutzen aber erst nach Auslieferung des Produktes sicht- und nutzbar ist.

Derartige Wasserfallprozesse sind nur in den wenigsten Fällen darauf ausgelegt, zwischenzeitlich, d.h. vor der Fertigstellung des ersten Release, Resultate an den Kunden auszuliefern, um so vorab Kundenfeedback einzuholen.

Das beschriebene lean-agile Vorgehen erzeugt bei Produktverantwortlichen sehr oft Abwehrreflexe. Dies liegt daran, dass sich das Produktmanagement seiner Einflussmöglichkeiten beraubt sieht, wenn es nicht von Vornherein das Ergebnis einer Produktentwicklung definiert bzw. definieren darf.

Dasselbe gilt auch für Stakeholder und Sponsoren, denen gegenüber das Produktmanagement ebenso wenig finale Aussagen über die Ergebnisse einer Produktentwicklung machen kann, wenn diese von der Evaluierung von MVPs durch den Kunden abhängen.

U.U. wird dem Kunden auch nicht zugetraut, unfertige, d.h. Teilergebnisse als solche zu würdigen. Und in der Tat ist die Befürchtung, unerfahrene Kunden zu „verschrecken", nicht von der Hand zu weisen[23].

---

[23] Dem Verfasser ist eine Situation in Erinnerung, in der während der Begutachtung eines Zwischenstands durch den Kunden, die Tatsache, dass es sich um einen Zwischenstand handelte, in „Vergessenheit" geriet. Die Vertreter des Kunden begannen, sich wie in einer Endabnahme zu verhalten – und den Zwischenstand entsprechend zu bewerten. Daraus folgt einmal mehr, dass Kunden an eine derartige Praxis herangeführt werden sollte, speziell, wenn es ihnen am lean-agilen Background fehlt.

Abb. 4-27 Inkrementellen Fortschritt in PIs

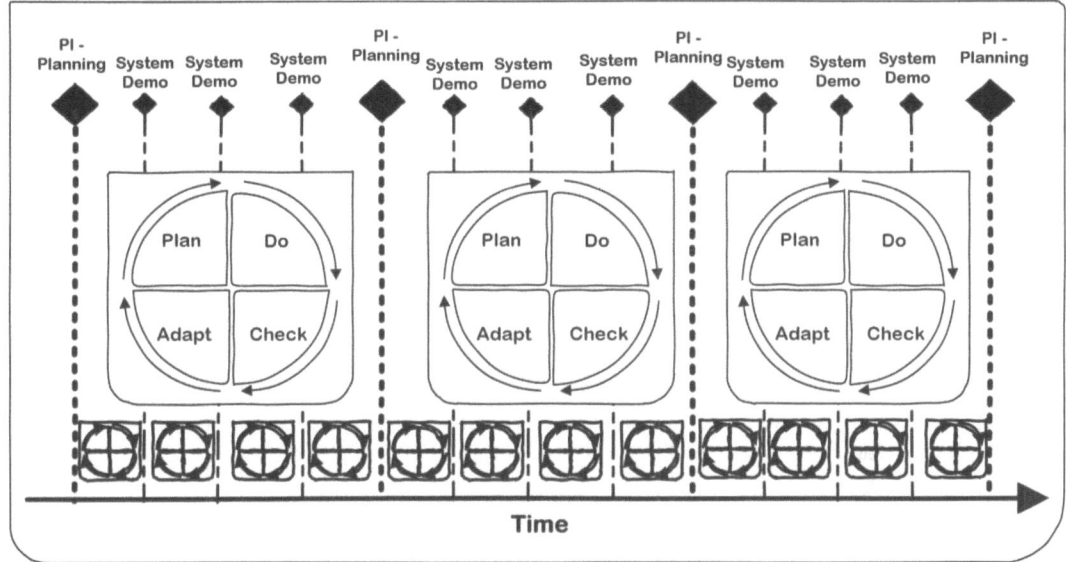

Dadurch wird die Möglichkeit verschenkt, bereits während der Entwicklung aus Fehlern oder Unzulänglichkeiten zu lernen und das Produkt zu verbessern oder gar neu auszurichten.

Es ist leicht einzusehen, dass die Verkleinerung der Iterationsschritte bzw. der jeweiligen Plan-Do Check-Adjust-Zyklen eine Beschleunigung des Lernvorgangs und damit der Entwicklung zur Folge haben kann, solange die Organisation es mit der Kürze der PDCA-Zyklen nicht übertreibt. Die optimale Dauer der Entwicklungszyklen hängt von vielen Faktoren ab, z.B. von der „agilen Reife" der beteiligten und der Organisation, deren Skills und des Entwicklungsgegenstands.

1.1.1.   Prinzip #5: Meilensteine an funktionierenden Systemen ausrichten

Hinter diesem etwas sperrigen Namen verbirgt sich die Forderung, nur Meilensteine oder *Gates* zuzulassen, an denen die Teams ein funktionierendes System, möglichst aus Kundensicht vorführen und abnehmen lassen. Idealerweise könnte eine solche Abnahme im Rahmen eines „Show Cases" erfolgen. An einem Show Case nehmen prinzipiell alle Teams, Stakeholder und Sponsoren einer Entwicklung teil.

SAFe sieht hierfür die System Demos und I&A Events im Team Level bzw. Solution Level vor.

Voraussetzung für die Anwendung dieses Prinzip #5 ist die Anwendung des Prinzip #4, der inkrementellen Vorgehensweise mit kurzen Lernzyklen.

Ein solches agiles Vorgehen stünde im Gegensatz zu herkömmlichen Meilensteinen, die das Ende von Entwicklungsphasen markieren. Diese sind z.B. Anforderungsphase, Design-Phase, Entwicklungs- und Testphase. Derartige Meilensteine haben sich in den allermeisten Projekten aus verschiedenen Gründen als wertlos erwiesen:

- Ein derartiger Meilensteinplan basiert auf der Annahme, dass Anforderungen und Design von Anfang an schlüssig und perfekt aufeinander abgestimmt sind.

- Die voneinander getrennten Anforderungs- und Design-Phasen finden zudem in voneinander getrennten Silos statt, die nicht in ausreichender Kommunikation miteinander stehen.

- Die Abfolge der Phasen erzwingt frühe Entscheidungen in den Anforderungs- und Designphasen.

- Die Festlegungen in den Spezifikationen werden auf der Basis der frühen Anforderungs- und Design-Entscheidungen getroffen, die sich dann in der Entwicklungsphase als nichtzutreffend oder unvollständig erweisen.

Die Menge an im Vorfeld zu treffenden und in der Entwicklung abzuarbeitender Anforderungs- und Design-Entscheidungen im Falle traditioneller Meilensteine stehen dem im folgenden Kapitel beschriebene SAFe-Prinzip #6 entgegen, nämlich den *Small Batches* (Los-Größen).

1.1.2. Prinzip #6: Visualisierung und Beschränkung des WIP, Reduzierung der Losgrößen, steuern der Queue-Längen

Dieses Prinzip dient der Erhaltung des kontinuierlichen Arbeitsflusses innerhalb eines Wertstroms. Mit anderen Worten: Es dient der Umsetzung durch die Teams ohne Flaschenhälse, Liege- und Wartezeiten etc.

Hierzu dienen drei Schlüsselkonzepte:

- Visualisierung und Beschränkung der aktuell in Arbeit befindlichen Arbeiten. Hierzu dient der Begriff *Work in Progress* (WIP) mit einem Kanban Board;

- Reduzierung der Batch-Größen, die in den einzelnen Arbeitspaketen abgearbeitet werden sollen. Hierzu leistet das Kanban Board eine große Hilfe;

- Steuerung der Queue-Längen.

Visualisierung und Steuerung des WIP

Die Visualisierung der WIP geschieht durch das in Kap. 3.3.4. vorgestellte Kanban Board. Selbst in Organisationen, die sich als agil bezeichnen, trifft man auf die Praxis der Überladung. D.h. die Teams wurden genötigt, mehr Stories zur Bearbeitung in einem Sprint oder einer Iteration zuzulassen, als laut Schätzung eigentlich machbar ist.

Dieser Praxis liegen zwei falsche Annahmen zugrunde:
1. Durch Überladung schaffe das Team mehr Durchsatz, weil deren Mitglieder nicht zum „Herumtrödeln" kämen.
2. Durch Überladung kann man mögliche Wartezeiten und geblockte Aktivitäten ausgleichen, da es ja immer etwas zu tun gäbe.

Der erste Punkt kann nicht funktionieren, weil von einer solchen Managementstrategie betroffene Mitarbeiter entweder kündigen oder erst recht Dienst nach Vorschrift leisten. Diejenigen, die aus Angst oder Karrierismus mitzuziehen scheinen, kämpfen nach aller Erfahrung langfristig nur für sich selbst, nicht aber für ein robustes Produkt oder für die Schaffung eines Mehrwertes für den Kunden.

Der zweite Punkt widerspricht dem Konzept des Flow in der agilen Welt. Um diesen Flow aufrecht zu halten, ziehen Entwickler im Falle von Wartezeiten solche Stories aus dem Backlog in Bearbeitung, die zur aktuellen Situation passen. Es macht keinen Sinn, vorab Stories einzuplanen, wenn nicht bekannt ist, zu welchem Zeitpunkt welche Wartezeiten auftreten.

Reduzierung der Batch-Größen

Neben dem agilen Prinzip der Transparenz existiert das Prinzip der kleinen Arbeitspakete oder Losgrößen – im Lean und agilen Sprachgebrauch als *Small Batches* bezeichnet. Es ist eine

Abb. 4-28 Visualisierung via Kanban Board

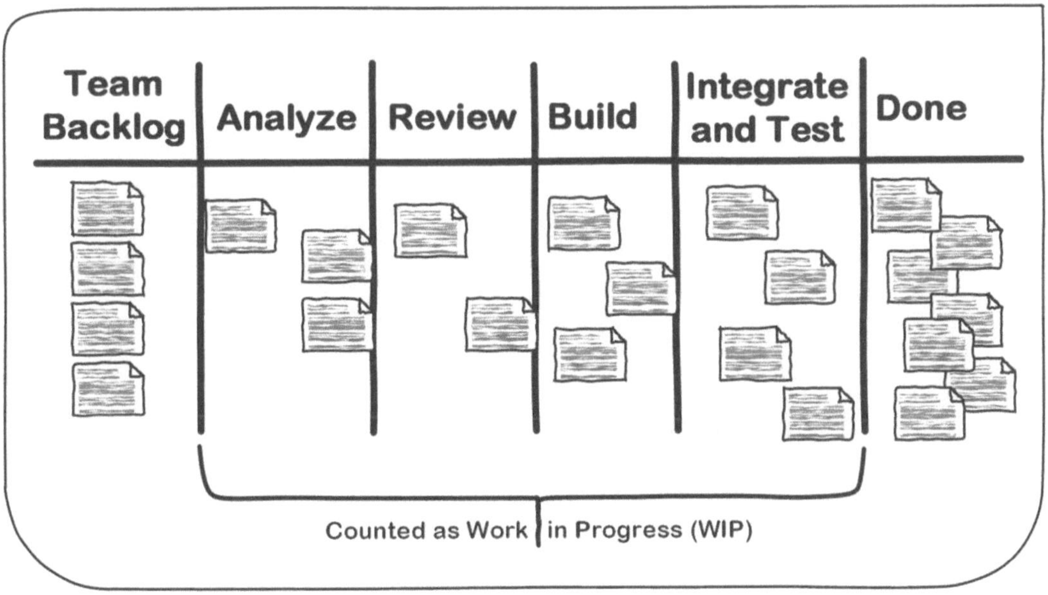

101

Tatsache, dass kleine Arbeitspakete ein System schneller und flexibler durchlaufen als große Einheiten. Durch schnelle Durchlaufzeit und erhöhte Variabilität kann eine Organisation ein effizienteres validiertes Lernen ermöglichen.

Es macht natürlich auch keinen Sinn, die Losgrößen auf „Teufel komm' raus" zu minimieren. Für die Ermittlung der optimalen Losgröße spricht SAFe von den folgenden Parametern, die zur Ermittlung einer optimalen Los- oder Batchgröße dienen (Abb. 4-29):

- **Haltekosten (Holding Cost)**: Kosten, die durch verzögertes Feedback entstehen, verzögerten Bestandsabbau bzw. die verzögerte Abarbeitung von Backlog-Elementen.

- **Stückkosten (Transaction Cost)**: Aufgrund der Skaleneffekte ergibt sich eine Abnahme der Stückkosten bei zunehmender Losgröße – zunächst sehr stark und danach abflachend. Wie Abb. 4-29 zeigt, entwickeln sich die Haltekosten für ein Los nahezu proportional in Abhängigkeit zur Stückzahl im Los.

- **Gesamtkosten (Total Cost)**: Die Summe aus Halte- und Stückkosten, deren Minimum die optimale Losgröße anzeigt. Dies ist der Punkt auf der horizontalen Achse, in der sich die Kurven für Haltekosten und Durchlaufkosten kreuzen.

Abb. 4-29 Die Optimale Losgröße

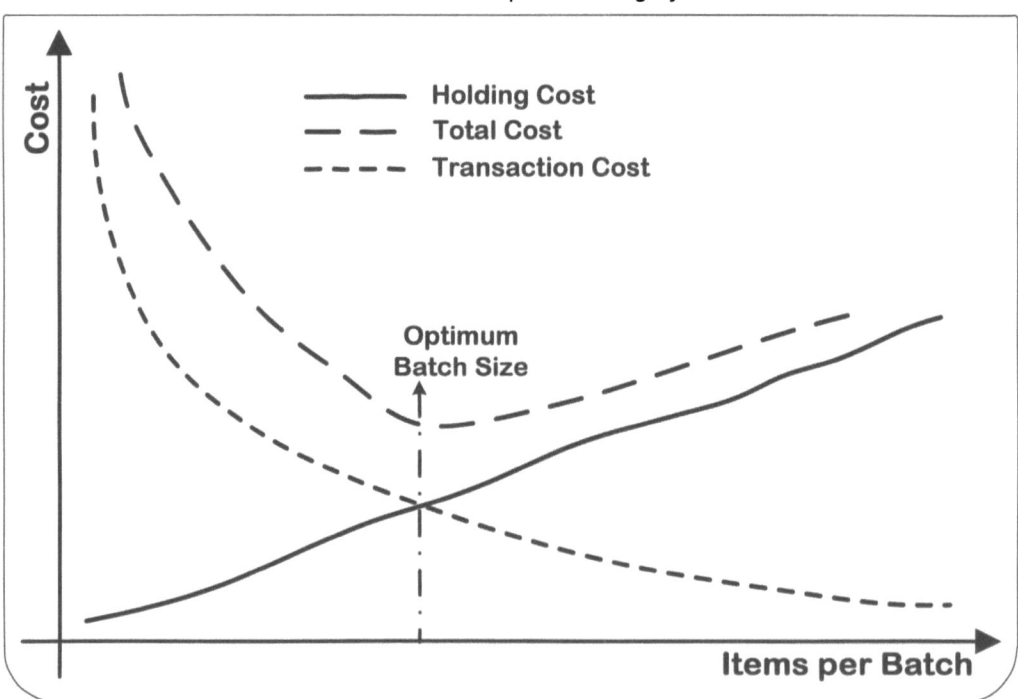

1.1.2.1. Warteschlangengrößen und Durchlaufzeiten

Im Entwicklungsbetrieb[24] laufen große Losgrößen auf lange Warteschlangen hinaus, d.h. die Teams warten ungeachtet ihrer Effizienz bei großen Losgrößen länger auf die nachfolgenden Lose.

Die gängigste Optimierungsmethode besteht zumeist in einer Beschleunigung der Durchlaufzeiten. Genauso gut sind eine Reduzierung der Warteschlangenlängen durch Verkleinerung der Backlogs und Arbeitspakete. Auch dies führt zu kürzeren Durchlaufzeiten und in der Folge zu schnellerem Lernen.

1.1.2.2. TL;DR

Es existieren u.a. die folgenden Methoden zur Optimierung des Arbeitsflusses:
- Die Iteration Backlogs auf Team- und Program- Level sollten so wenig Stories wie möglich enthalten. Ziel ist es, hochpriorisierte Aufgaben möglichst schnell in einer Iteration zu bearbeiten.

- Begrenzung den erlaubten WIP. Dies reduziert die Größe von abzuarbeitenden Warteschlangen.

- Reduzierung der langfristigen Verbindlichkeiten bei der Entwicklung. Damit sind alle Arten von Langfrist-Planungen gemeint.

- Aktives Warteschlangenmanagement, d.h. neu-Priorisierung der Aufgaben in der Warteschlange.

1.1.3. Prinzip #7: Entwickeln in einer Kadenz und in Domain-übergreifender Synchronisation

Mit Kadenz bezeichnet SAFe eine Abfolge gleich langer Entwicklungsabschnitte (Iterationen, PIs) in denen beteiligten Teams synchronisiert, d.h. im Takt Produktinkremente erstellen.

Motivation für die Kadenz ist die Tatsache, dass die Endwicklung von Lösungen ein unsicherer, risikobehafteter und nicht in allen Details planbarer Prozess ist. Die Kadenz ermöglicht eine Bestandsaufnahme des Gesamtfortschritts der Entwicklung zu festgelegten Zeitpunkten.

SAFe unterscheidet zwischen Kadenz und Synchronisation (Kap. 1.1.3.). Tabelle 4-3 listet den Nutzen von Kadenz und Synchronisation auf.

---

[24] Im Gegensatz dazu machen große Losgrößen im Produktionsbetrieb vereinheitlichter Produkte natürlich sind. Niemand kommt auf die Idee, Streichhölzer in kleinen Losgrößen zu produzieren.

Tabelle 4-3 Nutzen der Entwicklung in Kadenz und der Synchronisation der Entwicklungsaktivitäten

Kadenz/gemeinsamer Takt	Synchronisation
Macht Ereignisse planbar.	Erlaubt das stattfinden verschiedener Ereignisse oder Tätigkeiten zur selben Zeit in verschiedenen Teams.
Macht Wertezeiten zwischen Arbeitspaketen planbar und entsprechend auch nutzbar.	Erleichtert funktionenübergreifende und domainübergreifende gegenseitige Abstimmung und Synergien. Z.B. in den Inspect & Adapt Events.
Fördert Planung im allgemeinen und cross-funktionale Koordination im speziellen.	Ermöglicht die Steuerung alltäglicher Abhängigkeiten.
Steuert die Aufnahme neuer Arbeitspakete und begrenzt deren Losgrößen, sodass sie innerhalb einer Iteration verarbeitet werden können.	Unterstützt die Systemintegration und dessen Bewertung und Überprüfung.
Grenzt Verarbeitungsschritte auf ein einzelnes Zeitintervall ein, nämlich auf die Iteration oder das PI.	Unterstützt Feedback aus verschiedenen Richtungen.
Gewährleistet geplanter und erreichbarer Integrationsmeilensteine.	

Die Abb. 4-30 stellt das Prinzip der Kadenz-basierten Wertschöpfung dar. Neben den regulären Iterationen zeigt Abb. 4-30 eine weiteren Typ von Iterationen, den der Innovations- und Planungs-Iteration (*PI-Iteration*). Dieser Iterationstyp wird in den folgenden Abschnitten beschrieben.

Das Kadenz-basierte Vorgehen erlaubt die Ausrichtung der Arbeit der verschiedenen Teams und der Business Units auf das gemeinsame Ziel der Entwicklung. Weiterhin erlaubt die Kadenz-basierte Mitwirkung des Kunden und anderen Stakeholdern am Entwicklungsprozess.

Abb. 4-30 Erzeugung einer Kadenz mittels System Demos

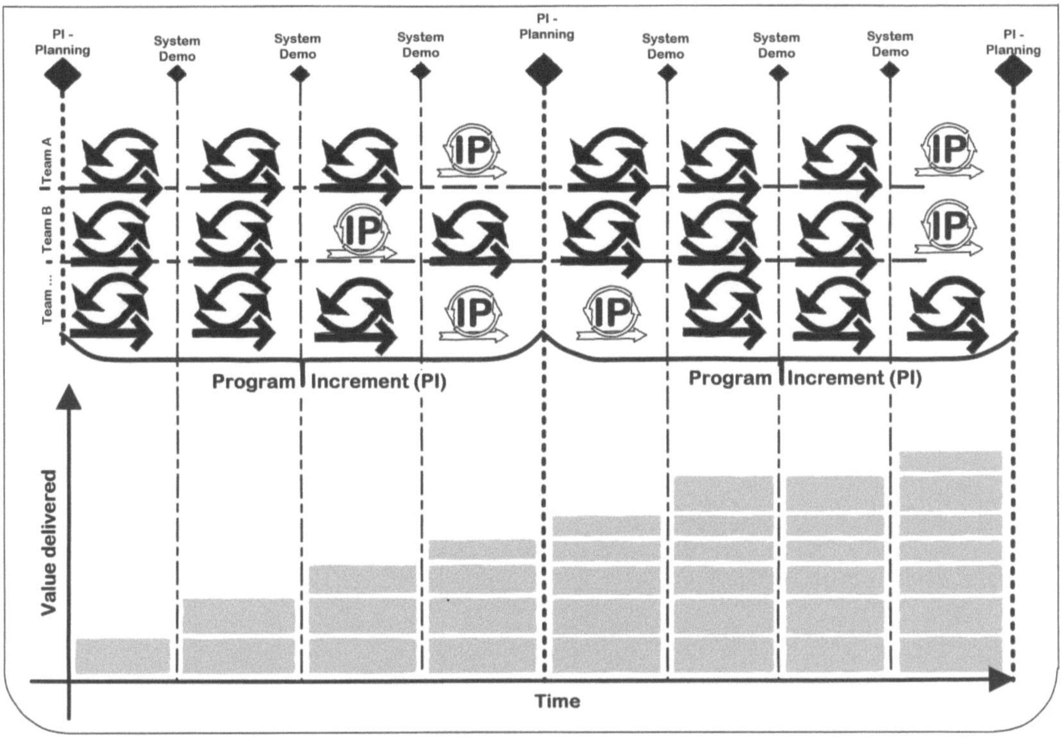

Zum Verständnis der Notwendigkeit der IP-Iteration muss man sich vergegenwärtigen, dass die Entwicklung in der Kadenz von allen Beteiligten ein hohes Maß an Disziplin erfordert.

Eine IP-Iteration dient Tätigkeiten, die der „Erdung" und Ausrichtung des Teams dienen. Dies können Weiterbildungs-Aktivitäten, Tool-Evaluierungen oder das Ausprobieren neuer Techniken sein.

Das in Abb. 4-30 dargestellte PI-Planning, in SAFe als Cross-Domain Planning bezeichnet, dient der regelmäßigen Domain-übergreifenden Planung sowie der Synchronisation der beteiligten Parteien. Das PI-Planning stellt innerhalb von SAFe das wichtigste Event dar, auf dass sich alle weiteren SAFe-Events beziehen. Im Wesentlichen dient das PI-Planning drei Zielen:

- Bewertung des aktuellen Zustandes der Entwicklungstätigkeit;
- Ausrichtung der Teams, Stakeholder und Sponsoren auf eine gemeinsame technische und Geschäftsvision;
- Planung neuer Entwicklungsschritte (Iterationen) und Einholen der Commitments der Entwicklungsteams.

Abb. 4-31 vergleicht die Soll/Ist Ergebnisse der Kadenz-basierten und herkömmlichen Planung. Kurze Planungsschrittfolgen während der Entwicklung in den PIs und deren Synchronisation über mehre Entwicklungs-Teams vermeiden die Aufsummierung von Abweichungen vom Soll-Zustand über einen langen Zeitraum hinweg.

Abb. 4-31 Kadenz-basierte Wertschöpfung vs. herkömmlicher Wertschöpfung

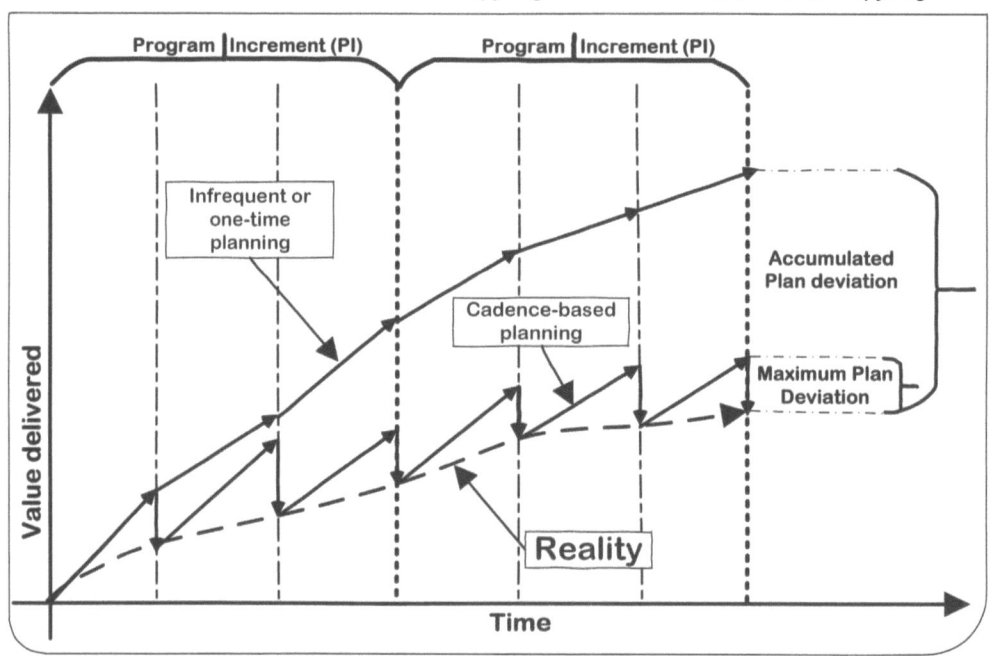

Insgesamt fällt die Gesamtabweichung (in Abb. 4-31, nach dem zweiten PI) geringer aus als bei einer einmaligen oder wiederholten Planung.

Wartezeiten werden beherrschbar, sie werden in den einzelnen PI-Time Boxen eingeplant. Dies ermöglicht einen effizienteren Einsatz von Menschen und Ressourcen.

SAFe betont im Prinzip #7, dass die skalierte Entwicklung großer Systeme eine hochgradig soziale Angelegenheit darstellt. Vor diesem Hintergrund stellt das regelmäßige wiederkehrende PI-Planning ein Mittel dar, um das soziale Netzwerk im Rahmen der Entwicklungsaktivitäten weiter zu entwickeln.

Ein weiterer grundsätzlicher im Prinzip #7 („*Entwickeln einer Kadenz und Domain-übergreifender Synchronisation*") dargelegter Standpunkt von SAFe ist, dass Unsicherheit und Variabilität bei der Lösungsentwicklung nicht vermieden werden kann, sondern sogar genutzt werden muss. Kadenz und Synchronisierung dienen dazu, die Unsicherheiten beherrschbar zu machen und zur Innovation zu nutzen.

1.1.4. Prinzip #8: Erschließen der intrinsischen Motivation von Wissensarbeitern

Das Prinzip #8 ist nicht SAFe-spezifisch, sondern liegt jeglicher agilen oder sonstigen Entwicklung zugrunde oder sollte dieser zumindest zugrunde liegen.

In Kap. 4.4.4. weist SAFe darauf hin, dass bereits die Kenntnis und Einhaltung der 9 SAFe-Prinzipien die intrinsische Motivation der Mitarbeiter positiv beeinflussen sollte. Deren Befolgung würde die Mitarbeiter in die Lage versetzen:

- Ohne bzw. weitestgehend ohne Silostrukturen über Geschäftsbereichsgrenzen hinweg zu kommunizieren;
- Entscheidungen auf der Basis der ökonomischen Zusammenhänge der Gesamtlösung zu treffen;
- Schnelles Feedback über den Tauglichkeitsgrad und die Effizienz einer Lösung zu erhalten;
- Teilnahme am kontinuierlichen inkrementellen Validierten Lernen und nutzen deren Ergebnisse;
- Teilnahme an produktiver und erfüllender Tätigkeit, d.h. wenn eine Organisation die 9 SAFe-Prinzipien umgesetzt hat, sollte dies laut SAFe die größte Motivation für die Mitarbeiter überhaupt sein.

Natürlich hat es schon immer Bemühungen in traditionell aufgestellten Unternehmen gegeben, die den Mitarbeitern innewohnende Motivation zu wecken, um sich das Management einfach(er) zu machen bzw. den größtmöglichen Profit aus den Mitarbeitern herauszuholen – oder niedrige Gehälter zu rechtfertigen.

Im Zeitalter der Wissensarbeit und eines hohen Bedarfs an qualifizierten Fachkräften können solche Mitarbeiter nicht mehr nachhaltig durch extrinsische Managementhoden geführt werden, da sie über mehr Wissen als ihre Vorgesetzten verfügen.

> Ein bekanntes Antipattern zur intrinsischen Motivation im agilen Umfeld stellen Manager und Vorgesetzte dar, die darauf bestehen, alle Stories und Enabler eines Teams in jedem Sprint einzeln freizugeben, obwohl sie diese gar nicht im Detail verstehen. Dies stellt nach aller Erfahrung ein klares Rückzugsgefecht traditioneller Managementstrukturen dar, um deren Existenz zu rechtfertigen.

Die Tatsache, dass eine angemessene Vergütung nicht ausreicht, um Wissensarbeiter in komplexen Umfeldern nachhaltig zur Bestleistung zu motivieren, darf nicht darüber hinwegtäuschen, dass eine angemessene Vergütung ein absolut notwendiges Kriterium darstellt, bevor eine intrinsische Motivation überhaupt ansetzen kann. Extrem komplexe Verfahren, Spielchen und Tricks beim Gehaltspoker und bei der Berechnung und Zuteilung von Boni sind in diesem Zusammenhang kontraproduktiv zur Motivation und Leistungsbereitschaft der Mitarbeiter.

Eine Grundvoraussetzung für den Erfolg des Prinzips der intrinsischen Motivation ist die Identifikation der einzelnen Wissensarbeiter mit deren Teams: Um diesen Teamgeist zu erzeugen und zu festigen sind die lean-agilen Führungskräfte gefragt:

- Diese müssen eine strategische Richtung oder ein strategisches Ziel vorgeben und an alle Beteiligten kommunizieren.

- Es erfolgt keine Arbeit nach einem Langzeit-(Projekt-)Plan.

- Es existieren klar formulierte Anforderungen im Backlog, die von den jeweiligen Teams möglichst ohne ungewollte Seiteneffekte und Abhängigkeiten zu anderen Teams umgesetzt werden können. Das heißt nicht, dass derartige Anforderungen einfach umzusetzen wären.

Gemeinsame Einflussnahme ermöglichen

Damit sich alle Mitarbeiter ihres Wertes für das gemeinsame Ziel bewusst werden, müssen sie ihren jeweiligen individuellen Beitrag leisten, d.h. sie müssen sie ermutigt werden:

- In angemessener Form Widerstand gegen Vorgaben zu leisten, die z.B. dem Qualitätsanspruch oder dem Kundennutzen zuwiderlaufen[25];

- Eigene Positionen, an die sie glauben, ggf. nachdrücklich und auf angemessene Art und Weise zu vertreten;

- Eigene Bedürfnisse bzgl. Ihrer Arbeit zu artikulieren;

- Kein Einverständnis zu Positionen abgeben, hinter denen sie nicht stehen.

---

[25] Die Tatsache, dass das Management Vorgaben zu platzieren versucht, die den Zielen des Kundennutzens zuwiderlaufen zu scheinen, mag bisweilen der Ignoranz geschuldet sein, in den meisten Fällen liegt es an einem mangelnden Informationsfluss. Agile Vorgehensweisen, die die Auflösung von Silostrukturen und Cross-funktionale Zusammenarbeit fördern, sollen im Regelfall einen ungebremsten Informationsfluss sicherstellen. Mit anderen Worten: Wenn sich ein Team aus den genannten Gründen oft den Vorgaben widersetzt bzw. widersetzen muss, dürften diesem Verhalten generelle Probleme bei der lean-agilen Umsetzung zugrunde liegen.

Dass SAFe den Wert der Menschen in den Mittelpunkt stellt, ist kein Akt der Menschenfreundlichkeit. SAFe stellt lediglich fest, dass man Wissensarbeiter nicht auf plumpe Art motivieren kann, sondern deren intrinsische Motivation erschlossen werden muss, um diese mit nachhaltigem Erfolg einsetzen zu können.

Weiterhin gilt das Prinzip #2 – Denken in Systemen: Menschen stellen im lean-agilen Umfeld im Allgemeinen und in SAFe im speziellen nichts anderes als Systeme (nicht Maschinen) dar, die entsprechend ihrem Typ („Mensch") behandelt werden müssen, damit sie „funktionieren".

- Gemeinsam Probleme lösen – sowohl in Bezug zum Management als auch zu anderen Mitarbeitern;

- Um Positionen zu verhandeln und Kompromisse zu schließen.

SAFe äußert sich geradezu euphorisch über das Potential der intrinsischen Motivation (Intrinsic Motivation, Scaled Agile Inc., 2018). Dies geschieht in einem Maße, das zentraleuropäisch geprägten Mitarbeitern nicht immer vermittelbar zu sein scheint und traditionelle Manager dazu verleiten kann, SAFe als lean-agiles Theater aufzuführen. Dem Verfasser sind aus seiner Praxis Beispiele bekannt, in denen das Buzzword der intrinsischen Motivation dazu dient, die Führungsunfähigkeit und Motivationslosigkeit des Managements zu rechtfertigen.

1.1.5. Prinzip #9 Dezentrale Entscheidungsfindung

SAFe versteht unter dezentraler Entscheidungsfindung, dass „wesentliche" Entscheidungen auf operativer Seite getroffen werden, anstatt diese an das Management zu eskalieren.

Als Vorteile dezentraler Entscheidungsfindung führt SAFe an:
- Kürzere Wege bzw. geringere Verzögerungen;

- Höhere Qualität der Entscheidungen;

- Förderung innovativer Entscheidungen;

- Höhere Eigenverantwortung der Teams und demzufolge größere Motivation der einzelnen Mitarbeiter.

SAFe geht nicht davon aus, dass es keine zentral getroffenen Entscheidungen mehr gibt. Weiterhin zentral zu treffenden Entscheidungen sind solche mit den folgenden Charakteristiken:
- Gelegentlich oder selten zu treffende Entscheidungen, sofern diese nicht zeitkritisch sind. Hierbei handelt es sich z.B. um strategische Entscheidungen oder solche, an denen viele Parteien beteiligt sind.

- Entscheidungen mit langfristiger oder weitreichender Wirkung. Solche Entscheidungen, einmal getroffen, werden sich kaum ändern (z.B. Verpflichtung zu einer Standard-Technologieplattform, Verpflichtung zur organisatorischen Neuausrichtung von Wertströmen).

- Entscheidungen mit weitreichenden Folgen hinsichtlich von Skaleneffekten. Derartige Entscheidungen bringen große und breitgefächerte wirtschaftliche Vor- oder Nachteile (z.B. eine gemeinsame Arbeitsweise, Standard-Entwicklungssprachen, Standard-Tooling, Offshoring).

Umgekehrt könnte man sagen, dass alle anderen nicht unter die o.g. Kategorien für zentral zu treffende Entscheidungen fallende Entscheidungen dezentral getroffen werden müssen:

- Regelmäßig wiederkehrende Entscheidungen, wie z.B. die Planung der Team Events (Planning, Retrospektive etc.) oder PI Events sowie jede Art der Priorisierung von Backlog-Elementen.

- Zeitkritische Entscheidungen bzw. Entscheidungen, die im Falle von Verzögerungen zu großen Opportunitäts- und Verzögerungskosten führen würden. Dazu gehört weiterhin die Priorisierung von Backlog-Elementen, es sei denn, diese haben hochgradig strategischen Character.

SAFe schlägt an dieser Stelle vor, die Kategorien von Entscheidungen numerisch festzulegen. Die Festlegung dieser Kategorien kann relativ zueinander geschehen. Wie Tabelle 4-4 zeigt, werden die einzelnen Kriterien für die zentrale/dezentrale Entscheidungsfindung numerisch pro Entscheidungsklasse gewichtet und aufsummiert. Zusätzlich existiert ein Schwellwert, dessen Über- oder Unterschreitung einen Indikator für eine zentral oder dezentral zu treffende Entscheidung darstellt.

Tabelle 4-4 Entscheidungsfindung

| Entscheidung oder Entscheidungsklasse | Ja=3 Nein=0 | | | Gesamt |
	Wiederkehrend?	Zeitkritisch?	Keine Skaleneffekte vorhanden?	<= 5: Dezentralisiere Entscheidungsfindung
Beauftragung des Providers XY nach Budget	2	2	3	5
Genehmigung eines Provider-Budgets	2	1	1	4
Auswahl eines neuen Providers in den Provider Pool	1	1	0	2

4.5. Eine übergreifende Werkzeugpalette

Die Übergreifende Werkzeugpalette (*Spanning Palette*) fasst mehrere Artefakte und Rollen zusammen, die SAFe-übergreifend in den verschiedenen SAFe-Konfigurationen Anwendung finden. Die in der Spanning Palette enthaltenen Elemente dienen der Flexibilität und Konfigurierbarkeit von SAFe.

→ Die Tatsache, dass die Elemente der Spanning Palette für alle SAFe-Level Gültigkeit besitzen, darf nicht darüber hinwegtäuschen, dass die verschiedenen Tools auf der Spanning Palette eine unterschiedliche Bedeutung für SAFe haben und somit nicht in allen Leveln zwingend eingesetzt werden müssen.

→ Während z.B. das Vision Dokument für eine SAFe-Transformation unabdingbar ist, hängen Einsatz und Umfang des Einsatzes von Shared Services oder dem System Team stark von der Struktur und der Aufstellung einer Organisation ab.

Die folgenden Kapitel beschreiben die Werkzeuge der Spanning Palette:

4.5.1.   Metriken

Transparenz und Messbarkeit des Arbeitsfortschrittes ist in der agilen Welt prinzipiell ungleich größer und wichtiger als in herkömmlichen nicht iterativ-inkrementell-basierten Vorgehensmodellen.

Voraussetzung für die Messbarkeit ist die Automatisierung der Messungen. Dies wird z.B. durch die Überwachung der Status der Backlog-Elemente und einer damit automatisierten Fortschrittskontrolle ermöglicht.

Keinesfalls soll der Eindruck entstehen, dass sämtliche in diesem Kapitel beschriebenen Metriken4.5.1. zur Anwendung kommen müssen:

→ Bei allen im Folgenden aufgeführten Metriken muss man sich den Nutzen klarmachen, den eine solches Reporting für das Team, den ART, den Solution Train oder das Unternehmen jeweils darstellt.

→ Es kann somit keinesfalls der Sinn der Sache sein, dass am Ende einer SAFe-Transformation alle die im Folgenden aufgeführten Metriken und die darauf aufbauenden Reports zur Verfügung stehen müssen.

→ Zumal steht ein exzessives Reporting in einem krassen Gegensatz zur agilen Vorgehensweise: *Der beste Beweis für ein performantes System oder eine solche Lösung ist ein funktionierendes System.* Reporting wird deshalb gezielt eingesetzt, um ungewünschten Tendenzen bei der Umsetzung der Backlog-Elemente auf die Schliche zu kommen, keinesfalls zum Ergebnis-Reporting.

➔ Ein weiterer Punkt ist, dass die Erhebung der in den folgenden Kapiteln aufgeführten Kennzahlen nur dann sinnvoll ist, wenn der Erzeugung dieser Kennzeichen weitestgehend automatisch erfolgt – sozusagen „nebenbei".

o <u>Beispiel</u>: Einzelne User Stories werden in Systemen erfasst und durchlaufen dort alle Status ihres Lebens. Auf der Basis der Zuordnung zu Sprints und PIs wird der Entwicklungsfortschritt auf allen Ebenen der Organisation transparent gemacht.

➔ Es entspricht der Erfahrung, dass sich Mitglieder des traditionellen Managements auf die Reports stürzen bzw. diese einfordern – nicht zuletzt, um damit ihrer Existenz in überkommenen Rollen zu rechtfertigen.[26]

Faustregel zur Nutzung von Metriken und Reports im agilen Umfeld:
– Metriken im agilen Umfeld beschreiben niemals den Endzustand oder das Ergebnis einer Entwicklung bzw. deren Ergebnis. Dazu dienen System Demos, MVPs oder Releases.
– Stattdessen dienen Metriken zur statistischen Darstellung verschiedener Aspekte des Entwicklungsfortschritts.

Faustregel zum Velocity-Reporting:
Die Darstellung der Velocity pro Sprint dienen in erster Linie dem Team selbst im Rahmen seiner Bestrebungen zur kontinuierlichen Verbesserung. Die Story Points zwischen Teams sind nicht vergleichbar, sodass sich Velocities per se nicht für das Management-Reporting eignen. Es kann durchaus aufschlussreich sein, die Entwicklungsverläufe der Velocities mehrerer Teams (z.B. eines ARTs) über einen längeren Zeitpunkt zu vergleichen.

4.5.1.1. PI Burn Down Chart

Das PI Burn-Down Chart stellt die Abarbeitung der für einen PI geschätzten Story Points im Rahmen eben dieses PI dar. Das PI Burn Down Chart stellt die skalierte Version des Sprint Burn Down Chart dar.

---

[26] Solange die lean-agile Transformation nicht vollständig abgeschlossen ist, sehen sich die agilen Teams verstärktem Rechtfertigungsdruck durch die traditionellen Managementstrukturen ausgesetzt. Deshalb ist es absolut notwendig, möglichst sofort, d.h. bereits als Ergebnis der ersten Iteration, Funktionalität ausliefern zu können.

Das PI Burn-Down Chart zeigt zwei Kurven:

Die rechnerisch ermittelte Plan-Kurve, deren Verlauf in der Praxis nie erreicht wird, da die Story-Points sich ja nicht gleichmäßig auf die Stories verteilen.

Abb. 4-32 zeigt exemplarisch, wie sich die tatsächliche Abarbeitung der Story Points zur idealen Entwicklung (Gerade) innerhalb eines PI verhalten kann. Die Innovations- und Planungs-Iteration ist von der Berechnung des PI Burn Down Charts ausgenommen.

Abb. 4-32 PI Burn Down Chart auf der Basis von Story Points

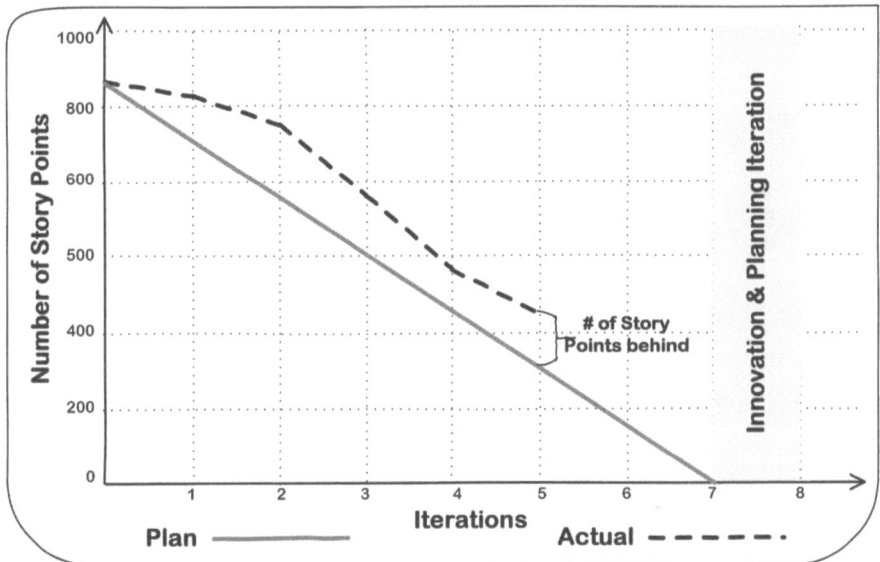

Dieses Verfahren kann dann von Vorteil sein, wenn den einer Iteration zugeordneten Stories stark unterschiedliche Schätzungen in Form von Story Points zugewiesen sind. Dadurch lässt sich die zu einem Zeitpunkt vorhandene Funktionalität besser abschätzen.

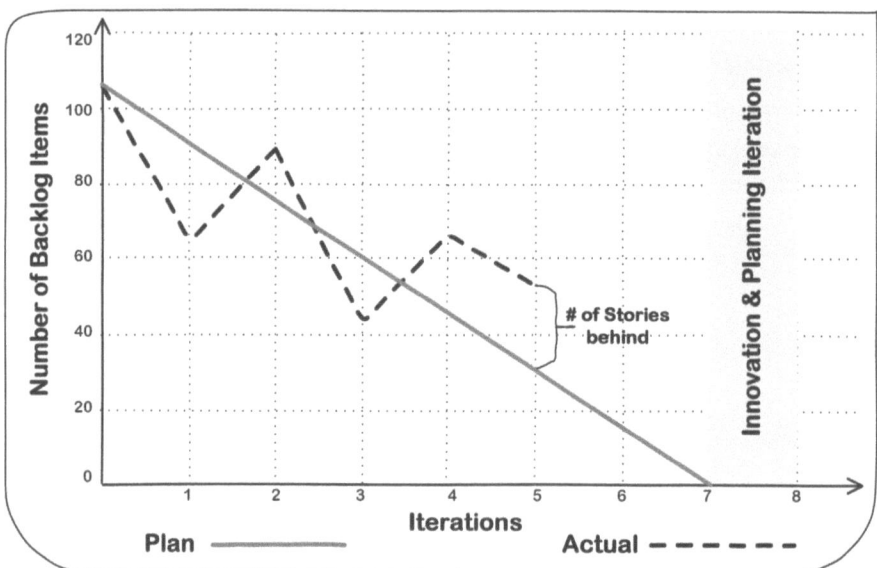

4.5.1.2. Team Metriken

Tabelle 4-5 zeigt beispielhaft eine Reihe von Team-spezifischen Metriken.

Tabelle 4-5 Beispiel eines Formulars für Team-Metriken

PI 5			
Gemessene und geplante Metriken zur Funktionalität	Iteration 1	Iteration 2	Iteration 3
Geplante Velocity			
Realisierte Velocity			
Anzahl geplanter Stories			
Anzahl umgesetzter geplanter Stories			
Anzahl nicht im Planning geplanter aber trotzdem umgesetzter Stories (*Stretch-Objectives*)			
Qualitäts-Metriken			
Unit Test-Abdeckung			
Anzahl der Defects			
Anzahl neuer Test Cases			
Anzahl durchgeführter Test Cases			
Anteil automatisierter Test Cases			
Anzahl von Refactorings			

Ein derartiges Format wie in Tabelle 4-5 sollte automatisch in dieser oder einer vergleichbaren Form aus den Systemen des Solution Intent generierte werden können.

4.5.1.3. Team Kanban Board

Auf Team-Ebene existiert das Team Kanban Board, dass aus dem agilen Tagesgeschäft nicht mehr wegzudenken ist sich als ideale Quelle für Auswertungen anbietet.

Laut SAFe kann man von einem erfolgreichen PI sprechen, wenn die Bewertung durch die Beteiligten mindestens 80% beträgt.

Für den PI Fortschritts-Report gelten die folgenden Grundannahmen:
- Der geplante Business Value enthält nur die am Anfang des PI geplanten Ziele, nicht die ggf. später hinzugekommenen (Stretch Objectives);
- Dasselbe gilt für den aktuellen Business Value, der ebenso wenig Stretch Objectives enthält.

Das Resultat kann dann aufgrund der Stretch Objectives über 100% liegen.

Abb. 4-34 Team Kanban Board

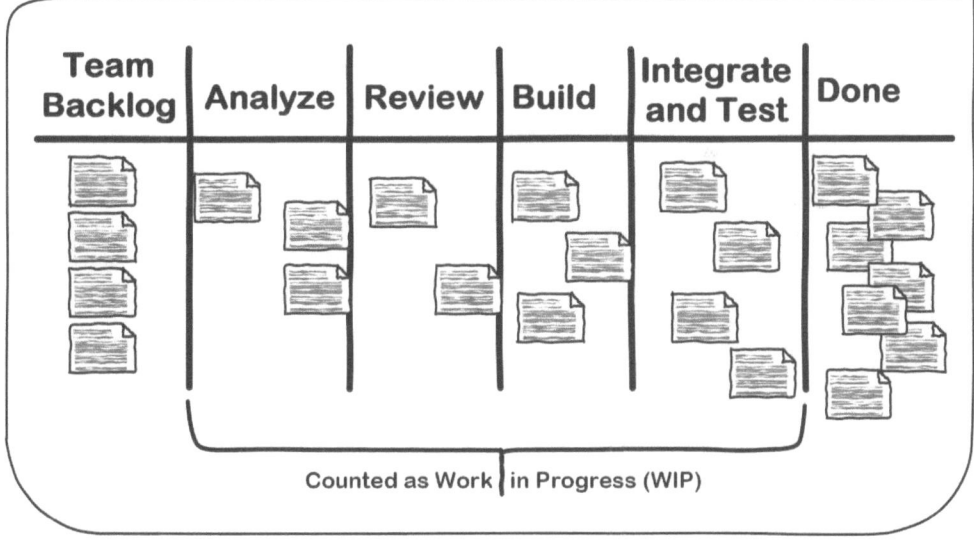

Abb. 4-35 Iteration Self-Assessment auf Team Level

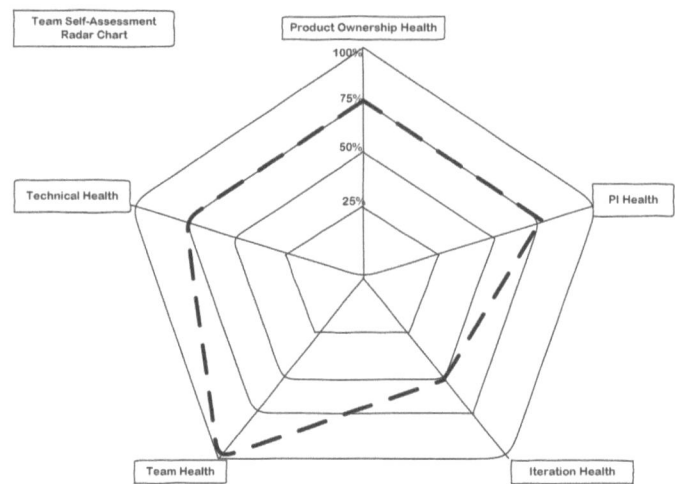

4.5.1.4. SAFe Team Self-Assessment

Abb. 4-35 stellt das Ergebnis eines Team Self Assessment dar. Ob das in Abb. 4-35 dargestellte Beispiel als eine erfolgreiche Iteration zu interpretieren zu gelten hat, müssen die Mitglieder des Teams selbst entscheiden. Keinesfalls dürfen das Senior Management oder andere Empfänger des Self-Assessments diese Einschätzung vornehmen, da die prozentualen Angaben pro Team unterschiedlich zu interpretieren sind.

Agile Coaches, Scrum Masters oder andere Servant Leaders sollten die Entwicklung der Self Assessments über mehrere Iterationen innerhalb eines PIs und über mehrere PIs verfolgen, um im Dialog mit den Teams Verbesserungen der Rahmenbedingungen für die Arbeit der Teams zu identifizieren und einzuleiten.

4.5.1.5. Cumulative Flow-Diagram

Das Cumulative Flow Diagramm (CFD) stellt eine grafische Darstellung des Kanban-Boards dar, das in seiner größten Ausprägung aus den folgenden Status besteht:

- Eingang (*Funnel*),
- Analyse (*Analyzing*),
- Backlog (*Backlog*),
- Implementierung (*Implementing*),
- Test (*Validating on Staging*),
- In Deployment into Production (*Deploying to production*),

- In der Freigabe (*Releasing*),
- Fertig (*Done*).

Abb. 4-36 stellt die Anzahl der verschiedenen Features in den jeweiligen Status pro Tag dar. Die Stellen, an denen die Bänder breiter sind, weisen auf Verzögerungen („Bottlenecks") hin.

Abb. 4-36 Cumulative Flow-Diagram

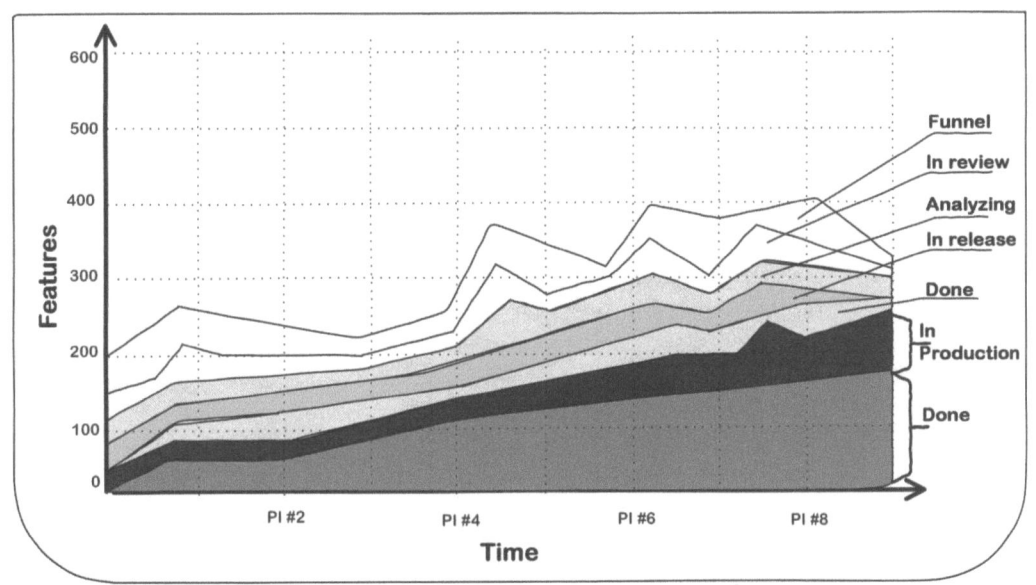

4.5.1.6. Fehlerrate

Die Fehlerrate oder *Defect Rate* stellt ein Maß für die Qualität dar. Abb. 4-37 zeigt die Fehlerrate eines PIs pro Sprint und kann pro Team oder ART ermittelt werden.

Sobald die Fehlerrate einen festgelegten maximalen Wert überschreitet, stellt dies einen Indikator oder Trigger für das Ergreifen von Maßnahmen zur Qualitätsverbesserung dar.

$$Fehlerrate = \frac{Fehleranzahl}{AktuellgeleisteteArbeit}$$

Die Fehlerrate ergibt sich aus dem Verhältnis der zu einem Zeitpunkt im Iteration Backlog enthaltenen Fehler-Stories (*Defect*) zur aktuell in der Iteration geleisteten Arbeit, z.B. in Form abgenommener User Stories.

Alternativ können Defects, wie die geleistete Arbeit, in Story Points gemessen werden. Dazu muss das Team natürlich die Story Points für jeden Defect erfassen, was nicht in jedem Umfeld üblich ist. Es besteht in der Praxis weiterhin Uneinigkeit darüber ob die für Defects geschätzten Story Points auf die Velocity anzurechnen sind oder nicht.

Eine weitere Option zur Messung der beiden Größen *Fehleranzahl* und *aktuell geleistete Arbeit* besteht in der Messung der zur Fehlerbehandlung aufgewendeten Zeit. Ebenso gilt dies für die insgesamt pro Iteration geleistete Arbeitszeit. Die in den Organisationen zur Backlog-Pflege

Abb. 4-37 Defect Rate

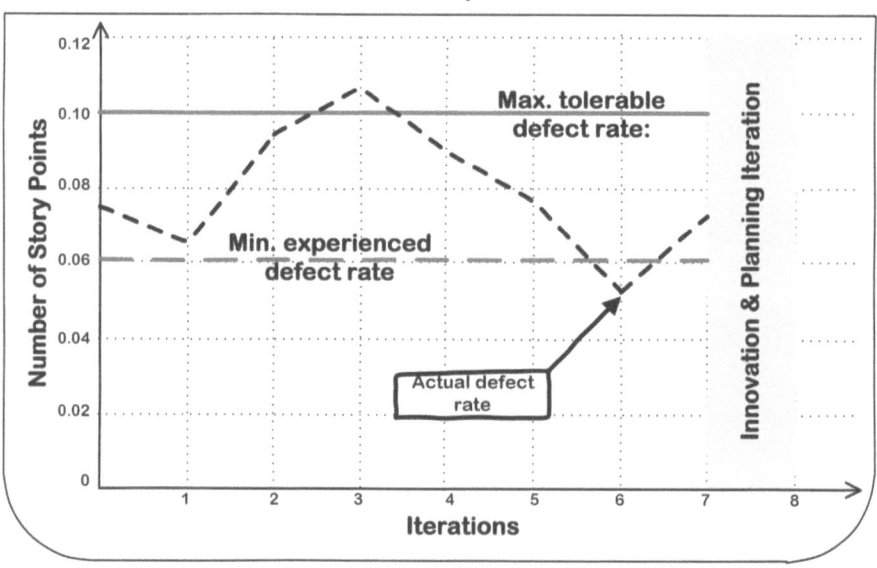

genutzten Werkzeuge erlauben in vielen Fällen die Aufzeichnung der pro Backlog-Element aufgewendete Zeit durch die Team-Mitglieder.

Neben der jeweils aktuellen Fehlerrate führt das Beispiel in Abb. 4-37 die niedrigste jemals in einem Team oder ART gemessene Fehlerrate in einer Iteration auf.

Abb. 4-38 Program Kanban Board

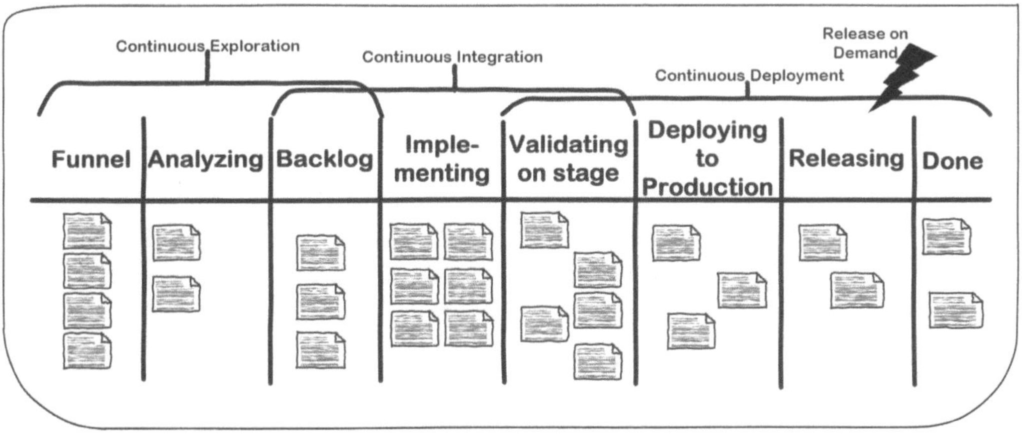

4.5.1.7. Program Kanban Board

Das Program Kanban Board unterstützt die Gewichtung und Analyse von Epics, z.B. eines Portfolio-Epics, und misst sozusagen die Reife von Epics, bevor diese einem PI zugeordnet werden. Solution Epics werden im Kanban-Board priorisiert und verfolgt.

4.5.1.8. Running Tested Features

Für das Verhältnis der erfolgreich getesteten, abgenommenen und in Produktion gesetzten Features zur Gesamtzahl aller abgenommenen Features hat sich der ein wenig sperrige englische Begriff *Running Tested Features* bzw. dessen Abkürzung *RTF* eingebürgert. Dieser dient der Messung der Entwicklung der Qualität über einen bestimmten Zeitraum.

Bei den in Abb. 4-39 beispielhaft dargestellten RTF handelt es sich um die aufsummierte Darstellung der in Produktion gegangenen Stories oder Features sowie der Gesamtheit aller den Akzeptanztest bestandenen Stories und Features. So lässt sich die Entwicklung der Qualität über die Zeit sehr gut verfolgen.

Abb. 4-39 Running Tested Features

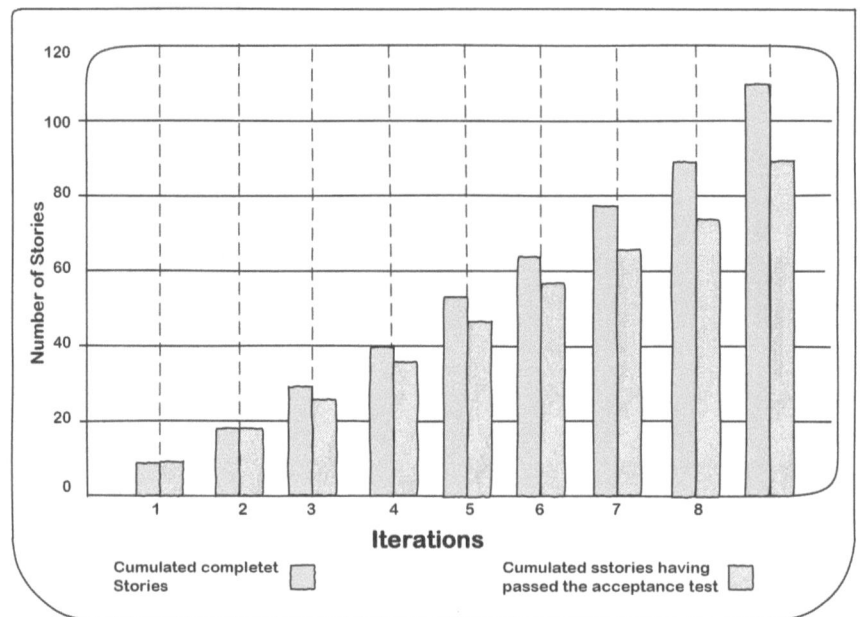

4.5.1.9. Portfolio-Metriken

Epic Burn-Up Chart

Das Epic Burn Up Chart (Abb. 4-40) stellt den Vollständigkeitsgrad eines Epics in Form dreier Kurven dar:

- Der Schätzung über die Gesamtanzahl der Story Points eines Epics. Diese Schätzung ist keine einzelne Zahl, sondern eine Kurve.

- Eine weitere Kurve stellt die Anzahl der zeitabhängig „verbrannten" Story Points dar. Diese Anzahl setzt sich aus allen dem Epic zugehörigen Features und Stories zusammen

- Eine dritte Kurve stellt die im aktuellen Zeitabschnitt (Sprints, IPs) verbrannten Story Points dar.

Abb. 4-40 Epic Burn-Up Chart

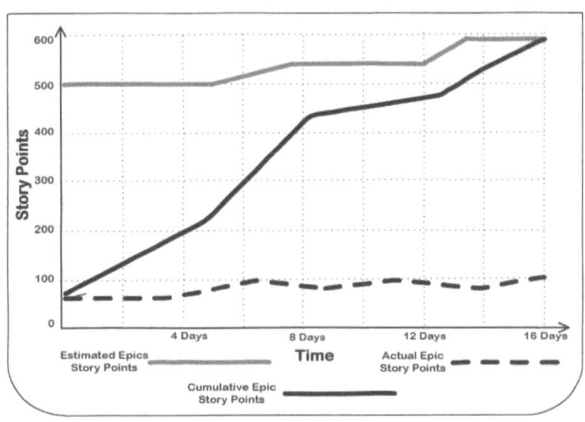

4.5.1.10. Release Burn-Up Chart

Das Release Burn-Up Chart (Abb. 4-41) stellt die insgesamt in einem Zeitraum für ein Release bewältigte Arbeit in Form von Story Points dar:

- Die ursprünglich für das Release geschätzte Anzahl Story Points;

- Die tatsächlich zu jedem Zeitpunkt aufgewendeten Story Points.

Zum Verständnis der "Vollständigkeit" eines Epics muss man sich die Definition des Epics vergegenwärtigen: Ein Epics kennt vorab keinen absoluten Komplettierungs-Zustand, da sich sein Endzustand aus den Ergebnissen des validierten Lernens ergibt.

Abb. 4-41 Release Burn-Up Chart

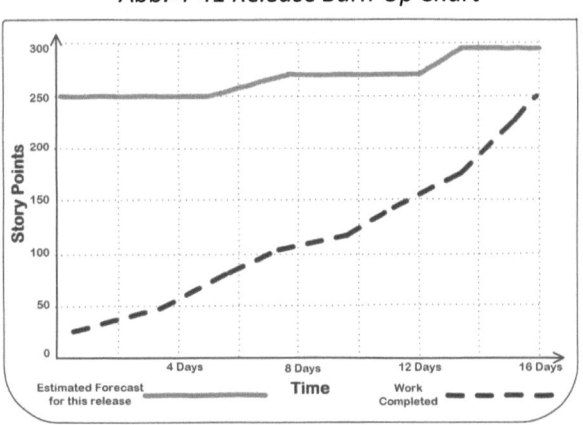

4.5.1.11.   Epic Fortschritts-Messung

Bei der Epic-Fortschritts-Messung handelt es sich um einen Report über den Fertigstellungsgrad aller sich in einem Portfolio befindenden Epics.

> Die Herausforderung bei der Epic Fortschritts-Messung besteht darin, dass es einer gehörigen Portion lean-agiler Erfahrung und Reife bedarf, um eine einheitliche Story Point-Skala über alle Epics, alle Value Streams, ARTs und Teams zu erhalten. So bestechend die Idee einer Epic-Fortschrittsbeichts ist, so herausfordernd ist seine Realisierung.

Abb. 4-42 zeigt ein Beispiel für eine Epic-Fortschrittsmessung mit 4 Größen:
- Aktuell geleisteter Anteil (*Done*);
- In Bearbeitung befindlicher Anteil (*In Progress*);
- Der Anfangs für ein Epic geschätzter Gesamtaufwand (*Initial Estimate*);
- Korrigierter bzw. aktuell angepasste Schätzung (*Current Estimate*).

SAFe schlägt die in Abb. 4-42 exemplarisch dargestellte Form für einen Epic-Report vor:

Abb. 4-42 Epic Fortschritts-Messung

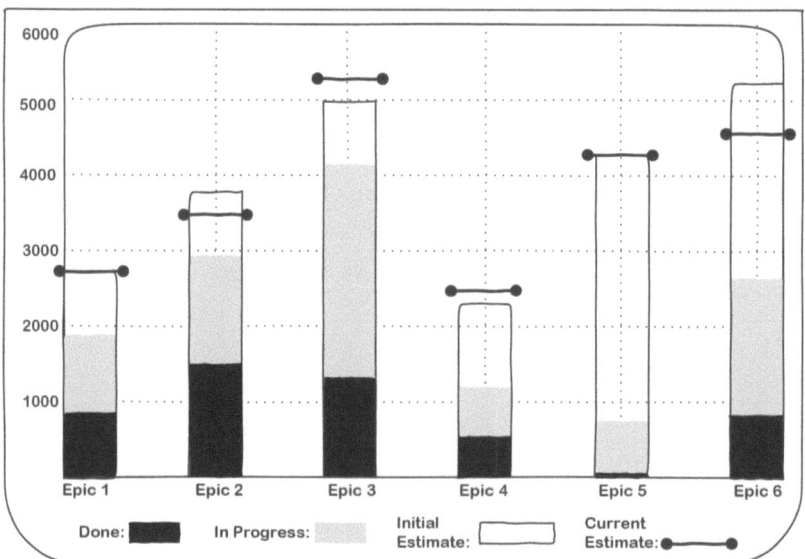

4.5.1.12. Deployment- und Release-Vorgänge pro Zeiteinheit

Die Deployment/Release-Metrik setzt die Anzahl Produktivsetzungen eines Produkts in Beziehung zu der Gesamtzahl der im Selben Zeitraum gebauten Releases.

Produktivsetzungen und Releases können sowohl pro PI (Abb. 4-43) als auch pro Iteration (Abb. 4-44) in Beziehung gesetzt werden.

Abb. 4-43 Deployments und Releases pro PI

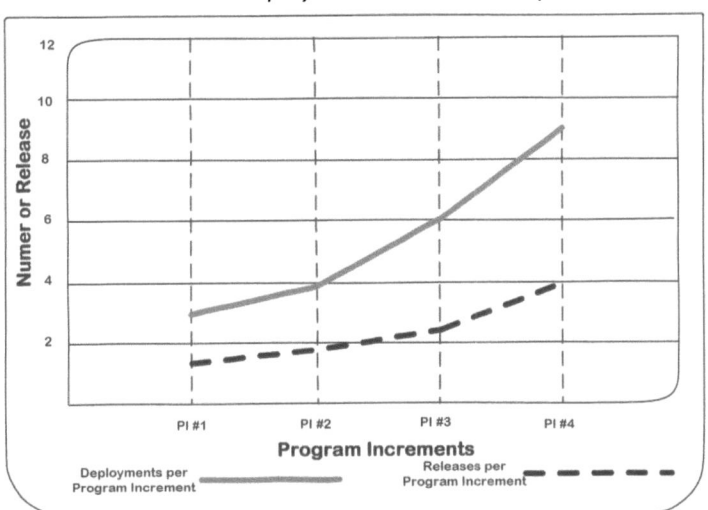

Abb. 4-44 Deployments und Releases pro Iteration

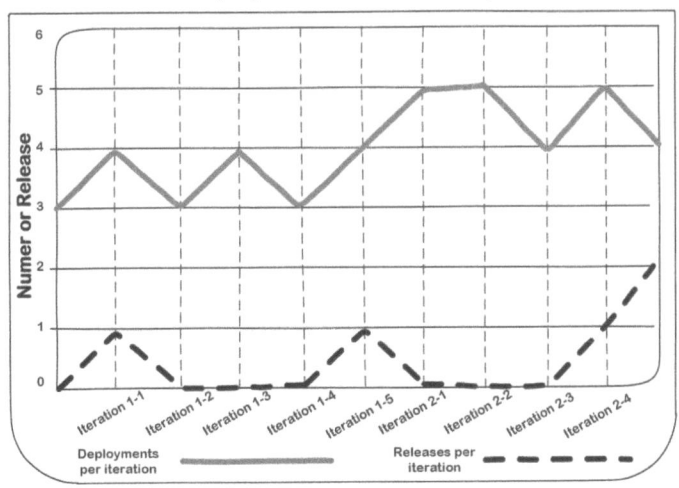

4.5.1.13. Effizienz der Continuous Delivery Pipeline

Die Effizienz der Continuous Delivery Pipeline wird durch das Verhältnis von Wartezeit zu *Touch Time* beschrieben. Die Touch Time bezeichnet die relativ kurze Zeitspanne, in dem die CD-Pipeline den eigentlichen Wert schafft, während die Wartezeit sich auf die Zeit bezieht, in dem die Artefakte der CD-Pipeline auf ihre jeweilige Weiterverarbeitung warten (Abb. 4-45).

Abb. 4-45 Effizienz der Continuous Delivery Pipeline

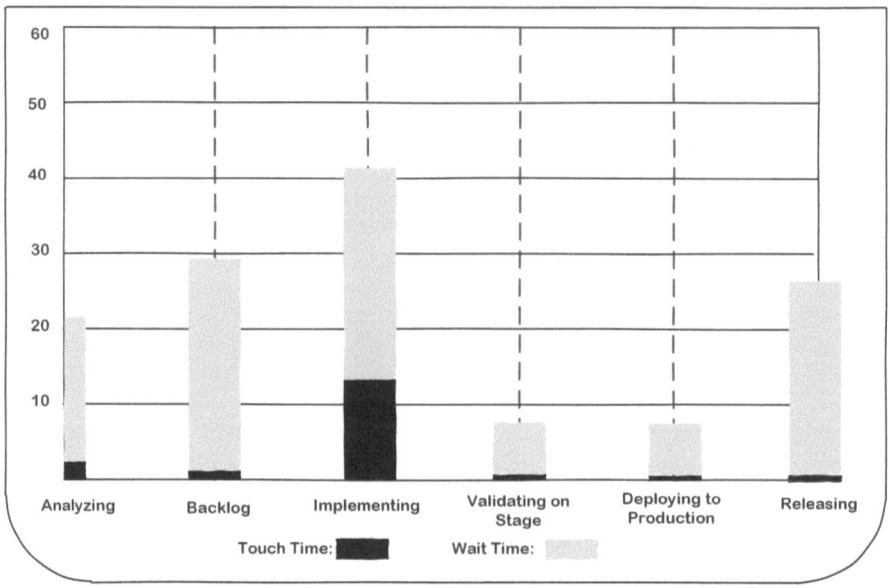

Den in Abb. 4-45 gezeigten relativ langen Wartezeiten liegt der Umstand zugrunde, dass die CD-Pipeline nicht vollständig automatisiert arbeitet, d.h. es existiert noch kein *Deployment on Click*, dass den Build, die Integration und das Deployment einzelner Komponenten und Systeme umfasst.

Dieser Effizienz-Report dient prinzipiell der vertieften Analyse, wenn sich herausstellt, dass sich die Durchlaufzeit eines Artefaktes durch die CD-Pipeline als zu lang erweist. Es kann dann z.B. festgestellt werden, woran „es hängt", bzw. wo das Nadelöhr liegt.

4.5.1.14. Feature Fortschritt-Report

Der Feature Fortschritt-Report stellt die Abweichungen des aktuellen vom geplanten Fortschritt für eine Anzahl Features dar.

Der Report unterscheidet zwischen drei Arten von Status:
   − Bis zum jetzigen Zeitpunkt geplanter Fertigstellungsgrad verschiedener Features.

- Bis zum jetzigen Zeitpunkt realisierter Fertigstellungsgrad verschiedener Features, der hinter der Planung zurückbleibt.
- Bis zum jetzigen Zeitpunkt realisierter Fertigstellungsgrad verschiedener Features, der der Planung voraus ist.

Abb. 4-46 Beispiel eines Feature Fortschritt-Reports

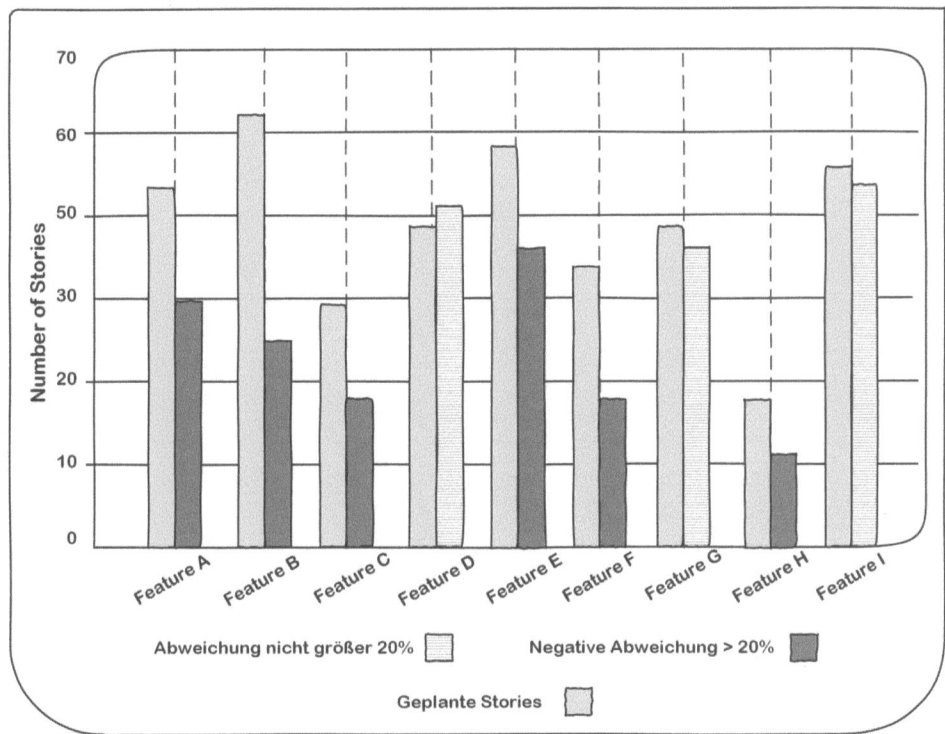

4.5.1.15. Solution Kanban Board

Das in Kap. 6.3. beschriebene Solution Kanban Board unterstützt die Gewichtung und Analyse von Epics, z.B. eines Portfolio-Epics) und misst sozusagen die Reife von Epics, bevor diese einem PI zugeordnet werden. Solution Epics werden im Kanban Board priorisiert und verfolgt.

4.5.1.16. Solution Train Voraussagbarkeitsmessung

Die Voraussagbarkeitsmessung gibt es für Teams, ARTs und Solution Trains:
- Auf der Basis der in der Vergangenheit gemessenen Werte wird eine Abschätzung hinsichtlich der in Zukunft erwarteten Performance getroffen.

- Für einen ART basiert die Messung auf geplanten und abgenommenen User Stories, Enablern und Features.

- Für einen Solution Train setzt sich die Voraussagbarkeitsmessung aus der Konsolidierung der zu diesem Solution Train gehörenden ARTs zusammen. Das Beispiel in Abb. 4-47 zeigt einen Solution Train mit zwei ARTs.

Abb. 4-47 Voraussagbarkeitsmessung

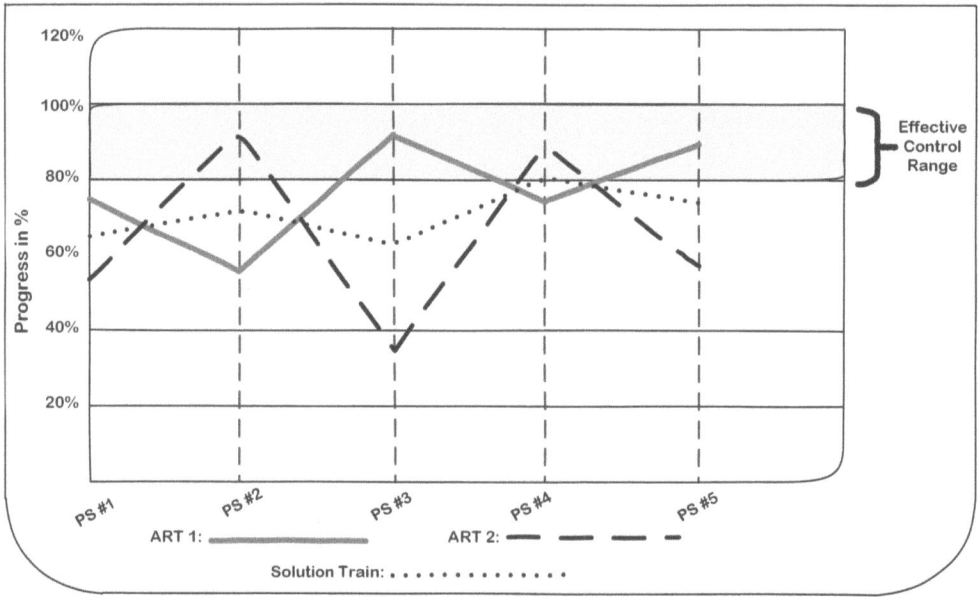

4.5.1.17. Recovery over Time

Ein sehr spezieller Report stellt die sog. Feature Rollbacks dar, d.h. wann immer ein bereits ausgerolltes Feature wieder zurückgenommen wird.

Der Recovery Over Time – Report nimmt an, dass Features über Feature Toggles ganz einfach ein- und wieder abgeschaltet werden können, im Idealfall ohne Deployment-Vorgang.

An diesem Report sieht man sehr deutlich, dass SAFe als Ganzes nicht einfach so eingesetzt werden kann, da z.B. dieser Recovery Over Time Report am meisten Sinn macht, wenn eine ausgereifte CD-Pipeline installiert ist und umfangreich von Feature Toggles Gebrauch gemacht

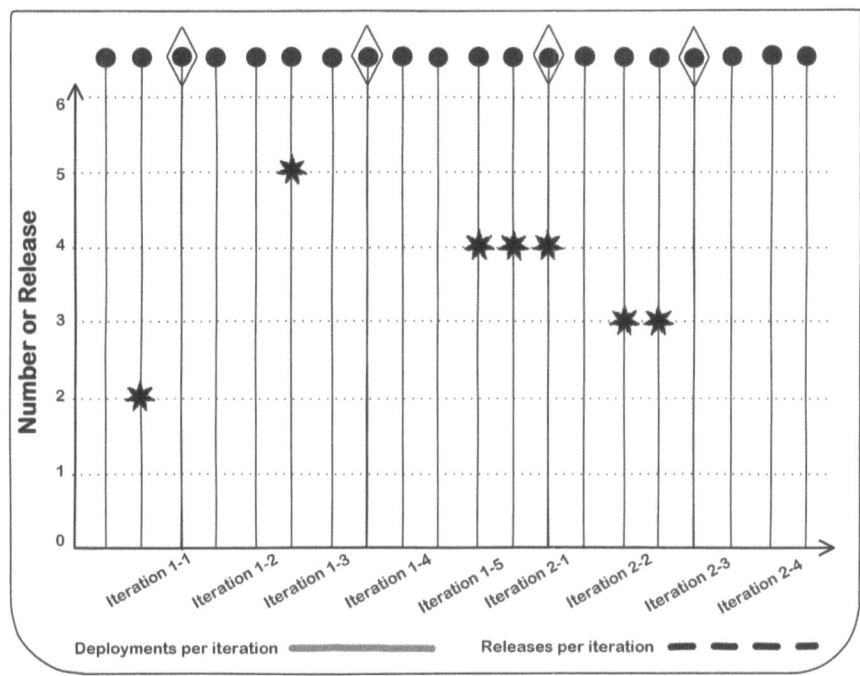

Abb. 4-48 Recovery Over Time

wird. Das ist in der Praxis in den meisten Fällen am Anfang einer SAFe-Transformation noch nicht der Fall.

4.5.1.18. Innovationskontrolle und Erfolgsindikatoren

Die Innovationskontrolle (Innovation Accounting) dient der Erfassung von Messwerten, die der Erfolgskontrolle oder Mehrwertmessung dienen.

Den Mehrwert für das Lean Management erzeugt eine CD-Pipeline dadurch, dass experimentelle Features unverzüglich in Produktion gebracht werden können und aufgrund kurzer Feedback-Schleifen eine schnelle Validierung und somit entsprechende Lernerfolge möglich sind. Sowohl Minimal Marketable Products (MMP) als auch Minimum Viable Products (MVPs) definieren die Messlatte, an denen sich der Fortschritt in Bezug auf die zuvor aufgestellte und dem MVP/MMF zugrundeliegende Benefit-Hypothese messen lässt.

Internetpräsenzen sind ein gutes Beispiel für die Innovationskontrolle durch Erfolgsindikatoren. Die Reaktion der Web-Site-Besucher auf Veränderungen der Benutzererfahrung durch das Hinzufügen neuer oder das Abklemmen bestehender Features kann umgehend gemessen und in die Feedbackschleife eingespeist werden.

127

Weiterhin bieten sich für eine Web-Präsenz die folgenden Größen zur Messung an:
- Gesamtanzahl der Seitenbesuche auf der Web-Präsenz;
- Anteil neuer Besucher an der Gesamtzahl der Seitenbesuche;
- Absprungrate, d.h. Besucher, die nicht über die Hauptseite hinausgelangen;
- Verweildauer auf der Web-Präsenz;
- Anzahl der gesichteten Angebote oder Seiten auf der Web-Präsenz;
- Gesamtanzahl der Seitenbesuche auf der Web-Präsenz, die sich nicht einloggen oder neu registrieren;
- Anteil neuer Besucher, der den Registrierungsprozess zum letztmöglichen Zeitpunkt abbricht;
- Anteil neuer Besucher, der den Registrierungsprozess startet,
  - Diesen aber einem beliebigen späteren Zeitpunkt abbricht, ohne die Registrierung beendet zu haben;
  - Diesen jedoch zum letztmöglichen Zeitpunkt abbricht;
- Anteil der innerhalb der ersten 5 Minuten abgebrochenen Streamings pro registriertem Anwender.

Hypothesen-Validierung über die Zeit

Um die Qualität der Hypothesen zum Erfolg neuer Features zu überprüfen, lassen sich die positiv evaluierten Hypothesen gegenüber den sich als falsch erwiesenen Hypothesen darstellen.

Ein solcher Report macht am meisten Sinn für solche Teams und Teile einer Organisation, die sich im Lean Startup-Modus befinden und in kurzen Zeitabständen MVPs zur Evaluierung neuer Features vor Kunde produktiv setzen.

4.5.2.   Shared Services

Laut SAFe verbirgt sich unter dem Begriff Shared Services jegliche spezialisierte Kompetenz in Form von Rollen und Personen, die von mehreren ARTs genutzt werden können. Shared Services bilden also „freie Radikale", die z.B. allen Teams eines ARTs oder Solution Trains zur Verfügung stehen.

Shared Services können sich auf alle denkbaren technischen oder organisatorischen Skills beziehen:
- Agile Software- und System-Engineering;
- Endanwender-Training;

- Sicherheits-Spezialisten;
- Infrastruktur- und IT-Service Management;
- Desktop-Support;
- Unterstützung in Internationalisierung und Lokalisierung;
- Konfigurationsmanagement.

Shared Services sind keinesfalls in einem Team zusammengefasst. Es ist wichtig, festzulegen, bis zu welchem Grad welche Ressource für welches Team, welchen ART, Value Stream oder Solution Train als Shared Service oder als Teil eines solchen verfügbar ist.

Einsatzweise von Shared Services

Je nach Bedarf können die Shared Services zeitweise in die tägliche Arbeit der ARTs und agilen Teams eingebunden werden. Deren Vertreter nehmen dann an den SAFe-Events teil, z.B. an den System Demos, Solution Demos sowie Inspect and Adapt Workshops.

Es besteht für einen Shared Service die Gefahr, zu einem funktionalen Silo zu mutieren, das es in der idealen cross-funktionalen Welt nicht geben sollte. Es ist jedoch unwirtschaftlich, solche Expertise in allen Teams und ARTs permanent vorzuhalten, selbst wenn sie gerade nicht benötigt wird.

Somit lässt SAFe mal wieder die Kirche im Dorf und geht Kompromisse ein, was die Cross-Funktionalität angeht, um der Realität Rechnung zu tragen.

4.5.3. Community of Practice

Communities of Practice (CoPs) dienen der Abstimmung zwischen Personen mit denselben Tätigkeitsfeldern und Interessen / Zielsetzungen innerhalb einer Organisation, z.B. Java-Entwickler, ERP-Spezialisten, Compliance-Beauftragte etc.

Mit den CoPs trägt SAFe der Notwendigkeit eines informellen funktional übergreifenden Informationsaustausches zwischen den verschiedenen Einheiten und Teams einer Organisation Rechnung.

CoPs sollten mit Bedacht eingesetzt werden, um die Mitarbeiter nicht mit Meetings zu überfrachten. Hierzu nennt SAFe einige Kriterien für die Einrichtung von CoPs:
- CoPs beziehen sich auf einen Bereich (*Domain*), also ein gemeinsames Interessensgebiet aller potenziellen Mitglieder.
- Bei den Bereichen kann es sich um zweierlei Arten von Bereichen handeln:

- o Praktiken: Eine gemeinsame Menge an genutzten Techniken, z.B. Programmiersprachen, Tools, Patterns.
- o Community: Eine CoP betrifft eine gemeinsame Gruppe von Personen, deren Anzahl die Einrichtung und den Betrieb einer CoP rechtfertigt.

Eine CoP stellt eine Schnittmenge dar:

- **Domain**: Was ist das gemeinsame Interesse der CoP?

- **Community**: Wen betrifft es bzw. wer ist Bestandteil der CoP?

- **Practice**: Welche Aktivitäten nimmt die CoP gemeinsam war?

- Themenspezifische CoPs können sich z.B. um DevOps als Ganzes, alle möglichen SAFe-Themen oder allgemeine Themen wie z.B. „Scala Programming" drehen.

- Man kann sich vorstellen, dass themenspezifische CoPs eine begrenzte Lebenszeit haben, wenn es im Rahmen der Behandlung eines CoP-Themas hauptsächlich um Probleme oder Impediments geht, die ja irgendwann erledigt sein sollten.

Abb. 4-49 CoP als Schnittmenge der Interessen ihrer Mitglieder

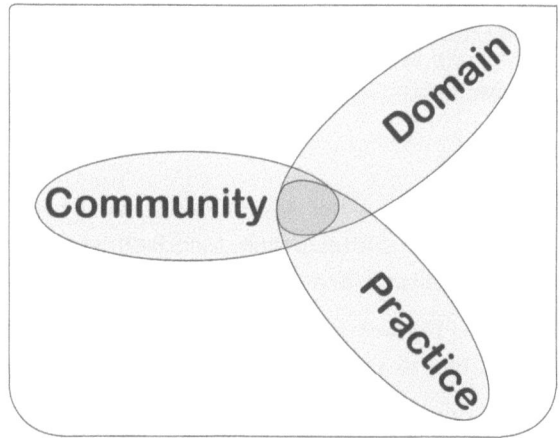

Ebenso unterliegen Domain-spezifische CoPs einer begrenzten Lebensdauer. Wenn sich z.B. der Aufbau einer CoP für Scrum Master aus erkannten Schwierigkeiten bei der Kommunikation zu anderen Rollen, z.B. zu Business Analysten ergibt, sollten auch diese Themen irgendwann soweit behandelt worden sein, dass eine CoP nicht mehr den erforderlichen Mehrwert im Vergleich zur hierfür aufgewendeten Zeit liefert und auch nicht mehr liefern kann.

4.5.4. Meilensteine

Meilensteine oder *Milestones* sind Zeitpunkte, an denen ein bestimmter, vorher definierter Fortschritt einer Entwicklung erwartet wird. Auf diese Weise können alle Beteiligten überprüfen, ob sich der real erzielte Fortschritt im Einklang mit dem geplanten Fortschritt befindet.

Obwohl SAFe, wie im agilen und Lean Management üblich, keine traditionellen Projektphasen (Spezifikation, Entwicklung Test, Inbetriebsetzung) kennt, wird intensiv mit Milestones gearbeitet.

Das Problem mit den herkömmlichen Milestones sieht SAFe darin, dass diese eine Entwicklung in Phasen aufteilen und zu starr sind bzw. nicht in die kurzen lean-agilen Feedbackzyklen eingebettet sind. Demgegenüber stellen herkömmliche Phasen-Milestones einen Blick in die Glaskugel dar.

Im besten Fall unterliegen die traditionellen Milestones (Abb. 4-50) einer ständigen Verschiebung – im ungünstigsten Fall kommunizieren die Verantwortlichen solange die Einhaltung der Milestones, bis es am Ende aufgrund tatsächlicher Verzögerungen oder angehäufter technischer Schulden zum „großen Knall" bei der Integration kommt.

SAFe hingegen nutzt drei neue Arten von Milestones:
- PI Milestones markieren entweder das Ende eines Program Increment oder finden zumindest im Rhythmus der PIs statt. Konkret sind dies z.B. die I&A Events;
- Learning Milestones dienen der Validierung von Produkthypothesen oder Chancen durch MVPs;
- Fixed-Data Milestones kommen den herkömmlichen Phasen-Milestones am nächsten. Sie sind nicht an den Rhythmus von PIs oder Iterationen gekoppelt. Fixed-Data Milestones sind an externe Ereignisse gekoppelt, z.B. der Zulieferung von Komponenten durch externe Zulieferer oder nicht beeinflussbare Termine wie z.B. Messeveranstaltungen.

Abb. 4-50 Planned vs. actual progress with traditional milestones

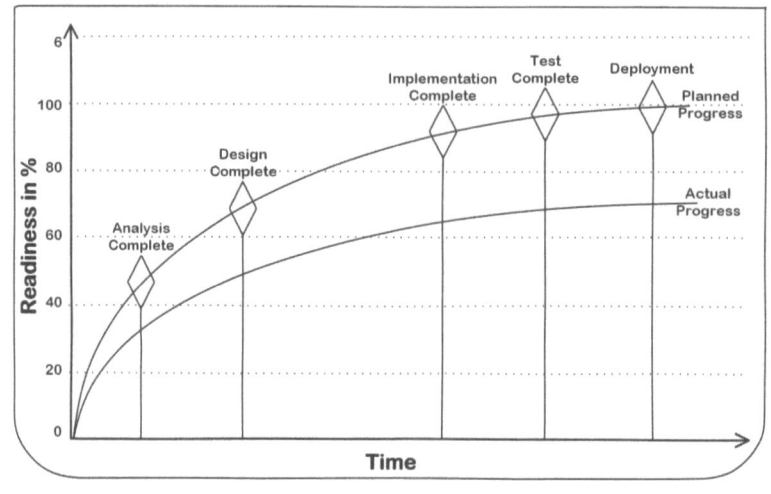

4.5.4.1. PI- und Iterations-Meilensteine

PI- und Iterations-Meilensteine dienen zur Demonstration des erreichten eines PI in Form von System Demos und I&A Events. Dieser Praxis zugrunde liegt das SAFe-Prinzip # 4 („*Inkrementeller Fortschritt mit schnellen integrierten Lernzyklen*").

Im Gegensatz zur Abb. 4-50 dienen die PI- und Iterations-Meilensteine dem Monitoring des Fortschritts und zur Anpassung der Entwicklung (Abb. 4-51).

Abb. 4-51 Planned vs. actual progress with agile milestones

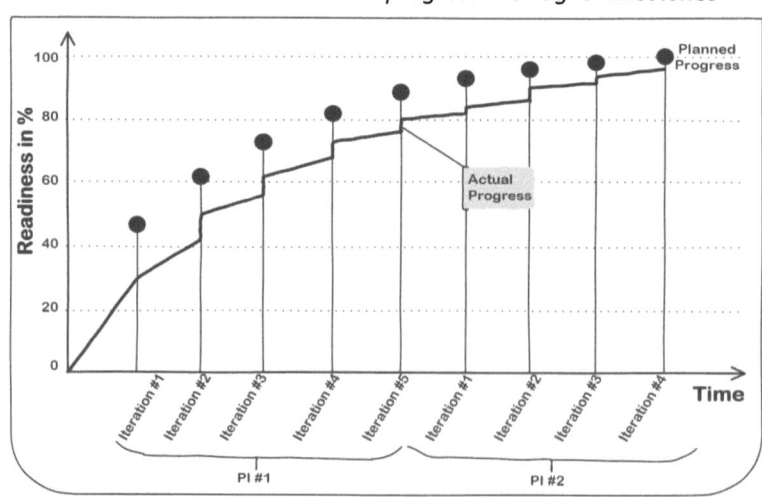

4.5.4.2. Learning Milestones

Die *Learning Milestones* haben ihren Ursprung im Lean Management. Das Ziel ist nicht, zu einem bestimmten Zeitpunkt (Milestone) eine bestimmte vorab definierte Version zu präsentieren, sondern eine Hypothese zu verifizieren bzw. zu falsifizieren. Diese Hypothese bezieht sich auf den Kundennutzen, z.B.:

 – Ist die Cloud-Anbindung unseres Produktes nützlich für den Kunden?
 – Wie nimmt der Kunde die Lösung an?
 – Nimmt der Kunde Zusatzkosten in Kauf?

Sollte sich die Hypothese bewahrheiten bzw. alle drei Fragen mit „Ja" beantwortet werden, könnte es die Entscheidung sein, die weitere Entwicklung im kommenden PI in Richtung Cloud voranzutreiben.

Eine Hypothese kann sich in Form eines MVP oder eines MMF manifestieren. Ein MMF könnte eine Form von Cloud-Anbindung oder ein Lean UX Feature sein.

Learning Milestones werden nicht weit im Voraus geplant, sondern bauen auf dem oder den vorhergehenden Learning Milestones auf. Ein Learning Milestone kann durchaus mit einem PI-Milestone zusammenfallen. Abb. 4-52 zeigt die beispielhaft Learning Milestones in Form von MVP-Versionen.

Zur Erinnerung: SAFe denkt nicht in Projekten, sondern sieht die Entwicklung in einer agilen Linienorganisation verankert, die aus Arts, Value Streams und Solution Trains besteht.

Abb. 4-52 Beispiele zu Decision Milestones

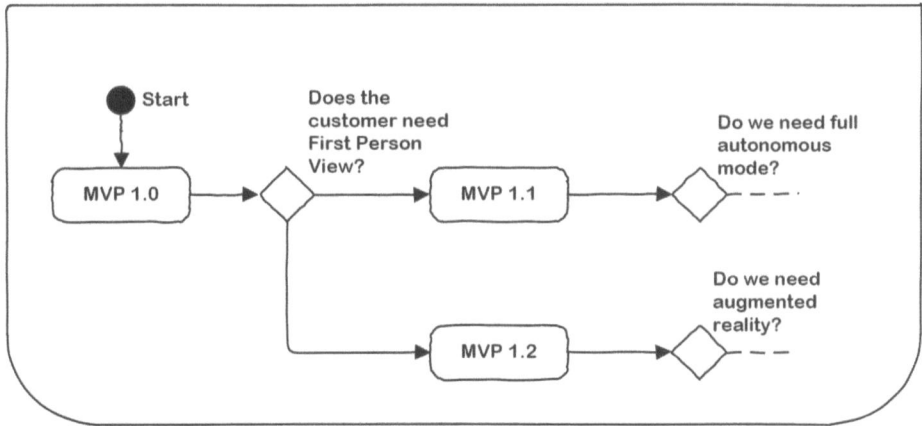

Daraus folgt, dass das Lernen nie aufhört, solange ein Value Stream existiert und dessen ARTs einen Wert für Kunden produzieren. Sollte die Organisation diesem Prinzip nicht folgen, verlässt sie den Pfad des Lean-Startup und damit der Lean Transformation – dem Ziel von SAFe.

4.5.4.3. Fixed-Date Milestones

Selbst eine lean-agile Organisation kann nicht ausschließlich unabhängig von externen und nicht-agilen Faktoren agieren. Derartige externe Faktoren schlagen sich als Fixed-Date Milestones nieder, wie z.B.:

- Fachmesse, Kundenvorstellungen oder Konferenzen;
- Vorab angekündigte Release-Daten;
- Vertragliche oder gesetzliche Termine, z.B. eine DSGVO Einführung;
- Integrationsvorhaben, bei denen Software, Infrastruktur und Komponenten von Drittanbietern integriert werden.

4.5.4.4. TL; DR

Alle drei beschriebenen Milestones (PI-MS, Learning MS, Fixed-Date MS) sind ein elementarer Bestandteil von SAFe. Ohne deren Einbeziehung in eine Lean-agile Transformation wäre diese nicht SAFe-konform.

4.5.5. Roadmap

Eine Roadmap ist ein Zeitplan mit Ereignissen und Meilensteinen. Im SAFe-Kontext beziehen sich diese vor allem auf PIs und deren Ergebnisse.

Einer Roadmap darf nicht mit einer langfristigen Planung verwechselt werden – und sie darf sich nicht mit der Zeit zu einer solchen Langfristplanung entwickeln. Es gilt nach wie vor der vierte Grundsatz des agilen Manifests: „Reagieren auf Veränderung steht über dem Befolgen eines Plans".

Allerdings muss SAFe im Sinne seiner Akzeptanz durch große und größte Unternehmen deren Realität anerkennen und ein gewisses Maß an Planung zulassen, wie sie in Großunternehmen üblich ist und notwendig erscheint. Große Unternehmen hängen von Geldgebern und Teilhabern (Stakeholdern, Sponsoren) ab, die ein Minimum an (Planungs-)Sicherheit einfordern[27].

---

[27] *„Wenn eine Planung sich als falsch erweist, ist niemals das Team schuld, sondern die Planer (das Management) hat es mal wieder nicht geschafft, die Zukunft vorauszusagen",* sagt ein gängiges Mem in der agilen Welt.

Sollten die Ergebnisse des validierten Lernens in eine nicht von der Roadmap abgedeckten Richtung weisen, stellt dies ein Konflikt dar, den die Organisation entweder durch die Neuausrichtung der Roadmap oder durch die Anpassung der Strategic Themes auf Portfolio Level auflösen kann.

Der Planungshorizont muss sorgfältig gewählt werden; er darf auch nicht zu kurz sein, denn sonst gefährdet die Roadmap die kommenden Lernerfolge der Teams:

- Im günstigsten Fall werden die kommenden Ergebnisse vorweggenommen.
- Im schlimmsten Fall werden die kommenden Erfolge der Teams konterkariert, sodass diese niemals realisiert und kommuniziert werden.

Die Roadmap nimmt auf die Vision des ARTs oder Solution Trains Bezug und dient zur Stabilisierung des Backlogs in dem Sinne, dass keine Ressourcen in Initiativen fließen, die außerhalb der Roadmap liegen.

4.5.6. Vision

Eine Vision bezeichnet den zukünftigen gewünschten Zustand einer (Gesamt-)Lösung, die sich derzeit noch in der Entwicklung befindet[28]. Bei der Formulierung einer Vision muss darauf geachtet werden, dass diese realistisch ist. Die Bedeutung einer Vision ist nicht zu unterschätzen, kann sie doch in vielen Streitfragen über den Scope und Umfang einer Lösung zur Klärung beitragen. Man könnte genauso behaupten, dass SAFe ohne vorhandene Vision nicht funktioniert.

→ Mit anderen Worten: Eine lean-agile Transition ohne Vision-Dokumente kann keine SAFe-Transformation sein.

Selbst für den Fall, dass es sich nicht um eine lean-agile Transformation handelt, sollte es einer Firma oder Organisation möglich sein, ihre derzeitigen Ziele knapp und prägnant und für alle Mitarbeiter verständlich zu formulieren.

Für eine Vision ist es nicht entscheidend, wie lange sie „stabil", also unverändert bleibt, sondern dass alle Mitarbeiter sie ernstnehmen und als Grundlage ihrer Arbeit akzeptieren. Eine eingängig formulierte Version ist allemal an den Wänden und Türen angebrachten Sinnsprüchen vorzuziehen. Eine Vision muss leicht zugänglich sein, sowohl in elektronischer als auch in

---

[28] Eine Vision ist in der IT-Welt nichts Neues – sie war z.B. bereits essenzieller Bestandteil des Rational Unified Process.

physikalischer Form, ggf. auch auszugsweise. Visionsdokumente werden auf allen Leveln und Ausbaustufen von SAFe gepflegt.

Beispiele:

> In der SAFe-Aufbaustufe Large-Solution SAFe gibt es im obersten Portfolio Level eine Portfolio-Vision. Da es im Portfolio Level mehrere Portfolios geben kann, ist es möglich (aber nicht zwingend), dass für jedes Portfolio eine eigene Vision existiert – mindestens existiert eine Portfolio Version mit Gültigkeit für alle Portfolios. Idealerweise besitzt jedes Portfolio zusätzlich seine eigene Vision.

> Im darunterliegenden Large Solution Level kann es wiederum eine Gesamt-Vision oder eine Vision pro Solution Train geben. Dieses Prinzip setzt sich entsprechend im Program Level fort: Eine Program Vision oder ggf. eine Vision pro ART.

Portfolio-Vision

Die Portfolio Vision enthält einen Rahmen, sowohl für kurzfristige als auch für langfristige Entscheidungen. Eine weitere Ambivalenz der Portfolio-Vision ist, dass sie sowohl praktisch anwendbar ist als auch eine Quelle der Inspiration bieten soll. Die lean-agilen Führungskräfte sind maßgeblich an der Ausarbeitung und Pflege der Portfolio-Vision beteiligt.

Der Inhalt einer Portfolio-Version dient der Beantwortung der folgenden Fragen:
- In welchem Geschäftskontext bewegen wir uns?
- An wen adressieren wir unsere Produkte?

Solution Vision

Laut SAFe soll die Solution Vision Leitlinien bei der Beantwortung z.B. der folgenden Large Solution-spezifischen Fragestellungen bieten:
- Worin besteht die Solution?
- Welche Probleme löst die Solution für unsere Kunden?
- Welche Features und welchen Nutzen erbringt die Solution?
- Wer ist die Zielgruppe der Solution?
- Welches sind die Nichtfunktionalen Anforderungen an die Solution?

Die Solution Vision bezieht ihren Input aus verschiedenen Quellen:
- **Kunden**: Von Kunden wird schnelles Feedback erwartet, basierend auf deren umfangreichem Wissen darüber, was sie eigentlich benötigen;

- **Strategische Themen**: Die Strategischen Themen finden sich in der Vision wieder – mit Hilfe der strategischen Themen lassen sich Richtungsentscheidungen treffen und begründen;

- **Solution Context**: Der Solution Context zeigt, wie die Lösung mit dem Kontext des Kunden interagiert;

- **Solution-Backlog**: Des Solution Backlog enthält die im Solution Level üblichen Backlog-Elementen Capabilities und Features;

- **Solution Intent**: Die Lösungsabsicht enthält einen Teil der Vision und ist das Ziel für neue Elemente;

- **Architekt/Ingenieure**: Die System- und Lösungsarchitekten/Ingenieure unterstützen die kontinuierliche Weiterentwicklung der Architektur Start- und Landebahn unterstützt aktuelle und kurzfristige Merkmale;

- **Agile Teams**: Schließlich, und nicht zu vergessen das Offensichtliche, die führenden Experten auf diesem Gebiet sind typischerweise die agilen Teams selbst;

- **Product Owners**: Die Product Owners kommunizieren kontinuierlich neue Anforderungen und Möglichkeiten zurück in die Programmvision;

- **Program-Vision.**

In der kleinsten SAFe-Ausbaustufe Essential SAFe, bestehend aus Program Level und Team Level, stellt die Program-Vision das einzige Vision-Dokument dar.

Die Program-Vision

In der kleinsten SAFe-Ausbaustufe Essential SAFe, bestehend aus Program Level und Team Level stellt die Program-Vision das einzige Vision-Dokument dar.

TL; DR

Ohne Vision-Dokument kein SAFe!

4.5.7. System Team

Das System Team ist nicht zu verwechseln mit einem Shared Service, da es keine eigenständige Einheit darstellt. Vielmehr ist das System Team einem oder mehreren ARTs zugeordnet, um diesem beim Aufbau der agilen Umgebung zu unterstützen. Dabei geht es sowohl um die organisatorischen als auch um die technischen Maßnahmen bis hin zum Aufbau und der Pflege der Continuous Delivery Pipeline.

Mit anderen Worten: Das System Team besteht aus agilen und in SAFe bewanderten Spezialisten, die aktiv bei der technischen Ausgestaltung der lean-agilen Transformation unterstützen.

In den beiden großen SAFe-Ausbaustufen Portfolio SAFe und Large Solution SAFe existieren verschiedene Alternativen, ein System Team einzusetzen:
- Ein System Team pro ART zur Koordination der Integration in die Solution;
- Ein einziges System Team für den gesamten Solution Train, dass alle ARTs des Solution Train betreut;
- Natürlich ist es auch denkbar, ein System Team für den Solution Train zu installieren und zusätzlich noch weitere System Teams für jeden ART.

Es ist ein Kardinalfehler, für die SAFe-Transition von vornherein die aufwändigste Lösung anzustreben, wenn es nicht klar auf der Hand liegt, dass der mit einer solchen Lösung verbundene Aufwand gerechtfertigt ist. Es kann somit zielführend sein, mit einem System Team für Alle ARTs zu starten. Je nach Verlauf der SAFe-Transformation kann die Organisation weitere System Teams nach Bedarf aufbauen.

4.5.8. Lean UX

Man mag sich wundern, weshalb SAFe einen eigenen Ansatz zur *User Experience* (UX) einführt. Der Unterschied zwischen Lean UX und UX besteht darin, dass im Falle von Lean UX die Entwicklung der Benutzerführung so gestaltet wird, dass sie in den PDCA-Zyklus „passt". Im Falle des MVP-basierten validierten Lernens kommt der UX eine große Bedeutung zu, da sie über den Erfolg/Misserfolg eines MVP oder MMP entscheidet, wenn er Kunden zur Verfügung gestellt wird.

Unabhängig davon, ob wir von Lean UX oder UX im Allgemeinen sprechen, erfordert die Fähigkeit zum UX Design ein tiefgehendes Verständnis darüber, wie ein Benutzer ein bestimmtes System verwendet.

Die Lösung stellt der Lean Startup Prozess in Verbindung mit agilen Management-Methoden dar, den SAFe den Lean UX Process nennt. Der in Kap 2.3.2. beschriebene Lean Startup-Prozess beginnt mit einem Epic.

4.5.8.1. Der Lean UX Prozess

Der Lean UX Prozess, so wie ihn SAFe beschreibt, ist eine Version des PDCA-Zyklus mit eigenen Bezeichnungen.

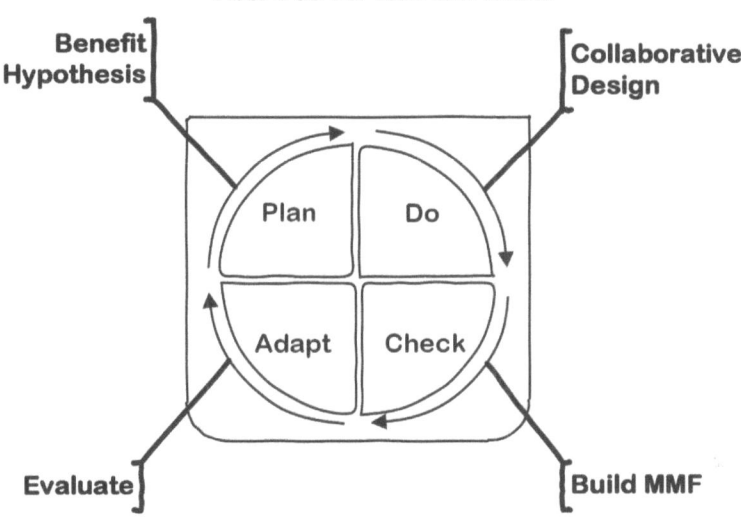

Abb. 4-53 Der Lean UX Prozess

Nutzen-Hypothese

Die Nutzen-Hypothese ist am Start eines Lean UX Prozess immer dieselbe: Am Anfang existiert keine „richtige" Lösung und entsprechend auch kein fertiges Design. Dadurch werden große Upfront-Aufwände (BDUF[29]) beim UX Design vermieden, d.h. es wird nur die für einen bestimmten Lösungsansatz minimale Funktionalität in Form eines Minimum Marketable Feature (MMF) implementiert, das dann den Kunden zum Testen bereitgestellt wird. Auf der Basis des Kundenfeedbacks und der gemessenen Interaktionen der Kunden bei der Benutzung des MMF wird die Nutzen-Hypothese überprüft. Die daraus gezogenen Erkenntnisse lassen die Entwicklerteams in die nächste Version des MMF einfließen.

Die Nutzen-Hypothese entspricht der *Plan*-Phase des PDCA-Zyklus.

Kollaboratives Design

Ein weiterer wesentlicher Unterschied zu einem traditionellen Design-Ansatz ist der Entwurf und die fortlaufende Anpassung des Designs innerhalb des cross-funktionalen Teams. Im Gegensatz dazu steht die herkömmliche Beauftragung an sog. UX-Spezialisten (Design-Agenturen) und das

---

[29] BDUF: Big Design Up-front

entsprechende Ping-Pong-Spiel zwischen Agentur und Entwickler[30]. Stattdessen finden die SAFe-Prinzipien #2 und #9 Anwendung:

- Denken in Systemen,

- Dezentrale Entscheidungsfindung.

Die Basis bilden gemeinsam erarbeitete Regeln und Grundlagen, wie z.B.:

- Redaktionsregeln, Style Guides, Sprach- und Tonrichtlinien, Namenskonventionen, Standardbedingungen und Abkürzungen;

- Branding und Corporate Identity Kits, Farbpaletten, Nutzungsrichtlinien für Urheberrechte, Logos, Marken und andere Attributionen;

- UI Asset Libraries, die Symbole und andere Bilder, Vorlagen, Standardlayouts und Grids;

- UI Widgets, die das Design von Buttons und anderen ähnlichen Elementen beinhalten.

Erstellung eines MMF

Im Sinne des Lean Managements kann ein Minimum Marketable Feature jede Funktionalität sein, die das Team in die Lage versetzt, diese schnell zur Verfügung zu stellen und aus dem Feedback oder Messung der Kundenaktionen umgehend die Schlüsse für die weitere Arbeit zu ziehen.

Das zugrundeliegende SAFe-Prinzip is Prinzip #4 *„Baue inkrementellen Fortschritt mit schnellen integrierten Lernzyklen verbinden"*.

Personas

Die Evaluierung des Erfolgs eines MMF geschieht mit Hilfe von Personas: fiktiver Personen bzw. Personenprofile oder Charakter-Beschreibungen von End-Anwendern eines Systems. Diese dienen zur Festigung des Verständnisses der Zielgruppe.

4.6. Agile Personalpolitik in SAFe

SAFe bezeichnet gut ausgebildete und talentierte Wissensarbeiter als die neue Währung für moderne Unternehmen (Agile HR, Scaled Agile Inc., 2018).

---

[30] In der Tat zeigt sich hier das Potential lean-agiler Vorgehensweisen für Organisationen, sich von ineffizienten Outsourcing-Verhältnissen trennen zu können. Seien es offshore-Teams oder Design-Agenturen.

Die Anerkennung dieses Umstands bildet nach SAFe eine Grundlage für erfolgsorientierte Unternehmen, neben den drei weiteren Elementen, de, House of Lean, dem agilen Manifest und den 9 SAFe-Prinzipien.

Die 6 Prinzipien lean-agiler Personalpolitik

Die agile Personalpolitik gehorcht wiederum 6 eigenen Prinzipien:
- #1 – Akzeptanz und Nutzung eines neuen Talentbegriffs;
- #2 – Förderung des kontinuierlichen Engagements der Mitarbeiter;
- #3 – Einstellung nach Mind Set und kulturelle Anpassung;
- #4 – Wechsel zur iterativen Vorgehensweise;
- #5 – Halte die Geldfrage aus der Diskussion;
- #6 – Unterstützung von wirkungsvollem Lernen und Wachstum.

#1 – Akzeptanz und Nutzung eines neuen Talentbegriffs

Nach herkömmlicher Meinung ist eine talentierte Person oder ein talentierter Mitarbeiter eine in seinen oder ihren Fähigkeiten herausragende Person.

Im lean-agilen Kontext bezieht sich der Talentbegriff demgegenüber auf die Fähigkeit, neben der bloßen Beherrschung der *Hard Skills*:
- Das lean-agile Mind-Set in der Praxis umzusetzen bzw. zu leben,
- Einen effektiven Beitrag zur Arbeit in der Abfolge der aufeinander abgestimmten Iterationen aller Teams zu leisten.

SAFe benutzt in diesem Zusammenhang den im Englischen und Deutschen allgemein gebräuchlichen Begriff des Wissensarbeiters (*Knowledge Worker*) und definiert Wissensarbeiter als Mitarbeiter, die mehr von ihrer Tätigkeit verstehen als ihre Chefs.

Eine Organisation motiviert Wissensarbeiter im Wesentlichen durch anspruchsvolle und fordernde Tätigkeiten und durch deren Integration in gut funktionierenden Teams, in denen Wissensarbeiter ihre Kenntnisse in Interaktion mit anderen Mitgliedern möglichst eigenverantwortlich einbringen.

Es reicht nicht aus, nur die Bedeutung des Talentbegriffs für Wissensarbeiter zu betonen, sondern es muss darüber hinaus klar sein, welches Potential dieses birgt und wie dieses Potential realisiert werden kann. Die Neudefinition des Talentbegriffs stellt einen wesentlichen Treiber oder Enabler für die beiden SAFe-Prinzipien #8 (Erschließung der intrinsischen Motivation […]) und #9 („Dezentrale Entscheidungsfindung") dar.

TL; DR;

Eine Organisation, die an der herkömmlichen Personalpolitik festhält, wird eine lean-agile Transformation nicht stemmen können.

#2 – Förderung des kontinuierlichen Engagements der Mitarbeiter

SAFe zitiert eine Gallup-Umfrage (B. Carter, 2014) um sowohl die durch fehlendes Engagement einzelner Mitarbeiter resultierenden Verluste als auch die durch persönliches Engagement resultierenden Mehrwert gegenüberzustellen und zu erläutern.

Weiterhin betont SAFe die Wichtigkeit von Weiterbildungs- und Trainingsmaßnahmen. Keinesfalls sollte eine Organisation der Praxis verfallen, an Weiterbildungsmaßnahmen zu sparen, um „die Mitarbeiter nicht für die Konkurrenz zu qualifizieren". Nicht geförderte Mitarbeiter sind am ehesten Anfällig für Abwerbungsversuche, insbesondere wenn andere potenzielle Arbeitgeber mit Weiterbildungsmöglichkeiten werben.

#3 - Einstellung nach Haltung und kultureller Übereinstimmung

SAFe propagiert die Auswahl von Mitarbeitern deren Einstellung zur lean-agilen Vorgehensweise und zu den jeweils vorherrschenden Werten der Organisation passt.

Um somit für die "richtigen", d.h. die passenden Kandidaten und Kandidatinnen attraktiv zu sein, muss eine Organisation den folgenden Aspekten Beachtung schenken:

- Aufbau einer starken Arbeitgebermarke – dies dürfte einigen (großen) Unternehmen leichter fallen als anderen (kleineren) Unternehmen. Dies ist insofern gemein, als dass sich große Unternehmen nach aller Erfahrung tendenziell als weniger lean oder agil erweisen, als deren Marketing-Abteilungen gegenüber potenziellen Bewerbern vorgeben zu sein.

- Proaktive Gewinnung und Bindung von Talenten von Wissensarbeitern – mit der Schaltung von Stellenanzeigen ist es nicht getan – Organisationen holen Wissensarbeiter mit gefragten Fähigkeiten dort ab, wo sie sich vor dem Bewerbungsprozess finden, an Hochschulen (z.B. Einladung zu Hausmessen), über Stipendien oder Workshops. Arbeitgeber mit hohem Markenwert veranstalten bisweilen Hackathons.

- Einstellung nach Haltung und kultureller Übereinstimmung – die traditionellen Einstellungskriterien von hohem Spezialwissen und möglichst herausragenden individuellen Eigenschaften haben als alleinige und Hauptkriterien für eine Anstellung ausgedient – es werden technisch versierte Teamspieler und Agilisten gesucht, keine "Helden der Arbeit".

- Sinnvolle Aufgaben motivieren Wissensarbeiter – und nicht nur Wissensarbeiter. Es ist eine Binse, dass jegliche Kandidaten durch Tätigkeiten, deren Sinn ihnen sich nicht erschließt oder den eigentlichen Zielen des Unternehmens zuwiderläuft, in die innere Kündigung getrieben werden. In vielen Fällen ist es zudem nicht die Tätigkeit selbst, sondern deren mangelnde Erklärung oder Begründung.

- Treffen von fundierten teamorientierten Entscheidungen – die Einstellung von talentierten Wissensarbeitern sollte, wie alle Entscheidungen im lean-agilen Umfeld, transparent und im Team erfolgen. So ist sichergestellt, dass eine neue Mitarbeiterin von Anfang an in ihrem Arbeitsumfeld akzeptiert ist und entsprechend zum Teamerfolg beitragen kann.

- Klasse zeigen bei der Eingliederung ins Unternehmens - mit einem herzlichen wiewohl angemessenen Willkommen. Der englische Begriff „Onboarding" ist hierfür auch in Deutschland geläufig.

Aller Erfahrung nach kann es ebenso kontraproduktiv sein, es mit dem "roten Teppich" zu übertreiben. Für die Techies unter den Wissensarbeitern könnte es z.B. eine gute Idee sein, dass ein Software-Entwickler seine Maschine selbst zusammenbaut – solange es sich nicht um ein nicht zerlegbares Notebook handelt. Wird nämlich mit stationären Workstations gearbeitet, sind diese oft mit hochwertigen Komponenten ausgestattet, die der oder die neue Mitarbeiter/in bei dieser Gelegenheit gleich kennenlernt.

#4 - Wechsel zu einer iterativen Leistungsbeurteilung

Die Berufswelt ist voller dysfunktionaler und demotivierender Prozesse zur Beurteilung und Vergütung individueller Leistungen und individueller Leistungsbereitschaft.

SAFe zitiert an dieser Stelle ein paar Statistiken zur Leistungsbewertung (Agile HR, Scaled Agile Inc., 2018). Danach stehen den hohen Aufwänden für die traditionellen Leistungsbewertungsprozesse im Millionenbereich weiterhin hohe Raten an demotivierten und innerlich gekündigten Mitarbeitern gegenüber.

Anstatt der jährlich oder halbjährlich vorkommenden Leistungsbewertung, deren Objektivität nur in Grenzen vorhanden ist, stellt SAFe die drei folgenden Grundsätze zur Leistungsbewertung vor.

- Ausrichtung des Leistungsbewertungszyklus an den Iterationen oder PIs:
  Es macht in lean-agilen Organisationen und vor dem Hintergrund der heutigen

beschleunigten Entwicklungszyklen wenig Sinn, Zielvereinbarungen mit einem Horizont über Jahre zu schließen[31].

— Verwendung der PI-Planung, um die Vision zu vermitteln, machbare Ziele zu setzen und eine realistische Erwartung an das Ergebnis des PI zu erzeugen.
Ein Großteil der Inspiration und Motivation der Mitarbeiter findet in den PI-Planungs-Events der ARTs statt. Dort synchronisieren sich die Teams, klären Abhängigkeiten und legen ihre gemeinsamen Ziele für das nächste PI fest.

— Die Kontinuierliche Überprüfung und Anpassung der Ziele innerhalb der Workflows. Dies geht einher mit der Eliminierung der jährlichen Leistungsbewertungen zugunsten eines kontinuierlichen Feedbacks in den Events wie z.B. Inspect & Adapt Events oder Iteration Reviews und persönlicher Gespräche. Es versteht sich von selbst, dass dies leichter gesagt als getan ist: Das Feedback in den Events darf nie Einzelpersonen zum Ziel haben. Umgekehrt kann der Erfolg oder Misserfolg eines Individuums durchaus von seinem/ihrem Team abhängen.

#5 - Die Geldfrage außen vorlassen

SAFe vertritt die Meinung, dass sich außerordentliche finanzielle Anreize, die über ein zufriedenstellendes Grundgehalt hinausgehen, als ineffizient erweisen. Die Geldfrage sollte deshalb idealerweise keine Rolle bei der Beurteilung und der Motivation spielen[32].

Den Antrieb für Agilisten und Wissensarbeiter stellen ein Umfeld aus Professionalität, überdurchschnittlichen Skills, Autonomie und Zielstrebigkeit dar.

Wohlgemerkt, die von SAFe aufgeführten o.g. ideellen Kriterien sind nichts Wert ohne ein zufriedenstellendes Grundeinkommen.

#6 - Unterstützung von nachhaltigem Lernen und Wachstum

SAFe formuliert einen Zusammenhang zwischen Mitarbeitermotivation auf der einen und dem Lernen und Wachsen einer Organisation auf der anderen Seite.

---

[31] Dem Verfasser sind Fälle bekannt, in denen Zielvereinbarungen in rasch veränderbaren Umfeldern dazu missbraucht werden, nicht erreichbare Ziele zu setzen. Es wurde im weiteren Verlauf an der formalen Vereinbarung festgehalten, selbst wenn der betroffene Mitarbeiter seine Ziele aufgrund eines geänderten Einsatzgebietes oder veränderter Rahmenbedingungen nicht erreichen konnte.

[32] Dies ist in der Praxis schwer umzusetzen. Gerade Leistungsträger haben ein Auge für eine angemessene Bezahlung. Dies bedeutet umgekehrt nicht, dass die Geldfrage bei jedem Feedback erörtert werden sollte. Dabei ist Fingerspitzengefühl gefragt.

Die Organisation muss das ständigen Lernen aller Mitarbeiter fördern. Dazu gehört genauso die Ermöglichung der Aneignung von Skills, die nicht der aktuellen Tätigkeit entsprechen aber vom Mitarbeiter gewünscht werden.

Mitarbeiter sollen ermutigt werden, in einzelnen Situationen die Führung zu übernehmen, um sich und andere Mitarbeiter weiterzubringen. Dies geschieht nicht in Form der Zuweisung offizieller Positionen und Posten, sondern schlicht in der Übernahme von Verantwortung und dem proaktiven Vorantreiben einzelner Ziele zusammen mit dem Team.

Es geht somit nicht um das Erklimmen vorbestimmter Karrierepfade, sondern um das flexible Einnehmen verschiedener Rollen, z.B. die des Entwicklers, RTE, Solution Architect, Product Owner.

4.7. Capex and Opex in SAFe

Die Begriffe Capex (Capital Expenses) und Opex (Operating Expenses) sind gängige Bezeichnung für Anschaffungs-Investitionen (Capex) und laufende oder Betriebskosten (Opex).

Diese Praxis der Behandlung von Capex und Opex aus fiskalrechtlicher Perspektive muss natürlich an die im jeweiligen Land jeweils gültige Steuergesetzgebung angepasst werden. Diese Publikation, speziell dieses Kapitel, erhebt nicht den Anspruch, eine steuerliche Beratung in irgendeiner Form ersetzen zu können, insbesondere nicht im Hinblick auf die Aktivierung von Investitionen oder der steuerlichen Geltendmachung von laufenden Kosten.

Da SAFe mit dem Anspruch antritt, ein Framework für die lean-agile Transformation des gesamten Unternehmen zu sein, muss es natürlich auch die fiskalisch relevanten Investitionen und Betriebskosten in ein lean-agiles Umfeld einordnen.

Abb. 4-54 zeigt die Zuordnung von Capex und Opex-Aufwendungen zu den einzelnen Phasen des Wasserfall-Modells.

Abb. 4-54 Phasen der traditionellen Finanzierung eines in einem Wasserfallprozess

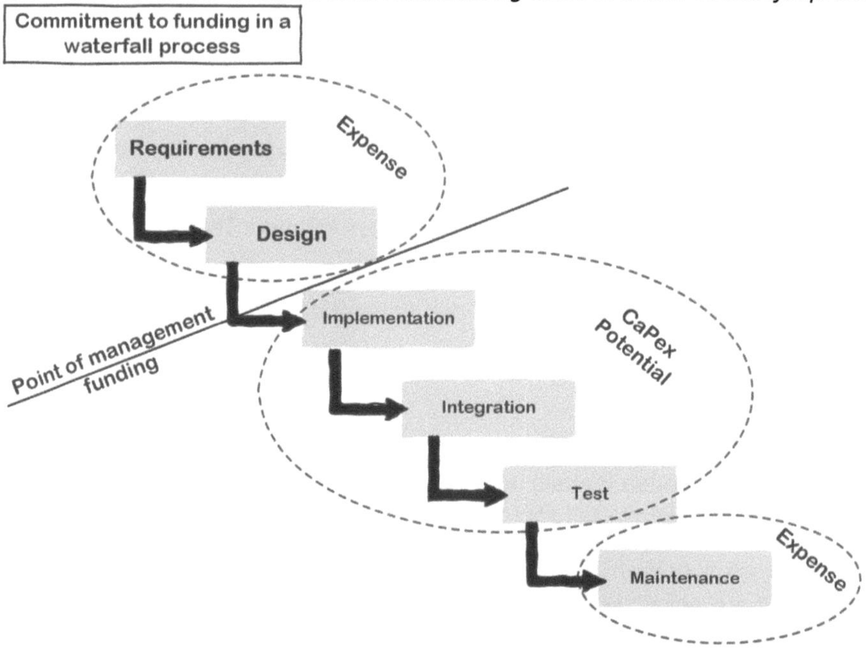

Im herkömmlichen Phasen- oder Wasserfall-basierten Vorgehen sind Entwicklungsphasen (Investition) und Betriebsphase (Kosten) deutlich voneinander getrennt. Das Ganze trifft umso mehr zu, wenn zunächst die Entwicklung in einem abgeschlossenen Projekt stattfindet, bevor das fertige Produkt in den Produktivsystemen installiert wird.

Übliche Ausgaben, die in die Kategorie Opex fallen, sind:
– Jegliche Personalkosten, Gehälter und Löhne,

– Verwaltungskosten,

– Weiterbildung,

– Rückstellungen für Altersvorsorge.

–

Da viele nicht agil gesteuerte Projekte den Zeit- und Budgetrahmen sprengen, dauern sie schlicht an und werden incl. ihrer Budgets immer wieder verlängert. So werden diese Projekte mit der Zeit quasi zu einem Teil der Aufbauorganisation. In solchen Fällen könnte sich die Grenze zwischen Capex und Opex verschieben.

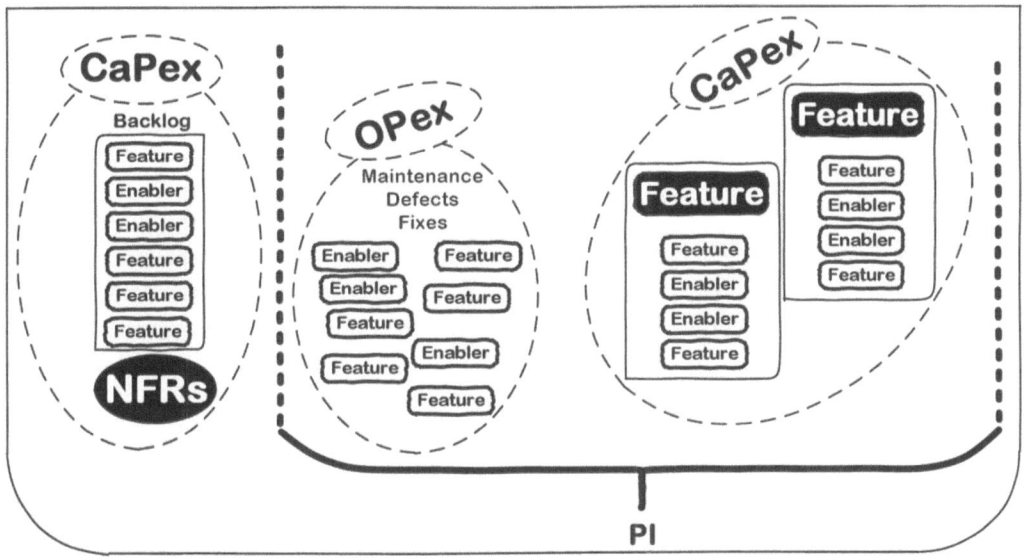

Abb. 4-55 Capex / Opex im lean-agilen Umfeld

Mit Hilfe von SAFe-Praktiken wird im Program Level bereits eine Zuordnung von Features zu Capex oder Opex vorgenommen.

Opex-gekennzeichnete Features werden zu entsprechend als Opex gekennzeichneten Stories. Dies sind beispielsweise Stories, die auf Enabler-Stories und Features zurückgehen und sich mit Themen wie Infrastruktur, Forschung/Analyse, Code-Refactoring befassen.

Unter Capex-Aufwendungen fallen die Aufwendungen für die Gehälter der agilen Teams. Dies gilt sowohl für Entwickler und Tester als auch für POs, Scrum Master und Business Analysten, sofern sie Mitglieder eines agilen Teams sind.

Vereinfacht gesagt werden alle umgesetzten Stories, die nicht als Capex-Stories gekennzeichnet sind, Opex zugeordnet.

Für die lean-agile Vorgehensweise nach SAFe gilt, dass in jedem ART Capex und Opex-Aufwendungen auftreten. Abb. 4-55 zeigt das Auftreten von Capex/Opex-Aufwendungen innerhalb eines PIs. Alle Backlog-Elemente bzw. deren Aufwände, die noch keinem PI zugeordnet sind, fallen in diesem Beispiel in die CapEx-Kategorie.

Um die Aufwände für Capex-Aufwände zu ermitteln, bieten sich laut SAFe drei Vorgehensweisen zur Kalkulation der Opex/Capex-Kategorien an:
- **Mittels Story Points** – Die den Kategorien Opex und Capex zugeordneten Story Points werden relativ zu den Gesamtaufwendungen aufgeschlüsselt.

- **Mittels aufgewendeter Stunden**, die die Team-Mitglieder für die Arbeit an den jeweiligen Stories verbucht haben. Dies kann genauso für Portfolio Epics und Program Features gültig sein[33].

- **Mittels Anzahl der jeweils umgesetzten Stories**, die dann für Opex und Capex in Relation zu den Gesamtaufwendungen eines ARTs gesetzt werden. So etwas funktioniert natürlich nur bei relativ gleichförmigen oder vergleichbaren Stories.

4.8. Priorisierung der Backlog-Elemente

Basis jeglicher Priorisierung von Backlog-Elementen für die Umsetzung ist das *Weighted Shortest Job First* (WSJF)-Prinzip. SAFe nennt WSJF weder als Teil der Spanning Palette noch als Kernkompetenz. Nichtsdestoweniger ist WSJF ein Kern-Konzept zum Verständnis der Priorisierung in SAFe und dessen Anwendung beschränkt sich nicht auf einen bestimmten SAFe Level: Das Gegenteil ist der Fall, alle SAFe-Level und Ausbaustufen nutzen WSJF.

Das WSJF berechnet sich aus zwei Größen:
- **Herstellungskosten**: Kosten für die Analyse und Umsetzung (*Job Size*). Diese ergeben sich in der Software-Entwicklung zu einem Großteil aus der aufgewendeten Zeit (*Job Duration*).

- **Opportunitätskosten**: Kosten, die aufgrund des Nichtvorhandenseins eines Features anfallen[34]; Für die Opportunitätskosten wird der englische Begriff Cost of Delay bzw. dessen Abkürzung CoD verwendet.

$$WSJF = \frac{Cost\,of\,Delay}{Job(Job\,Duration)}$$

Konkret berechnet sich das WSJF aus dem Quotient aus CoD und Job Size. Das WSJF wird auf alle Backlog-Elemente angewendet werden. Die Teams müssen diese somit zum Zeitpunkt der Anwendung von WSJF komplett verstanden haben.

Es liegt auf der Hand, dass das frühzeitige Abarbeiten der Backlog-Elemente mit den höchsten CoD bereits mittelfristig zu einer Verringerung der Kosten führt oder führen kann.

➜ Die Priorisierung nach WSJF lässt bereits in der Vergangenheit entstandene Kosten[35] bewusst außer Acht. Dies entspricht dem Lean Startup Model, nachdem ein Feature

---

[33] Moderne Tools zur Verwaltung und Bearbeitung von Story Points lassen die Zuordnung der aufgewendeten Arbeitszeit zu Stories zu.

[34] Ein schönes Beispiel für Opportunitätskosten sich Strafgebühren wegen mangelnder Compliance, die eine Behörde einer Organisation auferlegt. Diese fallen regelmäßig an und summieren sich auf, solange die Systeme und/oder Prozesse der Organisation nicht angepasst sind.

[35] Auch als „verlorene Kosten" bzw. *Sunk Costs* bezeichnet.

jederzeit verworfen werden kann, wenn es keinen angemessenen Erfolg vor Kunde erzielt, ungeachtet bisher investierter finanzieller Mittel, persönlicher Vorlieben und unternehmenspolitischer Einflussnahmen.

Stattdessen sollen die ARTs durch eine WSJF-gemäße Vorgehensweise in die Lage versetzt werden, den Fluss an Anforderungen kontinuierlich (*flow-based*) abzuarbeiten. Voraussetzung ist die permanente Pflege und ggf. WSJF-gemäße Neubewertung aller Backlog-Elemente. SAFe räumt der kontinuierlichen Abarbeitung priorisierter Backlog-Elemente eine größere Bedeutung ein als die Berücksichtigung eines geplanten, d.h. theoretischen Return of Investment!

Dies entspricht dem SAFe-Prinzips #1, dem Einnehmen einer wirtschaftlichen Sichtweise.

Überspitzt könnte man sagen, das WSJF bzw. Lean Startup im „hier und jetzt" zu Hause ist, da es neben den in der Vergangenheit liegenden verlorenen Kosten auch den für die Zukunft geplanten ROI außer Acht lässt.

Cost of Delay

Eine korrekte Ermittlung der WSJF setzt eine entsprechend korrekte Ermittlung der CoD Voraus. In die Ermittlung des CoD eines bestimmten Backlog-Elements (z.B. ein Feature) fließen die folgenden Parameter ein:

- Der Wert für den Kunden - zieht der Kunde das besagte Feature einem anderen vor?
- Auswirkung einer Verzögerung der Implementierung auf den Umsatz/Gewinn.
- Zeitkritikalität:
  o Vertraglich oder gesetzlich begründeten Strafzahlungen (Pönalen) aufgrund einer verzögerten Umsetzung
  o Eine evtl. Abnahme des Kundennutzen über die Zeit. Es könnte z.B. an einem festen Datum festgemacht werden, wenn z.B. ein Gesetz in Kraft tritt oder ein bedeutendes Sportereignis stattfindet.
  o Kundenverhalten: Kunden könnten sich für ein anderes Produkt entscheiden, wenn sich ein bestimmtes Feature verzögert.
- Risiko/Potential:
  o Das Geschäftspotential bzw. das Geschäftsrisiko dieses Features oder von Folgeentwicklungen des besagten Features.

SAFe schlägt vor, die o.g. Parameter für jedes Backlog-Element relativ zu schätzen, analog zur Schätzung in Form von Story Points. Auf der Basis der so ermittelten Parameter ermitteln sich die CoD wie folgt.

$$CoD = Kundenwert + Zeitkritikalität + Risiko/Potential$$

4.9. Release Management in SAFe

SAFe macht keine expliziten Vorgaben zum Release Management. Man könnte argumentieren, dass DevOps in Verbindung mit Continous Delivery und Release on Demand kein Release Management in der herkömmlichen Form kennt, indem z.B. zu bestimmten Zeitpunkten Releases an den Betrieb übergeben werden, der diese dann auf der Produktionsumgebung installiert.

Das Problem dabei ist, dass ein nicht bedarfsgerechtes Release Management, das nicht auf die Bedürfnisse der Teams angepasst ist, nach aller Erfahrung ein Impediment darstellt, dass den agilen Flow erheblich stört oder gar nicht erst aufkommen lässt.

In der Praxis muss zu jedem Zeitpunkt transparent bzw. feststellbar sein, welche Features oder Anforderungen in einem Release enthalten sind und welche nicht – gerade, wenn es zu jedem Zeitpunkt möglich sein soll, vom aktuellen Stand der Software ein Release erstellen zu können.

Für einfache Systeme hat sich in der Softwareentwicklung das Konzept der semantischen Versionierung bewährt (Semantic Versioning 2.0.0, 04), einer Versionsnummerierung in Form, eines 3er-Tupels der Form:

<Major>.<Minor>.<Patch>

Die einzelnen Tupel haben die folgenden Bedeutungen:
- MAJOR: Es sind Features enthalten, die die Rückwärtskompatibilität[36] beeinträchtigen, z.B. geänderte Schnittstellen zu Umsystemen.

- MINOR: Die enthaltenen Änderungen beeinträchtigen nicht die Rückwärtskompatibilität.

- PATCH: Es sind Fehler behoben worden, wobei die Rückwärtskompatibilität gewahrt ist.

Innerhalb eines ARTs ist das relativ einfach umsetzbar, wenn z.B. der in einer System Demo gezeigte integrierte Stand das Semantic Release an der Stelle *Patch* inkrementiert. Am Ende eines PI mag dann die Version an der Stelle Minor hochgezählt werden. Kommt es zu einer Auslieferung an den Kunden, ist eine Erhöhung an der Stelle Major fällig, wenn das neue Release tiefgreifende Änderungen enthält und nicht mehr rückwärtskompatibel ist. Wichtig ist in einem solchen

---

[36] Rückwärtskompatibilität: Die neue Komponente kann integriert werden, ohne dass dies Auswirkungen auf die angrenzenden Komponenten hat. D.h. die neue Komponente unterstützt die bestehenden Schnittstellen.

Szenario, dass sämtliche von den agilen Teams umgesetzte Stories diesem Release-Schema folgen.

Semantische Versionierung und DevOps

Die Praxis zeigt, dass es Sinn macht, das Semantische Release-Schema kann durch eine vierte Ziffer erweitert werden: ROD für Release on Demand. Damit kann den Anforderungen an Continuous Integration und Continuous Delivery entsprochen werden:

\<Solution\>.\<Program\> \<Increment\>.\<Iteration\>.\<ROD\>

Damit dies funktioniert, muss jede der in den agilen Teams umgesetzten Stories genau einer Iteration oder einem ROD zugeordnet werden können. Die einzelnen Ziffern des Schemas könnten dann mit den folgenden Bedeutungen belegt werden.

- **ROD**: Jedes Mal, wenn mitten in einer Iteration bzw. zu einem beliebigen Zeitpunkt ein Release gezogen wird, wird das ROD inkrementiert.

- **Iteration**: Zu jeder System Demo am Ende einer Integration, in der ein ART das Gesamtsystem integriert und zumindest auf einem Testsystem ausrollt und demonstriert wird eine Release gezogen. Dies geschieht unabhängig davon, ob das Release vor Kunde ausgerollt wird oder nicht.

- **Program Increment**: Ein ART ordnet das Release dem jeweiligen Program Increment zu.

- **Solution**: Die Bezeichnung oder Nummer für die Solution wird nicht vom ART vergeben, es sei denn, es gibt nur einen ART, der gleichzeitig die gesamte Solution repräsentiert. Sind mehr als ein ART im Spiel, so folgt die Festlegung für die Solution wie folgt:

  o **Essential SAFe:** Der RTE im Verbund mit dem Product Management und den Systemarchitekten legen den Solution-Wert fest

  o **Portfolio SAFe, Large Solution SAFe und Full SAFe:** Der STE im Verbund mit dem Solution Management und dem Solution Architect legt den Solution Wert fest.

TEIL II:

DETAILS ZU DEN

SAFe-KONFIGURATIONEN

5.1. Werkzeuge der Essential SAFe-Konfiguration

Essential SAFe ist die aus dem Team- und Program Level bestehende minimale SAFe-Konfiguration. Weniger ist nicht SAFe. Abb. 5-56 fasst Team- und Program-Level zu Essential SAFe zusammen. Dieses Kapitel baut auf dem Einführungskapitel 3. auf.

Im Gegensatz zu den übrigen SAFe-Konfigurationen schlägt Agile Inc. für Essential SAFe nicht die komplette Spanning Palette vor, sondern sieht nur die folgenden Elemente als relevant für Essential SAFe an:

- Vision – (Kap. 4.5.6.),
- System Team (Kap. 4.5.7.),
- Lean UX (Kap. 4.5.8.).

Abb. 5-56 Zusammenfassender Überblick über Essential SAFe

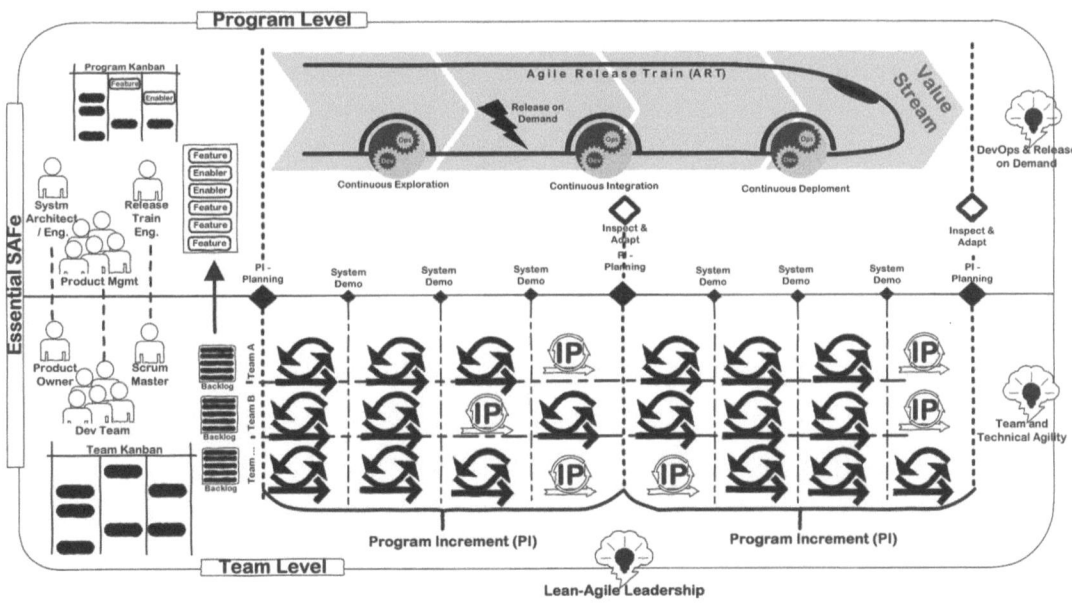

Von diesen drei Elementen sind die letzten beiden Elemente *System Team* und *Lean UX* organisationsabhängig und somit nicht zwingend[37].

Die Vision ist nach aller Erfahrung obligatorisch. Eine Organisation, die es nicht schafft, eine „griffige" Vision zu formulieren, zu leben sowie diese im ganzen Unternehmen zu kommunizieren und zu verfolgen, wird bereits an der kleinsten SAFe-Ausbaustufe *Essential SAFe* scheitern.

Trotz der reduzierten Spanning Palette verlangt Essential SAFe einer Organisation bereits eine Menge ab, erfordert sie doch neben der *Foundation*, der 9 SAFe-Prinzipien und des SAFe-Werkzeugkastens (*Spanning Palette*). und Elemente aus der Spanning Palette bereits drei der fünf-Kernkompetenzen:

   − *Lean Agile Leadership* (Kap. 4.1.) als Kernkompetenz der SAFe Foundation;

   − *Team and Technical Agility* (Kap. 5.2.1.) als Kernkompetenz des Team Level;

   − *DevOps und Release on Demand* (Kap. 5.3.1.) als Kernkompetenz im des Program Level.

5.2. Der Team Level

Der Team Level stellt den untersten Level und die Basis jeglicher SAFe-Ausbaustufe dar. Jede Organisation, in der sich mehr als ein agiles Team miteinander koordinieren, ist bereits mit der agilen Skalierung konfrontiert. Eine solche Organisation besitzt bereits „so etwas" wie einen Team-Level.

Um als Grundlage für den Aufbau weiterer SAFe-Konfigurationen dienen zu können, siedelt SAFe die Team- Agilität in Kombination mit technischer Agilität in den fünf Kernkompetenzen von Essential SAFe an.

5.2.1.   Kernkompetenz: Technische und Team-Agilität.

Die Kernkompetenz der technischen und Team-Agilität könnte man als den Gegenpart einer anderen Kernkompetenz sehen, der des lean-agilen Leadership:

   Lean-agile Leadership setzt an der obersten Management-Ebene an, während die technische und Team-agilität bei den Mitarbeitern in den Teams ansetzt.

---

[37] Es macht durchaus Sinn, wiederholt zu betonen, wenn bestimmte Elemente von SAFe nicht obligatorisch sind. Es kommt in der Praxis regelmäßig vor, dass SAFe-Training-Teilnehmer den Einsatz von bestimmten Techniken automatisch mit Agilität gleichsetzen.

Obwohl eine nach SAFe transformierte lean-agile Organisation mit einzelnen nicht-agilen Teams oder Zulieferern klarkommen muss, wird eine lean-agile Transformation ohne technische und Team-Agilität nicht funktionieren.

Team-Agilität

Agile Teams in SAFe sind cross-funktional aufgestellt, d.h. sie besitzen alle für die Erstellung des Produktes notwendigen Fähigkeiten und Ressourcen. Jedes Team, idealerweise 4 – 9 Personen) und agiert wie in der agilen Entwicklung üblich, weitestgehend selbstorganisiert. In den Verantwortlichkeitsbereich der Teams fällt u.a.:

- Anforderungsanalyse für das Produkt (zumeist Software oder eine Software in Kombination mit Hardware bzw. Infrastruktur) bestehend aus Produkt-Features Produkt-Enablern;
- Produkt-Erstellung, d.h. Implementierung der Backlog-Elemente;
- Test der implementierten Backlog-Elemente;
- Produktivsetzung des Produktes oder Inkrementes, dass die Anforderungen des Kunden erfüllt;
- Entwicklung in zeitlich festgelegten Inkrementen, d.h. „Time Boxed".

Bei den Rollenbezeichnungen des Team Level lehnt sich SAFe an die Scrum-Rollen an:

- Development Team,
- Scrum Master,
- Product Owner.

Die Teams in SAFe stellen den Motor der bereits erwähnten ARTs dar. Jedes Team ist nur einem ART zugeordnet und verfolgt dessen Vision und Roadmap.

Technische Agilität

Die technische Agilität bezieht sich auf die die Anwendung agiler Prinzipien auf das agile Software Engineering.

Grundlage jeglicher Agilität ist der sog. *Flow*, in dem die Team-Mitglieder idealerweise arbeiten. Die folgenden Punkte stellen die Voraussetzung für eine Arbeit im Flow dar:

- **Test-Driven Development (TDD)**: Tests, insbesondere Unit Tests werden vor Beginn der eigentlichen Entwicklung definiert und danach fortwährend ausgeführt. (Kap. 4.2.2.)

Behavioural-Driven Development (BDD): Es wird bei der Formulierung der funktionalen Anforderungen in Form von User Stories darauf geachtet, die Akzeptanzkriterien in Form des

Verhaltens formulieren, dass beim Test einer Story vom System erwartet wird. BDD kommt nicht nur für Stories zum Einsatz, sondern ebenso für die Features, aus denen sich die Stories ableiten. (Kap. 4.2.2.)

— Lean UX: Die iterative-inkrementelle Entwicklung von Benutzerschnittstellen in Verbindung mit validiertem Lernen Kap 4.5.8. .

— Eingebaute Qualität (Kap. 4.2.2.)

Abb. 5-57 Technische Agilität

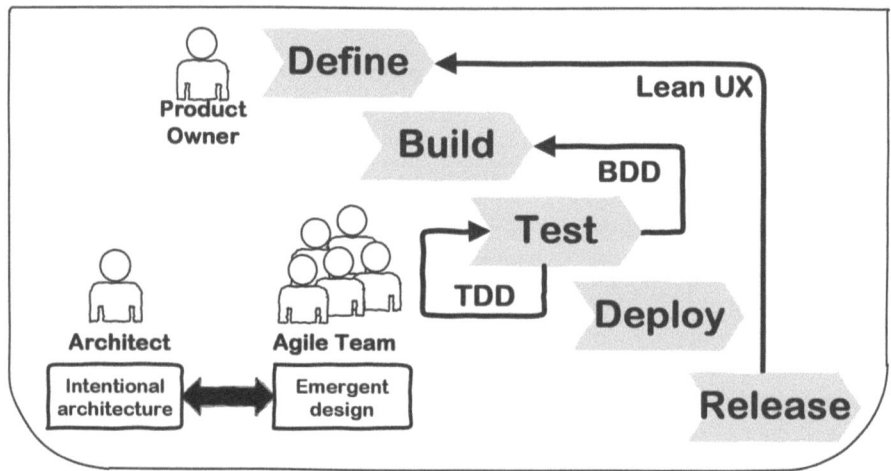

Abb. 5-57 bietet einen Überblick über die Feedbackschleifen der einzelnen Praktiken BDD, TDD und Lean UX:

— Der Test-First-Ansatz setzt in Kombination mit DevOps kompromisslos auf Testautomatisierung. Diese automatisierten Tests beginnen auf der Code-Ebene, wo sie direkt vor Beginn der Umsetzung der eigentlichen Funktionalität implementiert werden.

— Danach folgen automatisierte Integrationstests, die die Interoperabilität verschiedener Komponenten eines Systems nach jedem Build überprüfen.

— Tests auf UI-Ebene können in großem Umfang (teil-)automatisiert werden.

— End-to-End Tests sind in vielen Fällen nicht automatisierbar. Abhängig vom zu testenden System können diese jedoch aus mehreren aufeinanderfolgenden automatisierten Tests bestehen.

Eingebaute Qualität

Im Team Level bezieht sich SAFe wiederholt auf den Begriff der eingebauten Qualität. Diese umfasst im Team Level die einzelnen Aspekte:

- Flow,
- Architektur- und Design-Qualität,
- Code-Qualität,
- System-Qualität,
- Release-Qualität.

Um agil arbeiten zu können, d.h. flexibel und im Flow zu agieren, muss die Qualität von Anfang an in der Entwicklungsarbeit angelegt sein. Definierte Coding-Styles, deren Einhaltung beim Build überprüft werden, bilden die Grundlage für jegliche Qualität, das fängt bei Vorgaben für die Benennung von Variablen und Objekten an und geht bis zu detaillierten Vorgaben für die Nutzung von Code-Konstrukten.

Scaled Agile Inc. nennt in diesem Zusammenhang einige bewährte agile Praktiken zur Verbesserung der Qualität aus Scrum und Extreme Programming (XP):

Pair Programming: Ursprünglich auf das eigentliche Programmieren durch zwei Personen an einer Workstation bezogen, fasst SAFe diesen Begriff weiter und spricht allgemein von Pairing of Work, wann immer zwei Personen gemeinsam als zwei-Personen-Team eine Aufgabe in Angriff nehmen. Dies kann durchaus aus verschiedenen Blickwinkeln geschehen, z.B. als Codierer und Reviewer.

Gemeinsame Verantwortlichkeit: Die Verantwortlichkeit des Individuum liegt nicht nur in der Fertigstellung der gerade durch sie/ihn bearbeiteten Story. Gerade das DSU dient zur Koordination im Sinne der gemeinsamen Wahrnehmung von Verantwortung. Z.B. durch gegenseitige Unterstützung beim Beseitigen von Impediments oder kurzfristig anberaumtes Pair Working. Im besten Fall kann jeder Entwickler eines Teams jede Komponente bearbeiten, die Gegenstand des aktuellen Sprints ist. Es ist nachvollziehbar, dass dieser Zustand selbst bei cross-funktionaler Teamaufstellung in vielen Fällen nicht zu erreichen ist.

Eine weitere Grundlage für die technische Agilität ist ein qualitativ hochwertiges Design und eine leicht nachvollziehbare Architektur, die den SOLID-Prinzipien folgt. Die in SAFe propagierten

SOLID-Prinzipien kommen keinesfalls von SAFe selbst, sondern sind mindestens so alt, wie die objektorientierte Programmierung an sich[38]:

- **Single-Responsibility-Prinzip**: Jede Klasse[39] oder allgemeiner formuliert, jede Software-Einheit bzw. jedes (sub-)Modul besitzt nur einen Zweck bzw. eine Verantwortlichkeit. Dadurch gibt es nur einen Grund, eine Klasse/Modul zu ändern. Dies ist eigentlich eine Selbstverständlichkeit, dass die Definition von Klassen und Modulen von jeher den Zweck hat, klare Verantwortlichkeiten im Quellcode zu schaffen und Seiteneffekte bei späteren Änderungen zu vermeiden; dies wird in der Praxis nicht immer durchgehalten.

- **Open-Closed-Prinzip**: Jede Software-Einheit (Klasse, Modul) soll offen für zukünftige Erweiterungen sein, ohne hierbei ihr Verhalten nach außen via bestehender Schnittstellen zu verändern. Das Open-Closed-Prinzip wird in der objektorientierten Programmierung durch Vererbung realisiert, d.h. eine Klasse erbt die Eigenschaften ihrer Basisklasse, ohne dass sich an der Basisklasse irgendetwas ändert.

- **Liskovsches Substitutionsprinzip**: eine abgeleitete Klasse verhält sich im Großen und Ganzen immer noch so ähnlich wie die Basisklasse. Ein Benutzer der abgeleiteten Klasse muss die Basisklasse kennen und verstehen: Wenn eine von einer Hauptklasse „Sportwagen" abgeleitete Klasse so etwas wie Flugeigenschaften aufweist, wäre dies ein starkes Indiz für eine Verletzung des Liskovschen Substitutionsprinzips.

- **Interface-Segregation-Prinzip**: Komplexe Schnittstellen werden in einfache Schnittstellen „heruntergebrochen", dass die verschiedenen Clients im Idealfall nur mit solchen Schnittstellen agieren, deren Funktionalität sie auch wirklich benötigen. Mit anderen Worten: Es existieren keine One-Fits-All-Schnittstellen. Dadurch werden ungewollte Seiteneffekte bei der Refakturierung und Erweiterung von Systemen vermieden.

- **Dependency-Inversion-Prinzip**: Die Kopplung von Systemen wird reduziert, indem Software-Module nie von Modulen in niedrigeren Ebenen abhängig sein dürfen, z.B. abgeleiteten Klassen. Idealerweise gibt es keine Abhängigkeiten zwischen Modulen derselben Ebene, sondern ein Modul hängt bestenfalls von einem oder mehreren

---

[38] Es erstaunt, wie stark SAFe auf Details der Entwicklungstätigkeit eingeht. In diesem Fall handelt es sich um grundlegende State-of the-Art Konzepte der Software-Entwicklung, die in den 1980er Jahren formuliert wurden. Offensichtlich sieht SAFe diese Konzepte als grundlegend aber immer noch nicht weit genug verbreitet an. SAFe erweckt bisweilen den Eindruck, dass es notwendig sei, diese vertieften Software-Kenntnisse in einem speziellen SAFe-Training zu erwerben. Selbstverständlich lässt sich dieses Wissen auch anderweitig erwerben.

[39] Der Begriff „Klasse" bezieht sich auf die objektorientierte Programmierung, in der mit Hilfe von Klassen Strukturen definiert werden, von deren dann weitere Klassen abgeleitet werden können.

Modulen auf einer höheren / abstrakteren Ebene ab. Die Einhaltung des Dependency-Inversion-Prinzips verhindert zyklische Abhängigkeiten und damit unvorhersagbares Systemverhalten.

5.2.2.   PDCA im Team Level

Der Team Level realisiert den in Kap. 2.1. beschriebenen PDCA-Zyklus anhand der folgenden Events, Rollen und Artefakte:

- **Plan**: Im Iteration Planning stimmen sich die Team-Mitglieder des agilen Teams über die Iterationsziele und die entsprechend zu implementierenden Stories ab.

- **Do**: In der Iteration implementiert das Team die geplanten Aufgaben und Stories. Die Iteration stellt genauso ein Event im Sinne von SAFe dar.

- **Check**: Im Iteration Review demonstriert das einzelne Team seine Ergebnisse. Dies geschieht entweder innerhalb des einzelnen Teams oder im Rahmen eine „Messe", in der alle Teams eines ARTs ihre Ergebnisse vorstellen. Das Feedback der POs und Fachverantwortlichen stellt eine Überprüfung der Iterationsinkremente dar.

- **Act / Adapt**: In der Team Retrospektive analysieren die Teams das Feedback aus dem Iteration Review und die Erfahrungen der letzten Iteration. Aus der Analyse leitet das Team Aktionen zur Verbesserung und Optimierung ab.

Das DSU unterstützt die o.g. Events und stellt somit das „Schmiermittel" für den BDCA-Zyklus dar.

Die folgenden Unterabschnitte beschreiben die Team Level Events im Einzelnen:

5.2.2.1. Iterationsplanung

Analog zum Sprint Planning in Scrum, legen ScrumXP Teams am Anfang einer Iteration fest, welche Stories aus dem Backlog im folgenden Sprint durchgeführt werden. Für jeden Sprint formuliert das Team ein eigenes Iterationsziel.

Ein wichtiges Artefakt im Team Level ist das *Iteration Backlog*: Es ist Teil des Solution Intent und besteht aus den an die jeweilige Iteration gebundenen Stories. Eine Story enthält neben Titel, Beschreibung und Akzeptanzkriterien die Beschreibung des Wertes für den Kunden (*Value Hypothesis*).

Eine erfolgte Aufwandsschätzung für eine Story und deren Zuordnung zur kommenden Iteration stellt das Commitment des Teams dar, die jeweilige Story in dieser Iteration implementieren zu können.

Am Iteration Planning Event nehmen teil:

- Der Product Owner, der die Stories im Product Backlog verantwortet;

- Der Scrum Master, der die Rolle des Moderators und *Master of Ceremony* (MoC) in diesem Meeting ausübt;
- Das Entwicklerteam;
- Jegliche weiteren Stakeholder, z.B. die Vertreter anderer Teams des ARTs sowie Business-Spezialisten, die nicht dem Entwicklungsteam angehören.

Als Agenda für das Iteration Planning Event gibt SAFe das folgende Beispiel an:
- Berechnung der verfügbaren Teamkapazität für die Iteration;
- Diskussion jeder Story durch die Team-Mitglieder, bis alle dasselbe Verständnis über die jeweilige Stories haben;
- Erarbeitung von Akzeptanzkriterien für jede Story;
- Erstellung einer Schätzung anhand von Story-Punkten - die Schätzung wird solange fortgeführt, bis die Kapazität des Teams erreicht ist;
- Bestimmung und Vereinbarung der Iterationsziele im Team;
- Verpflichtung aller Team-Mitglieder zu den Iterationszielen durch Abgabe des Commitments;
- Aushandlung der Akzeptanzkriterien zwischen dem PO, dem Team und ggf. weiteren Stakeholdern.

Aufwandsschätzung

Wie das Scrum-Vorbild, schätzen auch ScrumXP-Teams die Aufwände für die Implementierung ihrer User Stories in Story-Points.

Die Schätzung von Story Points stellen eine in der agilen Welt etablierte relative Schätzmethodik dar. Es werden hierbei keine absoluten Aufwände in Form von Bearbeitungstagen oder Kosten geschätzt, sondern das Team schätzt die Aufwände der Stories relativ zueinander. Bekannte Metriken für Story Points sind z.B. T-Shirt-Größen (XXL, XL X ...) oder Die Zahlenfolge der Fibonacci-Reihe.

Das Team fängt beispielsweise mit der offensichtlich am leichtesten zu implementierenden Story an und weist ihr einen Wert zu. Weitere Stories werden relativ hierzu mit Schätzungen belegt. Die vielen trickreichen Varianten der Schätzungen von User Stories sollen an dieser Stelle nicht weiter behandelt werden.

Die Anzahl der Story Points, die ein Team während eines Sprints (Scrum) bzw. während einer Iteration (SAFe) zu verarbeiten mag, wird als Velocity bezeichnet.

5.2.2.2. Iterationsdurchführung

ScrumXP-Teams arbeiten nach den Zielen, die im PI-Planning für das jeweilige Team festgelegt wurden.

Im Mittelpunkt der Iterationsausführung stehen die folgenden Maßnahmen:
— Verfolgung/Monitoring des Iterationsfortschritts mittels Kanban-Boards;

— Serienmäßiges und schrittweises Erstellen von Stories - dadurch werden Mini-Wasserfälle innerhalb der Iteration vermieden;

— Konstante Kommunikation - kontinuierliche Kommunikation und Synchronisation mittels Daily Standups (DSU-Meetings oder DSUs);

— Verbesserung des Flusses - Optimierung des Flusses durch Management von *Work in Process* (WIP), Aufbau von Qualität in und kontinuierliche Annahme von Stories während der Ausführung der Iteration;

— Zusammenarbeit der ARTs zur Erreichung der Ziele des PI.

ScrumXP-Teams nutzen Praktiken zur eingebauten Qualität und stellen ihre Arbeit in der System Demo am Ende einer jeden Iteration vor.

Unnötig zu erwähnen, dass SAFe die Wichtigkeit des in Scrum und XP gelebten Daily Standups betont, indem alle Teammitglieder ihren Status darlegen:
— Was habe ich gestern im Sinne unseres Iterations-Ziels erreicht?
→ Welche der von mir bearbeiteten Stories befinden sich jetzt in welchem Status?

— Was werde ich („allerhöchstwahrscheinlichst") heute fertigstellen, um dem Iterationsziel näher zu kommen?
→ An welche Stories arbeite ich heute mit welchem Ziel?

— Was hält mich – und damit das Team – davon ab, das Iterationsziel zu erreichen?
→ Zu welchen Stories dieses oder eines anderen Teams existieren Abhängigkeiten, die mich bei der Arbeit an „meinen" Stories behindern? Welche Hindernisse (*Impediments*) behindern mich gerade in meiner Arbeit – brauche ich Hilfe und wenn ja, von wem?

Kanban definiert WIP-Limits, zumeist in Form einer max. Anzahl von Stories die sich *In Progress* befinden. Natürlich kann das WIP -Limit auch in Form von Story Points definiert werden. Es ist ebenso Aufgabe des USDs, den aktuellen Workload auf Überschreitung des WIP-Limits hin zu überprüfen.

Eingebaute Qualität

Die praktischen Techniken, um ein Team in die Lage zu versetzen, eingebaute Qualität zu liefern, sind:

- **Test-First-Ansatz**: Ein Entwickler erstellt zuerst die Unit-Tests und sonstige Testautomatisierungen, bevor er/sie mit der Implementierung der eigentlichen Funktionalität beginnt. So ist das Testen ein ständiger Bestandteil der Entwicklungstätigkeit.

- **Refactoring**: Die interne (Quellcode) Struktur unterliegt erneuter Bearbeitung im Sinne einer Optimierung, Debugging und der Steigerung der Robustheit.

- **Pair Work**, auch als Pair Programming bezeichnet: 2 Entwickler arbeiten am selben Quellcode oder an derselben Konfiguration eines Systems[40].

- **Collective Ownership**: Keine User Story gehört einem Entwickler eines Teams, sondern alle Mitglieder eines Teams teilen sich die Verantwortung.

- **Continuous Delivery**: Kontinuierliches (automatisiertes) Testen und Deployment auf Test- und Integrationsumgebungen.

Um den Arbeitsfluss aufrecht zu erhalten, unterliegen die Stories einem ständigen Refinement, d.h. es werden kontinuierlich während einer Iteration neue Stories aus dem PI Backlog priorisiert und geschätzt.

In diesem Zusammenhang betont SAFe, dass es sich bei Iterationen nicht um Mini-Wasserfälle handelt, wie es z.B. noch im RUP der Fall gewesen ist.

Abb. 5-58, Abb. 5-59 und Abb. 5-60 illustrieren diese Zusammenhänge:

Abb. 5-58 beschreibt eine Situation, in der sich ein wasserfallartiger Prozess über alle Iterationen eines PIs fortsetzt. So etwas kann bei der Einführung agiler Arbeitsweisen passieren, wenn es am agilen Verständnis oder der diesbezüglichen Praxis fehlt. Lean-agile Führungskräfte haben die Aufgabe, derartigen Entwicklungen von Anfang an entgegenzuwirken.

Abb. 5-59 zeigt ein genauso falsches Szenario wie das in Abb. 5-58 gezeigte. Jede einzelne Iteration gliedert sich in Analyse-, Implementations- und Testphase, die aufeinander erfolgen.

---

[40] Ganz besonders geeignet ist das Pair Work für das Refactoring und das das Ausprobieren neuer Schnittstellen. In beiden Fällen gilt: Vier Augen sehen mehr als zwei.

Abb. 5-58 Wasserfall-Vorgehensweise innerhalb eines PIs – schlecht.

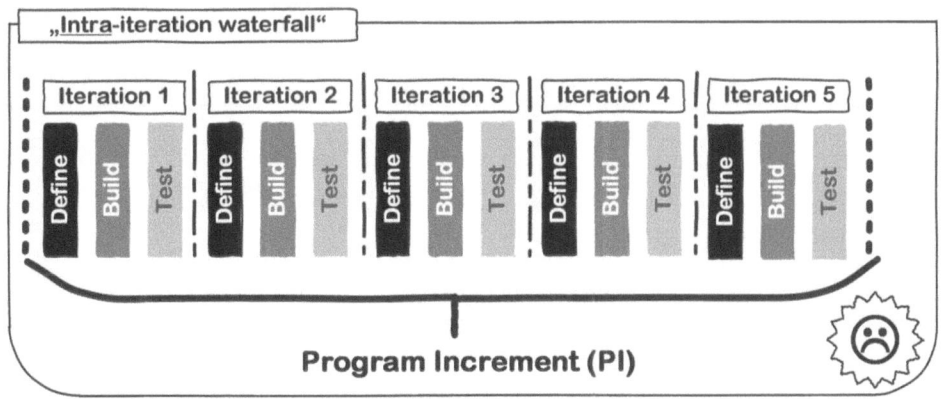

Ein solches Szenario resultiert nicht unbedingt aus einem fehlenden agilen Verständnis. So etwas kann sich in der agilen Praxis z.B. dann einschleichen, wenn PO und Team ins Hintertreffen mit dem Refinement von Backlog-Elementen kommen, sodass einfach nicht genug geschätzte und bestätigte Backlog-Elemente zur Verfügung stehen.

Abb. 5-59 zeigt ein agiles Szenario, in dem pro Iteration verschiedene Stories iterativ/inkrementell verfeinert (*refined*), implementiert und getestet werden. Im Idealfall, wenn die Kernkompetenz *DevOps und Release on Demand* voll ausgebildet ist, können getestete Stories bereits innerhalb der Iteration, also vor Erreichen des PI-Ende, produktiv gesetzt werden.

Abb. 5-59 Wasserfall-Vorgehensweise innerhalb der einzelnen Iterationen eines PIs - auch schlecht.

Abb. 5-60 Skaliertes iteratives Vorgehen innerhalb aller Iterationen eines PIs - so sollte es sein.

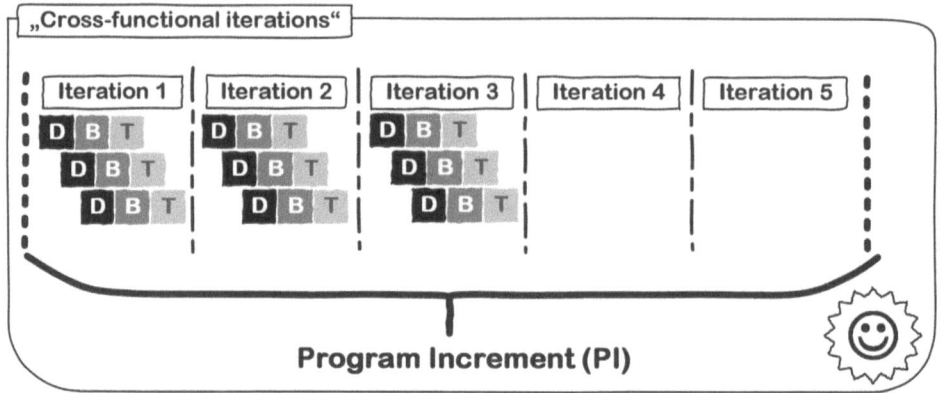

In der Praxis würde ein Vorgehen nach Abb. 5-60 z.B. durch das Aufteilen (*Slicing*) von Stories und Enablern unterstützt werden.

Neben der Gefahr lokaler Wasserfälle existiert für die Teams überdies die Gefahr, neben der Konzentration auf das Ziel einer Iteration das Ziel des PIs aus den Augen zu verlieren bzw. zu vernachlässigen. Um dies zu vermeiden, dienen die System Demos am Ende einer jeden Iteration der gemeinsamen Ausrichtung aller Teams auf das gemeinsame Iterationsziel. Dieses besteht aus:

- Der Integration der Ergebnisse aller an der Iteration beteiligten Teams zu einem Inkrement;
- Der Überprüfung (Feedback) des Inkrements und dem daraus resultierenden gemeinsamen Lernen.

Tabelle 5-6 Beispiel des "Slicing" einer Story

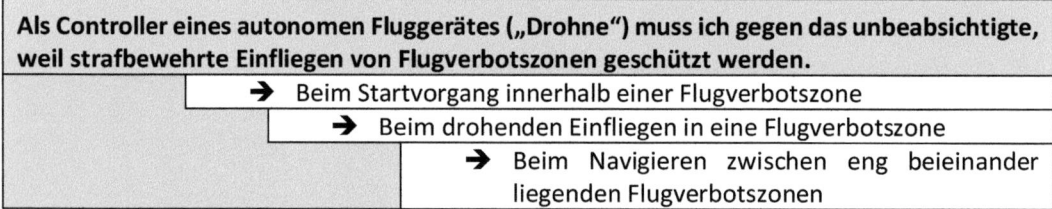

5.2.2.3. Iteration Review

Das Iteration Review in SAFe entspricht dem Sprint Review in Scrum. Zunächst stellt das Team das Ergebnis einer Iteration dem Product Owner, den Business-Spezialisten und weiteren Stakeholdern vor. Ein darüberhinausgehendes Reporting ist nicht notwendig.

Beispiel-Agenda für eine Iteration Review:

- Durchgehen der Iterationsziele – und deren Diskussion bzw. die Diskussion über deren Status. Dies kann auf einem lokalen System oder auf einer speziellen Staging-Umgebung passieren.

- Nach der System Demo geht das Team auf die nicht vollendeten Stories einer Iteration ein.

SAFe nennt einige Richtlinien für die Durchführung eines Iteration Reviews mit System Demo:

- Die Iteration Review soll die Dauer von zwei Stunden nicht überschreiten.

- Die Vorbereitung für die System Demo sollte pro an der Vorbereitung beteiligten Entwickler nicht mehr als zwei Stunden betragen.

- Idealerweise zeigt das Team keine Präsentationen, außer einer Zusammenfassung auf max. einer Seite, die darstellt, was in dem Iteration Review gezeigt wird. Die Umsetzung derjenigen Stories, die ggf. näher besprochen werden, demonstrieren die Beteiligten anhand der verwendeten Tools und Systeme.

- Das Team zeigt weiterhin den Status der Umsetzung solcher Stories, deren Implementierung in der besagten Iteration nicht abgeschlossen werden konnte.

- Sollten wichtige Stakeholder nicht am Iteration Review teilnehmen können, muss der PO diese nachträglich briefen und deren Feedback einholen.

SAFe betont die Wichtigkeit des konstruktiven Feedbacks und des „Feierns" des in der Iteration Erreichten[41].

5.2.2.4. Iterations-Retrospektive

Ebenso wie sein Scrum-Pendant, die Sprint-Retrospektive, führt ein Team in der Iteration-Retrospektive (*Iteration Retrospective*) die folgenden Tätigkeiten aus:

- Diskussion der Ergebnisse der Iteration,

- Überprüfung der eigenen Vorgehensweisen,

- Identifizierung des vorhandenen Verbesserungspotentials.

Die Iteration Retrospective dient der kontinuierlichen Verbesserung, d.h. Jede Iteration soll gegenüber der vorhergehenden Iteration eine zumindest kleine Verbesserung aufweisen.

---

[41] Das „Feiern" von Erfolgen wird in den SAFe-Quellen an verschiedenen Stellen betont. In der Praxis hängt es von einer Organisation und dessen kulturellen Umfeld ab, was mit „feiern" gemeint ist.

Eine Iteration Retrospektive nach SAFe erfolgt in zwei Schritten, dem quantitativen und dem qualitativen Review:

- Das quantitative Review stellt eine Bewertung der Performance einer Iteration dar, unter Beachtung deren Velocity und weiterer Metriken (Kap.: 4.5.1.).

- Im qualitativen Review überprüft das Team die in der vorausgehenden Iteration identifizierten Schritte zur Verbesserung auf ihre Wirksamkeit. Danach werden weitere Verbesserungspotentiale identifiziert.

Eine Retrospektive kann auf verschiedene Weisen durchgeführt werden. SAFe nennt einige Beispiele für verschiedene Retrospektive-Formate:

- **Individuell**: Jeder einzelne(r) Teilnehmer(in) füllt Klebezettel mit seinen Ideen, Wünschen und Anregungen aus, die danach von der gesamten Gruppe besprochen und ausgewertet werden.

- **Wertschätzung gegenüber anderen Mitgliedern**: Es werden Personen / Mitglieder des Teams identifiziert, die dem Team oder anderen Personen geholfen oder sonst wie positiv aufgefallen sind.

- **Bewertung der vergangenen Iteration**: Das Team bewertet die Iteration auf einer Skala von 1 bis 5 und führt anschließend eine Diskussion, wie man die kommende Iteration zur 5 macht.

- **Einfach**: Es wird eine freie Diskussion geführt und deren Ergebnisse konsolidiert zu:

  o Was lief gut?

  o Was lief nicht gut?

  o Was kann verbessert werden?

Weitere Tipps zur Gestaltung von Iteration-Retrospektiven:

- Im Gegensatz zur Sprint-Retrospektive in Scrum, schlägt SAFe vor, die Iteration-Retrospektive auf eine Stunde zu begrenzen, abhängig von der Sprint-Dauer[42].

- Das Team sollte sich höchstens zwei Dinge zur Verbesserung vornehmen.

- Jedes Teammitglied sollte in der Retrospektive gesprochen bzw. ihre/seine Meinung mitgeteilt haben.

- Um die Wertschätzung der Retrospektive durch das Team zu erhalten, ist der der Scrum Master dazu angehalten, die Retrospektive gut vorzubereiten.

---

[42] In Scrum soll die Dauer der Sprint- Retrospektive 45 min pro Sprint-Woche betragen. Für einen Sprint mit einer Dauer von 2 Wochen also 1,5 Stunden.

- Der Fokus soll auf dem eigenen Verbesserungspotential des Teams liegen und nicht auf den Optimierungspotentialen anderer Teams.

- Um die Verbesserung sichtbar zu machen, werden die Vorschläge zur Optimierung bzw. deren Umsetzung am Anfang einer jeden Retrospektive behandelt.

- Die Iterations-Retrospektive ist nur dem Team vorbehalten. Stakeholder außerhalb des Team nehmen nicht teil.

5.2.3. Team Kanban

Um den Fortschritt einer Iteration im Team Level transparent zu machen, sieht SAFe das Kanban Board vor, beispielhaft in Abb. 5-61 dargestellt.

In Anlehnung an das in der agilen Welt etablierte Kanban, handelt es sich beim Team Kanban[43] in SAFe um eine Methode zur Virtualisierung des Workflow innerhalb des agilen Teams im Team Level, um die aktuell in Bearbeitung befindlichen Aufgaben zu steuern.

Abb. 5-61 Beispiel eines einfachen Kanban-Boards auf Team Level

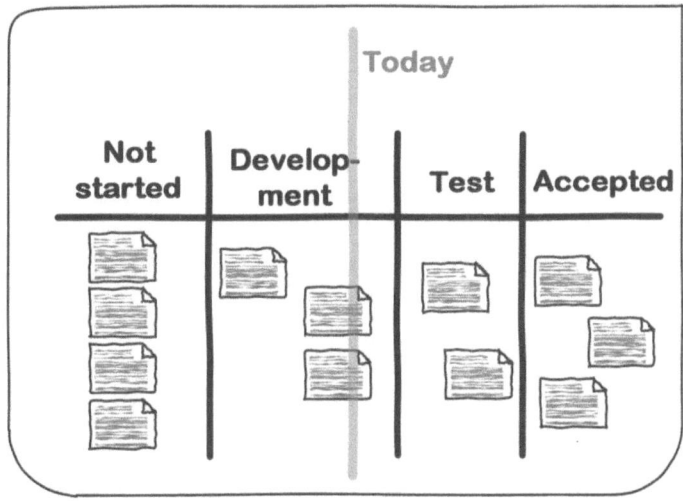

Kanban wird bisweilen als „Pull-System" bezeichnet: Die einzelnen Aktivitäten werden den Team-Mitgliedern nicht zugeteilt. Stattdessen nehmen oder „ziehen" (pull) die Team-Mitglieder Aufgaben aus einem Pool von Aktivitäten, dem Iteration Backlog, zur Bearbeitung in die Iteration.

---

[43] Die Einführung des eigenen Begriffes *Team Kanban* hat damit zu tun, dass jeder SAFe Level sein eigenes Kanban besitzt.

Jede der gezogenen Aktivitäten durchläuft verschiedene Status, wobei für ausgewählte Status ein WIP-Limit definiert ist, dass die Anzahl gleichzeitig im dem jeweiligen Status befindlichen Aktivitäten begrenzt.

So ein Kanban Board existiert heutzutage üblicherweise in elektronischer Form und ist Teil des Solution Intent. Es ist gelebte Praxis, ein solches virtuelles Kanban Board ins Zentrum der DSUs zu stellen. Im Ergebnis sollte allen Beteiligten der Status jedes Backlog-Elementes am Ende des DSU klar sein.

Hierzu bietet sich die Darstellung auf großen 40-Zoll oder größeren Monitoren an, idealerweise mit Touchscreen-Funktion.

Positive Erfahrungen werden in der Praxis weiterhin mit physischen Kanban Boards und Klebezetteln gemacht. Solche realen „anfassbaren" Boards existieren immer parallel bzw. zusätzlich zum elektronischen Kanban Board und erfordern entsprechend zusätzlichen Pflegeaufwand[44] durch die Teams, zumeist im Rahmen der DSUs und nach den Planning Events.

Es ist jeweils die Angelegenheit des Teams, über die Art des verwendeten Kanban Boards zu entscheiden. Für ein Team, dass sich für ein physisches Board entscheidet, zahlt sich der zusätzliche Pflegeaufwand nach aller Erfahrung mehr als aus.

Prinzipiell bildet ein Kanban Board einen „Mini-Value Stream" ab, für deren einzelne Arbeitsschritte durch die Ermittlung von Durchschnittlichen Durchlauf- und Verweilzeiten die Flaschenhälse und darauf aufbauend die Verzögerungskosten bzw. Cost of Delay (CoD) ermittelt werden.

---

[44] Mittlerweile gibt es Plugins für virtuelle Kanban Boards, dies es ermöglichen, mittels QR Codes und Fotos des haptischen Boards eine Synchronisierung mit dem virtuellen Board herbeizuführen.

Abb. 5-62 Team Kanban mit WIP-Darstellung

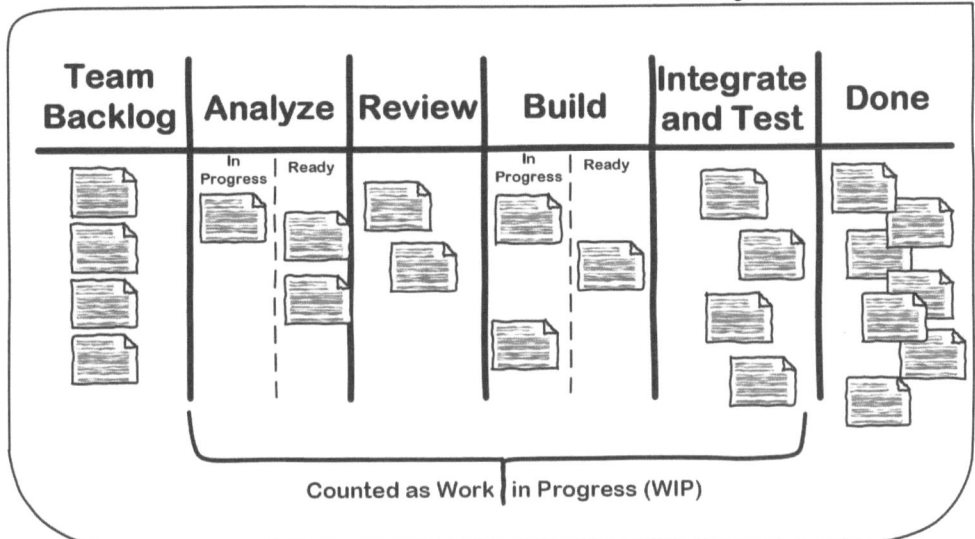

Kanban Boards sind essenziell für die gelebte agile Praxis, unterstützen sie doch die Transparenz und ermöglichen so die durchgehende ungebremste Kommunikation. Eine solche ungebremste Kommunikation wird im Idealfall dadurch gewährleistet, dass sich die Teammitglieder geografisch am selben Ort befinden. Kann dies nicht gewährleistet werden, so muss die Organisation für eine optimale elektronische Anbindung sorgen, im Sinne von hochverfügbaren Chat Rooms, Video-Konferenz-Systemen etc.

Die Prinzipien des Team-Kanban sind:

– Die Status des Kanban Boards repräsentieren den Workflow des Teams innerhalb einer Iteration.

– Das Kanban Board visualisiert den Fluss der Backlog-Elemente und damit den Fortschritt bei der Bearbeitung der Aufgaben innerhalb einer Iteration (Abb. 5-62).

– Das Team ermittelt das für sich passende WIP-Limit für jeden der einzelnen Status auf dem Kanban Board.

– Der Fluss der Backlog-Elemente wird gemessen, indem für jede einzelne Aufgabe deren Verweildauer in einem bestimmten Status (von – bis) ermittelt wird. Dies kann spezifisch für verschieden Arten von Backlog-Elementen geschehen.

Es ist klar, dass ein WIP-Limit nicht von Vornherein feststehen kann. Ein neu gebildetes Kanban Team wird sein WIP Limit über mehrere Iterationen hinweg ermitteln.

Es kann Sinn machen, einzelne Status in die Sub Status in „In Progress" und „Ready" zu unterteilen. Der Ready-Status dient als Puffer. „Ready"-Puffer können dann Sinn machen, wenn zum Verlassen eines Status externe Ressourcen in Form von Testsystemen oder Reviewern notwendig sind.

Für Team Kanban ist es essenziell, den Flow im Sinne des Durchsatzes an Stories und das jeweilige WIP im Verlauf der Iteration zu messen, so wie es in Abb. 5-63 dargestellt ist.

Um die Stories entsprechend priorisieren zu können, dienen die aus der Verzögerung resultierenden Kosten ("Cost of Delay" bzw. CoD) als Entscheidungshilfe.

Es haben sich zur Darstellung der CoD die folgenden Service-Klassen bewährt:
- **Standard:** Die CoD für eine Funktionalität steht in einem linearen Zusammenhang zu ihrem Wert.

- **Fixed date:** Die jeweilige Funktionalität muss irgendwann vor einem bestimmten Zieldatum ausgeliefert werden, z.B. aufgrund rechtlicher Anforderungen. Derartige Anforderungen müssen unabhängig von ihrer CoD so vom Team gezogen werden, dass ihre zeitgerechte Fertigstellung gesichert ist.

- **Expedite:** Die CoD einer derartigen Funktionalität ist schlichtweg unakzeptabel hoch, sodass die entsprechende Story selbst dann gezogen werden muss, wenn dadurch das WIP-Limit überschritten wird und deren Bearbeitung somit auf Kosten anderer Funktionalitäten und Fähigkeiten mit niedriger Priorität geht. Sollte es in Folge des erhöhten WIP zu großen Problemen kommen, müssen ggf. weniger hoch priorisierte Stories zurück ins Backlog geschoben werden.

- Die CoD werden in Kap. 3.3.8. eingehender beschrieben.

Abb. 5-63 Aus dem Durchsatz ermittelte Durchlaufzeit und WIP über die Zeit

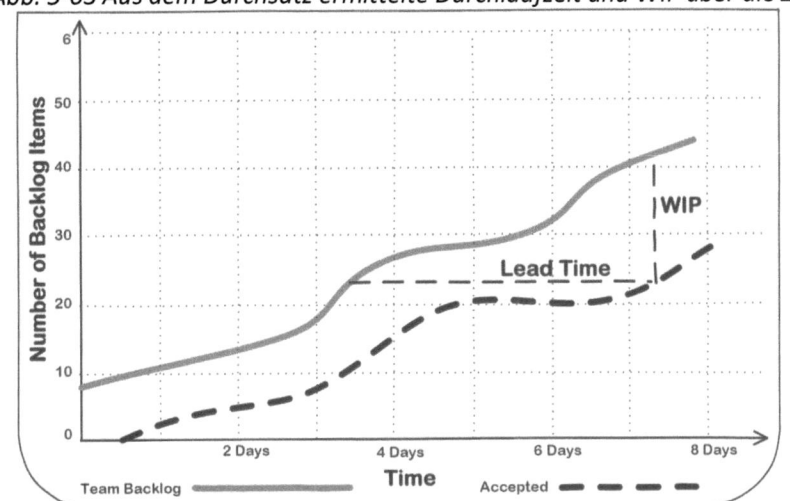

5.2.4. Die Rollen des Team Level

Die Namen der im Folgenden aufgeführten Rollen des Team Level decken sich zu einem Großteil mit den aus Scrum bekannten Eigenschaften.

5.2.4.1. Entwicklungsteam – Scrum XP

Den Begriff ScrumXP hat sich Scaled Agile Inc. für SAFe ausgedacht. ScrumXP-Teams haben in SAFe alle Eigenschaften eines Scrum Teams (Kap. 3.4.1.) sowie weitere von XP entlehnte Eigenschaften, z.B. Test-First, Refactoring, Pair Programming und Metaphor[45].

Die Kombination dieser Eigenschaften ist nicht ScrumXP-spezifisch (Scaled Agile Inc., 2018), sondern bereits gängige Praxis in vielen agilen Teams: Scrum Teams setzen die aus XP entlehnten Praktiken nach Bedarf ein[46].

Dem Entwicklungsteam stellt eine Untermenge des ScrumXP Teams dar, dem neben dem PO und Scrum Master die Software-Entwickler sowie alle weiterhin benötigten Fachexperten und technische Spezialisten angehören.

---

[45] Metaphor ist eine einfache, suggestive Beschreibung der Funktionsweise des Programms, wie z.B. *"wie eine Krake, die sich die vorhandenen Informationen aus verschiedenen Quellen versorgt"* als Beschreibung für ein System zur Verteilung von Informationen.

[46] Es kann sich natürlich auch um reine Scrum-, XP- oder Kanban Teams handeln, abhängig davon, wie die Organisation SAFe ausgestaltet.

Sollte Sich innerhalb eines agilen Teams eine Hierarchie oder gar „Hackordnung" einschleichen, indem z.B. das Wort eines Entwicklers mehr Gewicht hat als das eines Testers, stellt dies ein Anti-Pattern zur agilen Entwicklung dar. Dem wirkt das Team entgegen, indem es vermehrt cross-funktional arbeitet. Beispielsweise führen Entwickler vermehrt Tests[47] durch und Tester entwickeln. Dazu muss natürlich die Qualifikation der einzelnen Team-Mitglieder oder die Team-Zusammensetzung angepasst werden. Letzteres ist z.B. dann der Fall, wenn die Software-Entwickler gestandene Persönlichkeiten sind und die Tester sich aus Junior-Mitarbeitern zusammensetzen.

Es gehört zur agilen Idee und ganz speziell zu Scrum und somit auch zu SAFe, dass neben den Software-Entwicklern alle Fach- und sonstige technische Spezialisten als Entwickler bezeichnet werden – sie alle entwickeln die Umsetzung der User Stories und sonstigen Backlog-Elemente zu der vom PO erwarteten Gesamtlösung.

Das Entwicklungsteam ist interdisziplinär aufgestellt und umfasst Fachexperten, Software-Entwickler, Software-Architekten, Tester und ggf. weitere Spezialisten für Dokumentation, Echtzeitsysteme, Datenbanken etc. In diesem Zusammenhang kann eine Person mehrere Rollen auf sich vereinen, was der gelebten Praxis entspricht. Die optimale Größe eines solchen Entwicklungsteams liegt zwischen 3 und 9 Personen.

Das Team bespricht die Backlog-Elemente solange mit dem PO, bis ein gemeinsames Verständnis hergestellt ist, dass eine Schätzung und Implementierung der jeweiligen Backlog-Elemente ermöglicht.

Für eine Iteration zerlegt das Team die für die Iteration ausgewählte Backlog-Elemente in einzelne Arbeitsschritte und schätzt den Aufwand für deren Umsetzung innerhalb einer Iteration.

5.2.4.2. Scrum Master

Die Rolle des Scrum Masters in SAFe ist der eines „Servant Leaders", d.h. der Scrum Master delegiert nicht, sondern unterstützt und coacht sein Team.

Mit der Zeit, wenn sich die Mitglieder des Teams aufeinander eingespielt haben, werden nicht mehr 100% der Kapazität eines Scrum Masters für ein einzelnes Team benötigt. Der Scrum Master kann deshalb an anderen Stellen unterstützen. So ist es beispielsweise möglich, dass ein Scrum Master zwei fortgeschrittene Teams betreut. Natürlich hat auch so eine Doppelbesetzung ihre

---

[47] Natürlich testen Entwickler nicht einfach ihre eigenen Komponenten, sondern die durch andere Entwickler umgesetzten Stories. Im Kontext von DevOps sind Entwickler überdies maßgeblich für die Testautomatisierung mitverantwortlich.

Grenzen, weil sich an bestimmten Tagen, z.B. am Iterationsende, die Events sehr stark häufen können.

Es besteht hinsichtlich der Scrum Master-Rolle die Gefahr einer „Kompetenzverschiebung". Diese besteht darin, dass ein Scrum Master zu einer Art ist „Teilprojektleiter" mutiert, der seinem Team immer mehr koordinative Aufgaben abnimmt, was dem agilen Gedanken prinzipiell zuwiderläuft. Das ist umso mehr der Fall, solange sich die agile Arbeitsweise sich noch nicht vollständig in der Organisation durchgesetzt hat.

5.2.4.3. Product Owner

Der aus Scrum bekannte Product Owner (PO) ist ebenso in SAFe fester Bestandteil der agilen Teams. Der PO repräsentiert die Fachseite, speziell das Product Management, dass SAFe als Rolle im übergeordneten Program Level ansiedelt (Kap. 5.3.).

Wie in Scrum ist der PO mit der Kompetenz ausgestattet, Stories zu erstellen, zu priorisieren und deren erfolgreiche Implementierung abzunehmen. Ebenso wie der Scrum Master kann der PO Mitglied von 2 Teams sein. Solange die PO-Rolle, Agilität oder SAFe neu für die Organisation sind, sollte der PO nur ein Team betreuen. Ist der PO zusätzlich ins operative Geschäft der Organisation eingebunden, ist es wichtig, dass seine/ihre PO-Rolle absolute Priorität über der Linientätigkeit genießt.

In SAFe sieht das Tätigkeitsprofils des POs wie folgt aus:
- Vorbereitung von und Mitwirkung an PI Planning Events;
- Erstellung und Verfeinerung (Refinement) sowie Priorisierung der Stories im Team Backlog – anders als in Scrum heißt es in SAFe nicht Product Backlog. Refinements geschehen sowohl im Vorfeld als auch im Planning Event selbst.

5.2.5. Lean Development in der Aufbauorganisation

Agile Teams in SAFe arbeiten nicht projektbezogen, sondern sind langlebig bzw. in der Aufbauorganisation verankert und arbeiten an einer Solution in einem ART innerhalb eines Value Streams. Die Langlebigkeit von Teams in SAFe ist ein Schlüssel-Feature von SAFe: Es ermöglicht die nachhaltige Entwicklung und das Lernen in den Teams über einen langen Zweitraum.

Die Kurzlebigkeit von Projekten stellt generell einen Nachteil im Hinblick auf das Know-How Management dar. In verschiedenen Projekten werden Lösungen für dasselbe Problem mehrfach „gefunden".

SAFe ordnet die agilen Teams und ARTs den Value Streams zu. Die Teams entscheiden, zu welchem Zeitpunkt welche Backlog-Elemente realisiert werden.

Im Gegensatz dazu würde In einer traditionellen Projektorganisation ein Projektmanager ein Projekt zusammenstellen und diesem die Arbeit und deren Fertigstellungszeitpunkte mittels Projektplan zuweisen.

5.2.6. Kultur der Zusammenarbeit

Agile Teams sind auf das durch die Vision reflektierte Ziel eingeschworen, dem Kunden einen Mehrwert zu bieten. Jede(r) Entwickler(in) ist genau einem Team zugeteilt. Alle Teammitglieder arbeiten kontinuierlich und aktiv mit anderen Teams zusammen, um Abhängigkeiten zu managen und Impediments zu beseitigen.

Die Beziehungen innerhalb des Teams basieren auf Vertrauen, das auf gemeinsame übergeordnete Ziele (*Mission*), Iterationsziele und PI-Ziele (PI Objectives) aufbaut (Agile Teams, Scaled Agile Inc. , 2018). Die Zusammenarbeit und damit die Arbeitsergebnisse werden durch regelmäßige Feedbackschleifen, die in den Lernzyklus integriert sind, kontinuierlich verbessert. Jede greifbare Wertschöpfung fördert das Vertrauen, reduziert Unsicherheit und Risiken und schafft neues Vertrauen! Teams können ihrer Verantwortung nur durch ständige Kommunikation und Zusammenarbeit sowie durch schnelle, effektive und kompetente Entscheidungen gerecht werden.

Mit Slack bezeichnet man nicht für Entwicklungsaktivitäten verplante Zeit innerhalb eines PI.

SAFe und andere agile Frameworks schlagen vor, Slack bewusst einzusetzen, um den einzelnen Teams oder einzelnen Personen Zeit für „forschende" oder evaluierende Tätigkeiten zu geben, z.B. um neue Technologien oder Software-Produkte auszuprobieren. Ohne Slack keine Innovation!

Konkret sieht SAFe hierfür die letzte Iteration eines PI vor („Innovations- und Planungsiteration). Gleichwohl kann dies durch jede Organisation spezifisch gehandhabt werden – es könnte sich auch um einen Tag pro Iteration handeln, wenn dies im jeweiligen Umfeld mehr Sinn macht.

Weiterhin stützt Slack die Arbeitsmoral. Mag die Arbeit in einem funktionierenden Takt („Cadence", „Flow") noch so erfüllend sein, stellt ein derart fokussiertes Arbeiten trotzdem hohe Anforderungen an die Disziplin jedes einzelnen Team-Mitglieds. Überspitzt formuliert, kreieren die Teams eines ART ihre eigene „Montagelinie", aus deren Takt sich das Individuum nicht ohne Weiteres befreien kann.

5.3. Der Program Level

Der Program-Level stellt die Skalierungsebene dar, in der die verschiedenen agilen Teams auf ein Ziel hin synchronisiert werden. Wenn der Program Level erfolgreich eingeführt wurde, existiert SAFe in seiner kleinsten Ausbaustufe in der Organisation, dem Essential SAFe.

Hierzu führt SAFe auf Program Level die folgenden Begriffe und Konzepte ein:

5.3.1. Kernkompetenz: DevOps and Release on Demand

DevOps und *Release On Demand* sind eng miteinander verbunden. DevOps kann für sich alleinstehen, Release on Demand setzt jedoch DevOps voraus.

DevOps

Der Begriff DevOps („Development-to-Operation") setzt sich aus den beiden Begriffen „Dev" für (Software-)Entwicklung und „Ops" für den Betrieb zusammen. Die Kombination „DevOps" symbolisiert die angestrebte Konvergenz beider Bereiche, die traditionell getrennt sind, was regelmäßig zu Produktivitätseinbußen führt.

In der Praxis ist DevOps eine Kombination aus einer Kultur und einer Reihe von technischen Praktiken, die dazu beitragen sollen, die Lücke zwischen dem Betrieb von Software-Applikationen und der Softwareentwicklung zu schließen. Es umfasst Kommunikation, Integration, Automatisierung und enge Zusammenarbeit zwischen allen Personen, die für die Planung, Entwicklung, Testen, Bereitstellung, Freigabe und Wartung einer Lösung erforderlich sind.

Die konsequente Umsetzung einer DevOps-„Philosophie" erfordert neben der Etablierung weicher Faktoren eine Reihe von Best Practices wie Test- und Build-Automatisierung sowie kontinuierliche Integration und Auslieferung von Releases.

Das Versprechen von DevOps ist, Flexibilität zu gewinnen und IT-Service-Organisationen in die Lage zu versetzen, weltweit verteilte Installationen zu betreiben und zu warten. Beispiele hierfür sind globale Content Delivery Networks (CDN), die der weltweiten Verteilung und Auslieferung von z.B. Video-Inhalten und ganzen Internet-Präsenzen dienen.

DevOps und Release on Demand stellen die Kernkompetenz des Program Level dar und sind deshalb bereits die Voraussetzung für die kleinste SAFe-Ausbaustufe.

Dieser Umstand ist bemerkenswert, da in der Praxis DevOps bereits eine hohe Herausforderung an eine Organisation darstellt. Eine Organisation, die DevOps in voller Ausprägung, d.h. mit weitestgehend automatisierter Continuous Delivery Pipeline betreibt, dürfte bereits agil vorgehen.

Weitere Erfolgsversprechen von Continuous Delivery sind:
- Automatisierung von Test, Integration und Deployment.
- Softwaredefinierte Infrastrukturkomponenten können flexibel an die komplexen und volatilen IT-Landschaften mit ihren sich ändernden und wachsenden Anforderungen angepasst, d.h. programmiert werden.

Eine zentrale Bedeutung innerhalb der DevOps-Terminologie hat das Akronym CALMS:

C – Culture: Ohne eine entsprechende „DevOps-Kultur" braucht eine Organisation gar nicht damit anfangen, den Prinzipien der anderen Buchstaben in „CALMS" folgen zu wollen. Kultur bezieht sich auf die Werte, Überzeugungen und Einstellungen, die das Organisationsumfeld prägen. Konkret propagiert CALMS ähnliche Werte wie im agilen Umfeld allgemein üblich: Gemeinsam wahrgenommene Verantwortung, respektvolle Zusammenarbeit und Vertrauen, cross-funktionale Zusammenarbeit.

A – Automatisierung: Das technische Rückgrat von DevOps ist das Konzept der Automatisierung. Alles, was unter wirtschaftlichen Aspekten automatisierbar ist, sollte automatisiert werden. Obwohl der Begriff "Automatisierung" nicht direkt mit der Kultur zusammenhängt, bedarf es den Aufbau einer Continuous Delivery Pipeline für die „hochfrequente" Produktion von Releases eines geeigneten Umfeldes, das durch eine motivierende und fehlertolerante Kultur gekennzeichnet ist.

L – Lean: Der Begriff Lean ist kulturbezogen und bezieht sich auf das in Kap 2.3. beschrieben Lean Management. Das L wurde dem bereits bestehenden Akronym CALMS zu einem späteren Zeitpunkt hinzugefügt und steht im Zusammenhang mit DevOps für die Reduzierung von Overhead und Überschuss, d. h. die Begrenzung von WIP, Meeting-Zahlen und Zeiten, die Größe der Teams und die Anzahl der Tools auf ein Minimum.

M – Messung: Dies bezieht sich auf die Notwendigkeit einer kontinuierlichen Messung der Prozessleistung. Ziel ist es, Prozesse und Arbeitsabläufe ständig zu verbessern. Dies geschieht auf der Basis einer genauen Beobachtung bzw. Messung von Prozessen und Abläufen. Das geht nicht ohne die richtige Kultur, wo niemand die ungerechtfertigten Folgen der gemessenen Ergebnisse fürchten muss.

S –Share: Unter *Sharing* versteht man die Notwendigkeit einer permanenten Kommunikation zwischen Entwicklung und Betrieb, die nicht nur Ergebnisse und Daten, sondern auch Analysen und Ideen teilt. Weiterhin bezieht sich Sharing auf die Team-übergreifende Kommunikation.

Wie bereits oben erwähnt, erfordert die Einführung von DevOps und Continuous Delivery ein Qualitätsbewusstsein, das eine entsprechende Reife und Einstellung sowohl der beteiligten Personen als auch der gesamten Organisation erfordert.

Die Entwickler müssen sich also an Regeln halten, z. B. an Coding-Richtlinien und die Konfigurationsanforderungen der jeweiligen Entwicklungsumgebung. Ohne die Durchsetzung dieser Regeln wäre die automatische Qualitätssicherung des Quellcodes wesentlich schwieriger bzw. für den Betrieb einer CD-Pipeline nicht ausreichend. Die Bedeutung dieser automatisch angewandten Regeln ist eine drastische Verlangsamung der Alterung des Quellcodes und damit eine Sicherung der Investition in die CD-Pipeline, da durch die automatisierte Qualitätssicherung weniger Nacharbeit notwendig ist und mehr Features geliefert werden können.

Weitere Freiheiten, z. B. manuelle Eingriffe in die Umgebung der CD-Pipeline, sind stark reguliert und werkzeuggesteuert. Auf einer regulären Produktionsumgebung oder Testumgebung wird *Just simply reconfigure something* verhindert[48]. Alle Änderungen müssen innerhalb eines automatisierten Deployments durchgeführt werden, das ebenfalls selbst getestet wird.

Schnelles Testen in Entwicklungs- Integrations-, Test-, und Staging-Umgebungen, ist auf den physischen oder virtuellen Entwicklungsmaschinen vor Ort oder in der Cloud natürlich immer noch möglich.

➔ Funktionierendes DevOps, speziell Continuous Delivery, funktioniert nicht ohne eine angemessene Anzahl von Entwicklungs-, Test und Integrationsumgebungen.

---

[48] Viele Softwareentwickler sind mit solchen Einschränkungen bisweilen überfordert und daher für DevOps-Umgebungen nicht vorbereitet. Eine Organisation muss es schaffen, das lean-agile Mindset, zu dem auch die CALMS-Prinzipien gehören, ebenso bei diesen Mitarbeitern zu verankern.

Das Konzept der CD-Pipeline besitzt einige Parallelen zu einer klassischen industriellen Produktionslinie:

Installateure und Ingenieure, die an einer solchen Produktionslinie arbeiten, können nicht manuell in die Produktion eingreifen, abgesehen von der Notbremsung und einigen Ausnahmen.

Ebenso sind die Entwickler in der DevOps-Pipeline verpflichtet, die dafür vorgesehenen Werkzeuge zur Erstellung, Übersetzung und Integration des Quellcodes in der vorgesehenen Weise zu verwenden. Das Mitbringen von eigenen Werkzeugen, wie es teilweise unter Handwerkern üblich ist, wird hier nicht erlaubt.

Beispiel:

Aufgrund der Integration der Entwicklungsumgebung in die Automatisierung kann es sein, dass die Entwickler keine eigene Entwicklungsumgebung einsetzen können.

Release on Demand

Release on Demand (RoD) baut auf DevOps auf und bedeutet, dass bestimmte Features einer Software zu jedem gewünschten Zeitpunkt in Betrieb genommen werden können. RoD existiert in verschiedenen Spielarten:

Roll-Out-basiert, d.h. im Rahmen eines eigenen, u.U. partiellen Rollouts. Micro Service-Architekturen erlauben z.B. den Rollout einzelner Micro-Services eines Gesamtsystem zu (fast) jedem beliebigen Zeitpunkt. Dem RoD dieses Typs sind Grenzen durch ungeeignete Architekturen gesetzt, z.B. durch aufwändig zu installierende monolithische Systeme.

Mittels Feature Toggles, d.h. einzelne Features befinden sich abgeschaltet im bereits produktiven Release und werden nach Bedarf per Konfiguration, Signal etc. während des laufenden Betriebs angeschaltet, ohne dass es eines erneuten Roll-Outs oder auch nur einer Unterbrechung des Betriebs bedarf. Feature Toggles unterstützen das validierte Lernen, indem verschiedene zu evaluierende Features beliebig an- und abgeschaltet werden können, um deren Akzeptanz und Effizienz vor Kunde messen zu können.

Für beide RoD-Spielarten gilt, wie für DevOps insgesamt, dass gelebte agile Vorgehensweisen einen wesentlichen *Enabler* für diese darstellen. Die Praxis zeigt, dass DevOps-Einführungen in traditionellen, d.h. nicht-agilen Umfeldern mit großen Risiken verbunden sind (Dibbern, 2018).

5.3.2. Teams und Events

Die ARTs stellen das „Herz" von SAFe dar. Deren Lebenselixier sind die agilen Teams. Die Teams koordinieren ihre Planung, Deployments und Release-Prozesse. Die agilen Teams agieren nicht unabhängig voneinander, sondern führen ihre Arbeit in synchronisierten Zeitabschnitten

(Iterationen) durch. Vier bis acht aufeinander folgende Iterationen bilden eine Program Increment (PI).

Im Program-Level bilden ca. 4 - 6 Iterationen ein sog. *Program Increment* (PI), in der die Teams synchronisiert werden.

Der PI stellt im Program Level das Äquivalent zur Iteration im Team Level dar. Im Program Level finden sich die sog. PI Events, die ebenso wie die Team Events den Deming-Kreis abbilden:

- **Plan**: PI Planning,
- **Do**: PI,
- **Check:** System Demo,
- **Adapt**: I&A.

Plan: Gemeinsame Planung

Alle Teams nehmen zusammen am PI Planning teil; mit dem Ergebnis eines gemeinsamen Commitments auf die gemeinsam erarbeiteten Ziele der Iteration. Dass Program Backlog stellt die Ausgangsbasis für die einzelnen Team Backlogs dar. Ein dem ART zugeteilter Produkt Manager als Repräsentant des Produktmanagements hat die Verantwortlichkeit über das Program Backlog.

SAFe schlägt vor, dass das Produktmanagement eine Anzahl von nach WSJF priorisierten Features aus der Roadmap bzw. dem Program Backlog auswählt, um diese für das kommende PI einzuplanen.

Do: Individuelle Implementierung

Die Implementierung bzw. die Umsetzung der Backlog-Elemente, zu denen die jeweiligen Teams ihre Commitments abgegeben haben, findet in den Teams statt.

Check: Gemeinsame System Demo

Am Ende einer jeden Iteration und eines jeden PI findet eine gemeinsame System Demo aller Teams statt. Neben dem Austausch der Einzelergebnisse und er Integration und Vorführung einzelne Features des Gesamtsystems findet ebenso ein Austausch über gewonnene Erkenntnisse und Abhängigkeiten zwischen den Teams statt.

Idealerweise stellen die Teams in der System Demo nicht nur den Endzustand, d.h. das fertiggestellte Feature vor, sondern demonstrieren den automatisierten Prozess aus Continuous Integration und Continuous Delivery in einem Durchlauf mittels *One-Click-Deployment*. SAFe betont den Wert eines derartigen Vorgehens, demonstriert es doch nebenbei die Maßnahmen zur eingebauten Qualität.

Adapt: Gemeinsames Inspect & Adapt (I&A)

Dem gemeinsamen Lernen im Sinne des *Adapt* des Deming-Kreis dient das gemeinsame Inspect & Adapt Event am Ende eines jeden PIs, eine Art Kombination aus Review und Retrospektive.

Es dient der Identifizierung und Priorisierung von Aufgaben, die in das kommende PI Planning einfließen und der Verbesserung des Ergebnisses der kommenden PIs dienen sollen.

SAFe betont, dass das Lernen nicht auf I&A Events beschränkt ist, sondern entsprechend in allen andere Events und in den Communities of Practice (COPs) stattfindet.

5.3.3. Agile Release Train

Wie bereits erwähnt, weisen die ARTs, zu denen die agilen Teams zusammengefasst sind, eine Mitarbeiterzahl von 50 - 125 Personen auf. Im einfachsten Fall stellt bereits ein ART einen komplette Value Stream dar.

Der ART stellt die zentrale Organisationsform innerhalb des Program Levels und allgemein innerhalb von SAFe dar. Der ART ist somit für den kontinuierlichen Flow der Releases verantwortlich und gibt die bereits erwähnte Kadenz für alle Teams vor, in der deren Iterationen synchronisiert sind. Es ist deshalb offensichtlich, dass die Erstellung eines Release nicht bis zum Abschluss eines PI warten muss, sondern prinzipiell zu jedem Iterationsende der Iterationen möglich sein sollte. SAFe bezeichnet den ART auch als eine Virtuelle Organisation.

ARTs sind *cross functional* aufgestellt. Analog zu agilen Teams besitzt ein ART alle Ressourcen und Fähigkeiten in Form von Software und Hardware Skills, um neue Funktionalitäten zu entwickeln, zu testen und auszurollen. Ein ART kann sowohl für sich allein als auch im Zusammenspiel mit weiteren ARTs einen Value Stream bilden.

Abb. 5-64 Teams im Program Increment unter Einbeziehung des System Teams

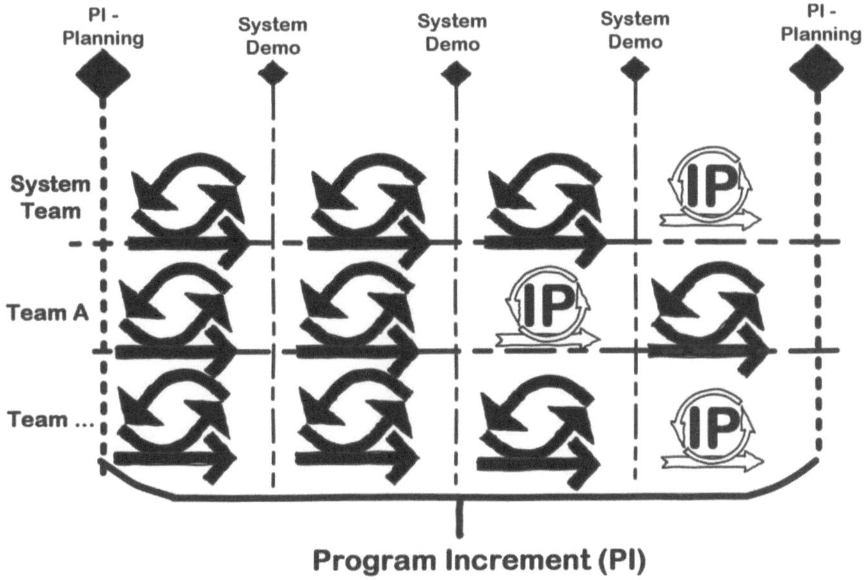

Program Increment (PI)

ARTs folgen dem festgelegten Zeitplan der PIs, der für alle Teams gilt und bereits an den Iterationen auf Team Level ansetzt. So wird bereits nach jeder Iteration festgestellt, ob es zwischen den Teams Abweichungen bzgl. des Iteration Goals am Ende eines PIs gibt.

5.3.4. Program Kanban

Feature und Enabler auf dem Program Level leiten sich entweder von Enablern der über dem Program Level liegenden Backlog-Elementen im Portfolio Level oder des Large Solution Level ab. Oder sie entstehen während der Arbeit der Teams im Program Level selbst. Die zentralen Rollen des Program Level, Produktmanagement und Systemarchitekten, managen den Fluss der Backlog-Elemente durch das Program Kanban:

Funnel: Ein „Trichter" zum Sammeln jeglicher Ideen, so abwegig diese auch zunächst erscheinen mögen. Der Funnel enthält beliebig viele Elemente – es existiert kein WIP.

Analysis: Im Status *Analysis* formuliert das Team die Nutzen-Hypothese (*Benefit Hypothesis*) und Akzeptanzkriterien für ein Backlog-Element. Weiterhin ermittelt das Team den WSJF zur späteren Priorisierung.

Backlog: Im Status *Backlog* befinden sich definierte Features und Enabler, die der weiteren Verfeinerung und Schätzung durch die Teams bedürfen. Die Teams priorisieren fortlaufend die Backlog-Elemente nach WSJF.

Implementing: Laut SAFe zieht der ART die am höchsten priorisierten Enabler und Features aus dem Program Backlog in den Status *Implementing*. Dies geschieht im Rahmen des PI Plannings. Während des PI Plannings zerlegen die Beteiligten Features und (Program) Enabler in Stories und (Team) Enabler weisen sie den einzelnen Team Backlogs und damit den Teams zu.

Weiterhin schätzen die Teams diese Stories und Enabler und planen sie in die einzelnen Iterationen des PI ein. Dies geschieht in den Refinements und Iteration Plannings auf Team Level.

Damit alle Teams eines ARTs ihre gemeinsam für das jeweilige PI definierte Ziel erreichen, verringert sich die Flexibilität der einzelnen Teams, ohne Koordination mit anderen Teams eines ARTs darüber zu befinden, welche Stories auf Team Level in der kommenden Iteration implementierte werden sollen.

Validating on Stage: Die Teams ziehen zum Ende einer Iteration diejenigen Stories in den Status *Validating on Stage*, die entweder in der kommenden System Demo gezeigt werden bzw. in einer dedizierten Staging-Umgebung vom Produktmanagement abgenommen werden.

Deploying on Production: Erfolgreich validierte Stories wandern von *Validating on Stage* nach *Deploying on Production*, wenn sie im Rahmen des Continuous Deployment in der Produktionsumgebung installiert werden.

Releasing: Mit *Releasing* ist die eigentliche Zurverfügungstellung der umgesetzten Features an den Kunden gemeint. Diese ist formal vom *Deploying on Production* getrennt, wenn besagte Features z.B. mittels Feature Toggle zunächst ausgeschaltet sind und erst zu einem späteren Release-Zeitpunkt aktiviert werden sollen. So müssen z.B. nicht alle neu in einem Release vorhanden Features auf einmal freigegeben werden, sondern können den Kunden Schritt für Schritt im Rahmen des validierten Lernens zur Verfügung gestellt werden.

Done: Nach Validierung eines Features wird es entweder im produktiven Release belassen oder wieder deaktiviert. In jedem Fall ist es im Status *Done*.

Abb. 5-65 Program Kanban

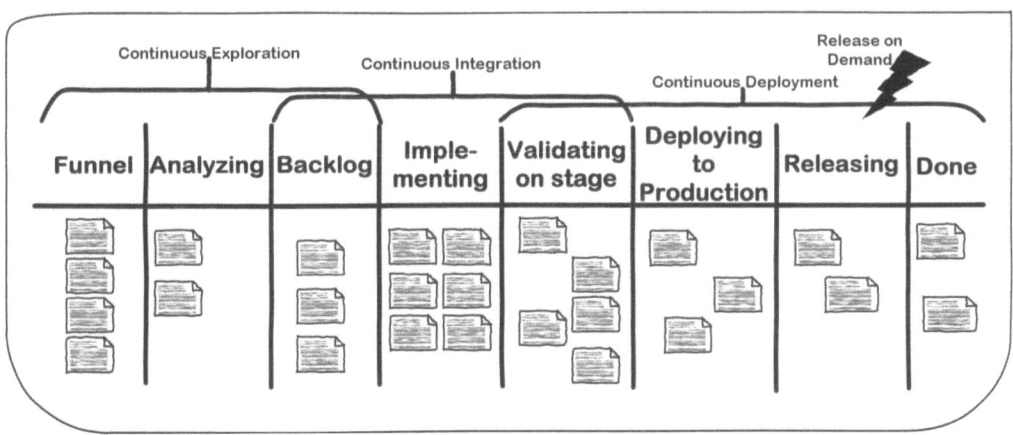

5.3.5. Program Epic Kanban

Für Epics existiert ein eigenes Kanban. Dessen Zweck ist die Analyse und Freigabe von Epics. Epics im Program Level stellen Initiativen innerhalb eines ART dar und können sich aus Portfolio- oder Solution Epics ableiten. Program Epics teilen dieselbe Charakteristik mit allen anderen Epic-Typen, dass ihre Umsetzung nicht innerhalb eines PIs machbar ist oder zunächst nicht machbar erscheint. Die Bearbeitung eines Epics auf Program Level kann Auswirkungen auf finanzielle Ressourcen oder die Verfügbarkeit von Mitarbeitern haben, sodass eine Genehmigung durch das Lean Portfolio Management notwendig wird, sofern ein solches existiert[49].

Ein Epic Kanban ist für den Program Level nur dann obligatorisch, wenn ein ART derartige Initiativen (Program Epics) regelmäßig initiiert.

---

[49] Im Essential SAFe und Large Solution Safe muss kein Portfolio Management existieren.

Abb. 5-66 Program Epic Kanban-Beispiel

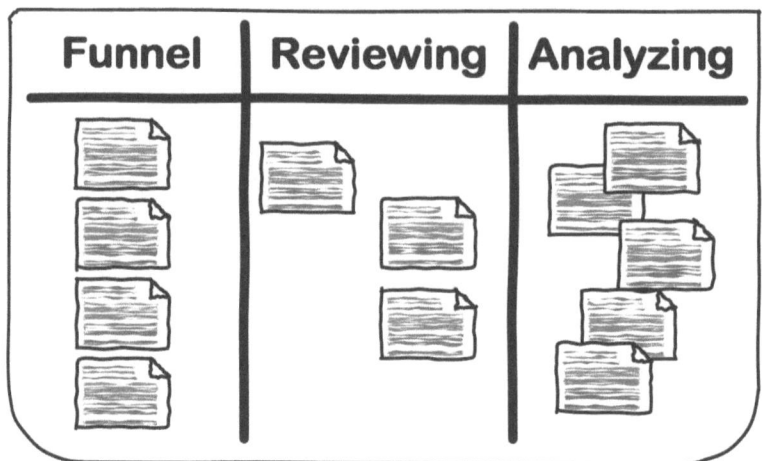

Funnel: Der Trichter enthält alle neuen Program Initiativen. Es existieren keine Grenzen bzgl. der Anzahl von Epics im Funnel. Mit anderen Worten: Es existieren in diesem Status keine WIP-Limits.

Reviewing: Technische und Fachexperten unterziehen die jeweiligen Epics einer Überprüfung, Freigabe und einer Priorisierung mittels WSJF. In diesem Status greifen WIP-Limits.

Analyzing: Beim Analyse-Status handelt es sich um Diagnose- und Erkundungsstatus, in dem technische und Fachexperten die Epics in Features oder Enabler zerlegen und wiederum mittels WSJF priorisieren. Dabei werden erneute Schätzungen und Technologiebetrachtungen durchgeführt, die ggf. durch das Lean Portfolio Management oder Stakeholder auf Solution Level abgenommen werden müssen. Um zwischen verschiedenen Program Epics abwägen und diese korrekt priorisieren zu können, können Minimum Viable Products und Minimum Marketable Products erstellt werden.

5.3.6.   Architectural Runway

Für den innerhalb von SAFe dem Program Level zugeordnete Begriff *Architectural Runway* wird in der deutschen SAFe-Literatur der Begriff *Landebahn* verwendet, was zu kurz greift, da das Wort Runway sowohl für Lande- als auch für Startbahnen steht.

Generell steht der Begriff Architectural Runway für die grundlegenden Strukturen in Form von Architektur- und Schnittstellenvorgaben sowie von Vorgaben für zu nutzende Frameworks. Somit wäre der deutsche Begriff *Leitplanke* passender. Diese Begriff ist jedoch in SAFe bereits in Form von *Guardrails* als Bezeichnung für Finanzierungsrichtlinien im Portfolio Management vergeben.

Die Vorarbeiten (Definitionen, Konzepte und Design) zur Erstellung der Architectural Runway erfolgt in SAFe durch die Rolle des *System Architect*. Dieser begleitet weiterhin die Erstellung von Prototypen und Studien auf der Basis der Architectural Runway.

5.3.7.   Emergenz vs. Architektural Runway

In agilen Entwicklungsprojekten wird die evolutionäre Entwicklung der Software-Architektur angestrebt, d.h. dass das Architektur-Design genauso inkrementell und iterativ entwickelt wird wie die Funktionalität.

In großen Projekten, die ein Zusammenspiel mehrere Teams erfordern ist die Verfolgung eines emergenten Architekturansatzes nicht überall zielführend. Stattdessen muss die Architectural Runway so ausgelegt werden, dass sie Architekturentscheidungen unterstützt.

5.4. Vorgehen bei der Einführung von Essential SAFe

Wenn man sich die SAFe-Dokumentation anschaut, erscheint Essential SAFe als die einfachste eigenständige SAFe-Konfiguration. Dies erscheint plausibel, birgt aber einige Fallstricke, die sich vor allem in sehr großen Entwicklungsvorhaben zeigen.

Angenommen, eine SAFe-Einführung startet mit dem Aufbau von Essential SAFe, dann haben wir im Prinzip zwei agil-erfahrene Protagonisten-Gruppen am Start:

> Die **Lean-agilen Führungskräfte** und die **agilen Teams**. Während die ersteren SAFe- und agil-erfahren sind, herrscht bei den Entwicklern in den Teams sehr oft eine agile Offenheit vor – auf jeden Fall möchten die Entwickler, wie agil auch immer sie sein mögen, mit der Arbeit loslegen.

Dazu braucht es einen kontinuierlichen Flow an Anforderungen, die bei Essential SAFe ihren Anfang als Features oder Enablern im Program Backlog des Program Level nehmen müssen. Von dort werden die Team- und womöglich ART-übergreifenden Features auf die ARTs und Teams verteilt, die aus den Features die Stories für ihre Backlogs ableiten.

Dies führt zu hohen Anforderungen an **Product Manager** und **Product Owner** während der Essential SAFe-Einführung, da diese noch nicht in den agilen Methoden und der Formulierung von Features und Stories hinreichend erfahren sind.

Die Praxis zeigt, dass die Features im Program-Backlog am Anfang der SAFe-Einführung zumeist nicht die Ansprüche an ein weiteres Refinement in Stories erfüllten.

Dies mag u.a. daran liegen, dass das spezifische Detail-Wissen auf Projektmanagement-Ebene nicht mehr übergreifend vorhanden ist. Die POs verfügen zwar über Detailwissen, jedoch nicht immer Team-übergreifend. Um diese Lücke zu schließen, müssen agile Vermittler und SPCs den Aufbau des Feature-Backlogs intensiv moderieren und so den Wissensaustausch zwischen den Teams fördern.

Es ist im dem Program Level keineswegs ausreichend, Karten mit Stichworten zu beschriften und auf Kanban-Boards zu heften. Um die Features ausformulieren zu können, reicht es nicht aus, ausschließlich mit den Mitarbeitern des Program Level zusammenzuarbeiten. Es ist oftmals ebenso notwendig, Lead Developers, Architekten und ggf. das Product Management der Team Levels hinzuzuziehen.

Program Vision

Diese stellt das Äquivalent zur Product Vision auf Team Level dar. Bei jeder Diskussion über z.B. die Priorisierung von Features, sollte die Program Vision ein Ratgeber sein, um in solchen Diskussionen zu einem Konsens zu kommen. Bei der Einführung von Essential SAFe nimmt die Erstellung und Pflege der Program Vision eine Schlüsselstellung ein.

➔ Ohne die Program Vision ist eine Essential SAFe Configuration nicht vollständig.

Large Solution SAFe definiert sich nicht ausschließlich über die Quantität, d.h. die Anzahl der ARTs. Ausschlaggebend für die Implementierung von Large Solution SAFe sollte ebenso die Komplexität der Entwicklungsvorhaben sein, die zusammen eine Solution bilden. Diese erhöhte Komplexität kann z.B. in der Einbindung verschiedener externer Zulieferer in den Entwicklungs- und Betriebsprozess sein.

Dieses Kapitel baut auf dem Einführungskapitel 3.2.2. auf.

6.1. Kernkompetenz: Business Solutions und Lean Systems Engineering

Die Kernkompetenz *Business Solutions and Lean Systems Engineering* beschreibt, wie eine Organisation lean-agile Prinzipien und Praktiken auf die Spezifikation, Entwicklung und Bereitstellung großer, komplexer Softwareanwendungen und cyberphysikalischer Systeme anwendet.

SAFe geht an dieser Stelle sehr stark ins Detail zu Vorgaben im Sinne von Technologie- und Architekturkonzepten. Die besagten Technologie- und Architekturkonzepte unterstützen komponentenbasiertes Entwickeln, z.B. in Form von Micro Services oder Rapid Prototyping mit Hilfe von DevOps mittels Continuous Integration und Continuous Deployment.

Systems Engineering

Der Begriff *Systems Engineering*[50] beschreibt für sich einen interdisziplinären Ansatz, komplexe technische Systeme in großen Projekten zu entwickeln und zu realisieren[51].

Hintergrund:

Große Systeme wurden und werden teilweise über Jahre hinweg entwickelt, sodass der erste Kontakt dieser Systeme mit Kunden und Endbenutzern erst sehr spät erfolgt. Das Resultat war und ist die unzulängliche Umsetzung von Funktionalitäten, die womöglich niemand benötigt sowie zu lange Time-to-Market-Zeiten und die damit einhergehenden hohen Opportunitätskosten[52].

---

[50] Auch Systemtechnik, Systems Design oder Systems Design Engineering genannt.

[51] Grundlegende Systems-Engineering-Prozesse sind in der Norm ISO/IEC/IEEE-15288 Systems and Software Engineering dokumentiert.

[52] Opportunitätskosten sind entgangene Erlöse, z.B. durch das Nichtvorhandensein einer Lösung oder allgemein dadurch, dass vorhandene Möglichkeiten nicht realisiert werden können. Würde ein System

Methoden und Aufgaben des Systems Engineering sind:

- Definition und Planung der Systems-Engineering-Aufgaben und Fortschrittsbewertung zur Berichterstattung an das Projektmanagement;

- Anforderungsanalyse, Anforderungsdefinition und Anforderungsmanagement, die Grundlagen der Systementwicklung;

- Systemdesignoptimierung (Modellbildung, Simulation und Bewertung);

- Erstellung der Systemdokumentation (Funktionsbeschreibungen, Zeichnungen, Handbücher etc.);

- Konfigurationskontrolle/Änderungswesen, in der Entwicklung gibt es oft Veränderungen, die in alle Dokumente bis zur Fertigungszeichnung nachvollziehbar eingepflegt werden müssen;

- Systemintegration (Schnittstellen-Spezifikation beziehungsweise -Produktentwicklung), um eine perfekte Einbindung in das nächstgrößere System zu gewährleisten;

- Systemverifikation und -validation, um sicherzustellen, dass die Anforderungen an das System erfüllt sind;

- Risikomanagement durch periodische Soll-/Ist-Vergleiche für kritische Parameter (Masse, elektrische Leistung, Programmlaufzeit, Dauer, Größe etc.);

- Produkt- und Qualitätssicherung (z. B. Fehlerbäume, Fehleranalyse).

Business Solutions

SAFe sieht im Systems Engineering die Schlüsselkompetenz von Large Solution SAFe, die Entwicklung großer Systemlösungen direkt an den Bedürfnissen des Kunden (*Business Solutions*) auszurichten.

Damit sich das Ganze *Business Solutions and Lean Systems Engineering* nennen darf, gibt SAFe den Organisationen 8 Grundsätze zur Implementierung dieser Kernkompetenz an die Hand.

Die 8 Grundsätze des Business Solutions and Lean Systems Engineering

Die 8 Grundsätze, auf denen die Kernkompetenz Business Solutions and Lean Systems Engineering basiert im Überblick:

1) Erstellung der einzelnen Komponenten einer Lösung mittel ARTs;
1. Erstellung und Integration der Lösung im Rahmen eines Solution Train;

---

schrittweise ausgerollt und einen Teil seiner Funktionalität bereits früh zur Verfügung stellen, würden sich die Opportunitätskosten entsprechend verringern.

2. Erfassung und Verfeinerung der Systemspezifikationen in einem Solution Intent;
3. Arbeiten mit verschiedenen Planungshorizonten;
4. Architektur-Design nach Skalierbarkeit, Modularität, Release-Fähigkeit und Wartbarkeit;
5. Management der Lieferkette mit Hilfe des Systemdenkens;
6. Einsatz von Continuous Integration;
7. Stetige Berücksichtigung von Compliance-Anforderungen von Anfang an.

Die im folgenden aufgeführten Praktiken stellen strenggenommen eine Wiederholung bereits erwähnter Praktiken und Techniken aus SAFe dar - noch einmal detailliert beleuchtet vor dem Hintergrund der Anwendung bei der Erstellung und Pflege großer System-Lösungen.

Die Praktiken im Einzelnen:

#1: Erstellung der einzelnen Komponenten einer Lösung mittel ARTs

Den Einsatz von ARTs beschreibt bereits Essential SAFe. Mit seiner Größe zwischen 50 und 125 cross-funktional aufgestellten Personen stellen Arts die erste Skalierungsstufe oberhalb des Team Level dar, die die Ergebnisse verschiedener Teams konsolidieren und im Rahmen System Demos zur Verfügung stehen.

SAFe erwähnt die ARTs an dieser Stelle explizit noch einmal. ARTs sind und bleiben das „Herz" von SAFe und werden, wie im folgenden Grundsatz #2 abermals beschrieben, zusammen mit externen Zulieferern zu Solution Trains zusammengefasst.

#2: Erstellung und Integration der Lösung im Rahmen eines Solution Train

Die Solution Trains koordinieren die ARTs und ggf. externe Provider zu kompletten Lösungen. Um zu verifizieren, dass die Gesamtlösung tatsächlich den Anforderungen entspricht, findet am Anfang und Ende eines jede PI und einer jeden Iteration eine Integration und Demonstration der Gesamtlösung (Inspect & Adapt) auf Solution Train-Ebene statt. Die Solution Trains managen neben den ARTs weiterhin externe Zulieferer.

#3: Erfassung und Verfeinerung der Systemspezifikationen in einem Solution Intent

Wie in Kap. 3.3. beschrieben, enthält der Solution Intent sämtliche grundlegende Designs, Spezifikationen und Backlog-Element. Der Solution Intent definiert die Ist- und Soll-Spezifikationen der Gesamtlösung und dient zwei Hauptzwecken:
– Abstimmung der Teams hinsichtlich des "Was" und des "Wie" der Umsetzung (zukünftiger) Funktionen.

– Bereitstellung einer Aufzeichnung der bestehenden Anforderungen und des Designs für Validierungs- und Konformitätsbelange (so wie sie sind).

Abb. 6-67 Verfeinerung der Systemspezifikationen

Wie Abbildung Abb. 6-67 veranschaulicht, richtet der Solution Intent jeden Value Stream auf einen gemeinsames Solution Kontext aus, der das Einsatzgebiet der Lösung für einen Kunden beschreibt. Der Kontext definiert logische (Bereitstellungskonfigurationen) und physikalische (Größe, Gewicht) Einschränkungen der Solution.

Traditionell neigen große Organisationen dazu, frühzeitig möglichst komplette und abgeschlossene Spezifikationen in den Solution Intent einstellen zu wollen. Die Erfahrung zeigt hingegen, dass frühzeitig erstellte Spezifikationen sich im weiteren Verlauf der Entwicklung als ungenau und unvollständig erweisen. Darüber hinaus bieten die traditionellen Prozesse nur begrenzte Möglichkeiten zur zeitnahen Anpassung und Änderung der Spezifikationen.

Die Inhaber von Rollen im Large Solution Level müssen deshalb abwägen, welche Anforderungen im Solution Content variablen - und welche Anforderungen flexiblen Charakter haben sollen. Diese Abwägung erfolgt nicht zuletzt in wirtschaftlicher Hinsicht (Prinzip #1 – *„Einnehmen einer wirtschaftlichen Sichtweise"*).

Die Entscheidende Motivation für die Schaffung eines Solution Intent ist die Notwendigkeit einer *Single Source of Truth*, wie SAFe es nennt. Dies reduziert die Gefahr nicht abgestimmter Entwicklungsaktivitäten mit gegensätzlichen Ergebnissen als auch redundanter Entwicklungen und damit doppelter Aufwände in verschiedenen Teams.

#4: Arbeiten mit verschiedenen Planungshorizonten

Traditionell erfolgen Entwicklungsvorhaben für große und komplexe Lösungen auf der Basis hierarchischer Projektstrukturpläne, sog. *Work Breakdown Structures* (WBS). Dies führte in der Praxis zu starken Abweichungen zwischen Planung und Realität. Die Gründe für diese

Abweichungen sind mannigfaltig. Das Kernproblem ist jeweils die zu lange Feedback-Schleife zwischen der vom Plan abweichenden Realität und der Anpassung der Vorgaben, Anforderungen und Spezifikationen sowie deren anschließende Umsetzung.

Im Gegensatz dazu nutzen die Teams und ARTs ihre Backlogs sowie die Solution Roadmap zur Planung und Steuerung der Entwicklungstätigkeit „auf Sicht". Abweichungen von der kurzfristigen Planung und sich ergebende Änderungen der Anforderungen finden sofort, d.h. zur kommenden Iteration, ihren Weg in die Backlogs und können durch die Teams entsprechend priorisiert oder verworfen werden.

Um dies zu ermöglichen, enthält die Solution Roadmap in SAFe verschiedene Planungshorizonte:
Solution Trains besitzen eine langfristige Vision der Roadmap über den Zeitraum von 2 -5 Jahren und eine kurzfristige Roadmap über 3 – 4 PIs. Die ARTs verwenden die kurzfristige Roadmap zur Definition ihrer Backlogs und zur Planung der PI-Roadmaps.

Mit anderen Worten:
Aufeinander referenzierende (*verlinkte*) Backlogs und Roadmaps mit teilweise strategischen Zielen ersetzen die traditionelle langfristige Projektplanung eines Programmmanagements.

Die unterschiedlichen Planungshorizonte in der Solution Roadmap detaillieren nur die kurzfristige Arbeit, so dass Platzhalter für nachgelagerte Aufgaben zur späteren Ausgestaltung übrigbleiben. Diese unterschiedlichen Planungsebenen ermöglichen kurzfristige dezentrale Entscheidungen und eine detaillierte Planung durch die Mitarbeiter in den Teams der ARTS.

#5: Architektur-Design nach Skalierbarkeit, Modularität, Release-Fähigkeit und Wartbarkeit

Traditionell definierte ein Architekt die Systemarchitektur sehr früh im Entwicklungsprozess. Die eigentliche Umsetzung und damit die Validierung der Architekturvorgaben durch die Teams erfolgt erst zu einem späteren Zeitpunkt. Eine derartige Praxis verletzt das SAFe-Prinzip #3: („*Variabilität annehmen, Optionen offenhalten*") oder verhindert es sogar.

Der lean-agile Gegenentwurf sieht eine gegenseitige Ergänzung von intentioneller Architektur und emergentem Design vor. Während die intentionelle Architektur auf strategischen Erwägungen basiert, ergibt sich das emergente Design aus der Arbeit der Teams. Deren Erkenntnisse könne wiederum zu einer Änderung strategischer Architekturentscheidungen führen, speziell dann, wenn die Erkenntnisse aus der Bereitstellung eines MVP eine Änderung der Systemarchitektur nahelegen.

SAFe setzt neben DevOps (CI/CD) weiterhin modulare Architekturen voraus. Umgekehrt könnte man sagen, dass sich SAFe nicht in erster Linie für Organisationen eignet, die ihre vorhandenen Legacy-Systeme unter Beibehaltung nicht-modularer Architekturen ohne Verwendung von Continuous Integration und Continuous Delivery „einfach nur" weiterentwickeln bzw. pflegen möchten.

An dieser Stelle betont SAFe die Wichtigkeit modularer Service-basierter Architekturen. Vorbehaltlich des Vorhandenseins wohldefinierter Schnittstellen, ermöglichen derartige Architekturen den ARTs, ihre Teile der Lösung weitestgehend unabhängig voneinander zu entwickeln, zu testen und auszuliefern.

Die von SAFe propagierte Modularität hat aus Sicht der lean-agilen Vorgehensweise noch weitere Vorzüge:

- Modularität stellt einen Enabler für das validierte Lernen dar unter Verwendung des Set-Based Design.

- Modularität stellt einen Enabler für CI und CD im Rahmen von DevOps dar.

SAFe betont den Nutzen der erhöhten Modularität und der damit in Verbindung stehenden Architekturparadigmen, wie z.B. Micro Services. In den Augen von Scaled Agile Inc. stellen diese Techniken Enabler für das Lean Startup Model dar. Dies gilt vor allem dann, wenn es im Rahmen der Entwicklung großer und größter Lösungen geht[53].

#6: Lieferkettenmanagement mit Hilfe des Systemdenkens

Eine Organisation kombiniert die zugelieferten Fertig- und Halbprodukte mit eigenen Bestandteilen zu einem Gesamtprodukt. Die Gesamtlösung besteht am Ende eines Systems aus Systemen, dessen Hierarchie der Zulieferer-Hierarchie für dieses Produkt entspricht (Abb. 6-68).

SAFe interpretiert jeden Übergang zwischen zwei Hierarchiestufen als Kunde-zu-Kunde Beziehung, da jedes Teilsystem wiederum einen Kunden hat, entweder ein anderes System oder den Kunden selbst.

Abgebildet auf die Solution ergeben sich daraus Beziehungen zwischen den Lösungskontexten, wie sie Abb. 6-68 beispielhaft darstellt.

---

[53] Von den vielen Unternehmen, die für sich in Anspruch nehmen, nach SAFe vorzugehen, ist dem Verfassers keines bekannt, dass es bisher geschafft hat, das Lean-Startup-Modell im großen Maßstab umzusetzen.

Abb. 6-68 Beispiel einer Lieferkettenhierarchie

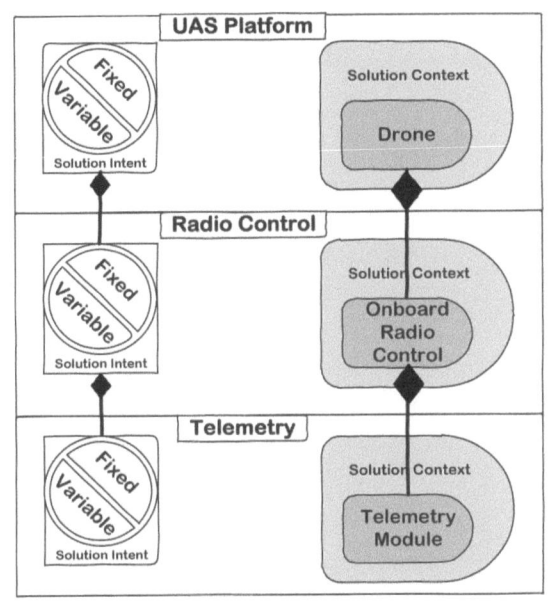

Weiterhin unterscheidet SAFe zwischen strategischen Zulieferern im Sinne von Partnern und nicht-strategische Lieferanten, die ihre Produkte unkompliziert zu (fast) jedem Termin, Meilenstein etc. liefern können.

SAFe rät dazu, strategische Partner möglichst analog zu ARTs zu behandeln, d.h. deren Mitlieder nehmen and den Team-übergreifenden SAFe Events, wie z.B. System Demo und I&A teil, und leisten ihren Betrag für alle Teilnehmer in transparenter Weise im Takt der Iterationen.

Für einfache Lieferanten ist eine solche Transparenz nicht erforderlich – es zählt „lediglich" die Lieferfähigkeit der benötigten Komponenten zum vereinbarten Zeitpunkt.

#7: Einsatz von Continuous Integration

SAFe betont die Notwendigkeit von DevOps als Schlüsselkompetenz bereits für Essential SAFe und geht bei der Beschreibung von Large Solution SAFe wiederholt auf DevOps ein, bzw. auf dessen technischer Realisierung durch Continuous Integration und Continuous Delivery.

Diese Notwendigkeit der Betonung von DevOps entspringt dem SAFe Prinzip #1 von SAFe, der Notwendigkeit eine wirtschaftliche Sichtweise einzunehmen.

Abb. 6-69 zeigt den Normalfall der Abhängigkeit der Kosten pro Integration von deren Häufigkeit.

Generell sinken die Integrationskosten in positiver Abhängigkeit zur Häufigkeit der Integrationen. Natürlich ist das Ganze komplexer, da man im Hinblick auf manuelle Integrationsaktivitäten natürlich die Gesamtkosten für die bis zur Produktionsreife notwendigen Integrationen im Auge behalten muss.

Abb. 6-69 Integrationskosten in Abhängigkeit von der Integrationshäufigkeit

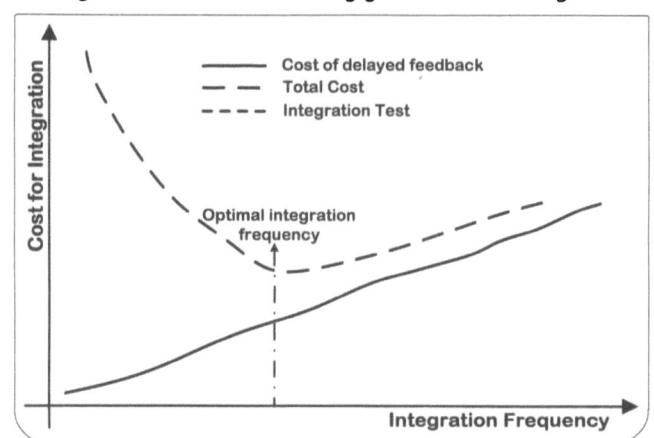

Das Diagramm in Abb. 6-69 enthält eine weitere zur Entwicklung der Integrationskosten gegenläufige Kurve: Diejenigen Kosten, die durch verzögertes Feedback an den Kunden entstehen und sich somit als zusätzlicher Arbeitsaufwand in zukünftigen Iterationen niederschlagen.

Integriert ein Team oder eine Organisation öfter, als es ihm oder ihr eigentlich möglich ist, folgen daraus Schwierigkeiten, die aus der jeweiligen Integration entstammenden Erkenntnisse zu gewinnen und sinnvoll in die kommende Integration einfließen zu lassen.

Bei Organisationen, denen es trotz agiler Ambitionen nicht um die Anwendung des validierten Lernen geht, fallen die Kosten durch verzögertes Feedback zunächst(!) nicht ins Gewicht. Diese Organisationen erhalten die „Quittung" zum Zeitpunkt der Markteinführung, es sei denn, sie bewegen sich in einem sehr sicheren und vorhersagbaren Marktumfeld.

Das Ziel der DevOps-Integration ist zum einen, die Frequenz der Integrationen zu erhöhen und zum anderen, den Bereich der optimalen Integrationsfrequenz zu verbreitern und flexibler zu gestalten. Dies ist exemplarisch in Abb. 6-70 dargestellt: Der Verlauf der kurven ist abgeflacht, d.h. die Integrationskosten sind insgesamt niedriger und das optimale Frequenzspektrum ist gegenüber Abb. 6-69 verbreitert.

Abb. 6-70 Integrationskosten bei automatisierter Integration

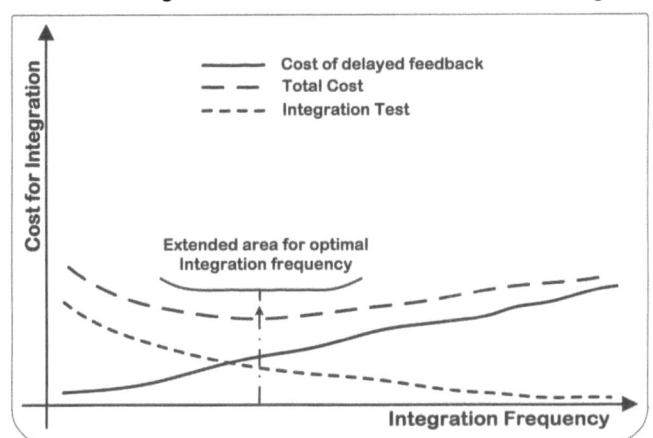

#8: Stetige Berücksichtigung von Compliance-Anforderungen von Anfang an

Große, komplexe und unternehmensrelevante Systemlösungen unterliegen häufig gesetzgeberischen oder sonstigen regulativen Vorgaben, auch als Compliance-Vorgaben bezeichnet. Prominent Vertreter sind PCI-DSS[54], MAR[55] oder DSGVO[56].

Derartige Regularien schlagen sich in Form von nichtfunktionalen und funktionalen Anforderungen nieder. Bei der traditionellen Vorgehensweise ist deren Umsetzung an Meilensteine gekoppelt. Die Praxis hat gezeigt, dass sich deren Umsetzung zugunsten der „eigentlichen" Funktionalität oft immer weiter verzögert. Dies ist dann folgenschwer, wenn die Organisation ein System aufgrund fehlender oder unvollständig umgesetzter Compliance-Anforderungen nicht in Betrieb nehmen darf.

Aus diesem Grund mahnt SAFe die Einbeziehung der Umsetzung von Compliance-Anforderungen ab der 1. Iteration an. In Zusammenhang mit der Automatisierung von Integrations- und

---

[54] *PCI-DSS* steht für „Payment Card Industry Data Security Standard" und ist ein Regelwerk zur sicheren Abwicklung von Kreditkartentransaktionen.
[55] *MAR* steht für „Market Abuse Regulation" (Marktmissbrauchsverordnung) ist eine EU-Verordnung zur Bekämpfung von Insidergeschäften und Marktmanipulationen auf den europäischen Finanzmärkten
[56] DSGVO steht für „Datenschutz-Grundverordnung" ist eine Verordnung der Europäischen Union zur Regelung der Verarbeitung personenbezogener Daten durch private Unternehmen und öffentliche Stellen.

Deployment-Aktivitäten überprüfen automatisierte Regressionstests permanent die Einhaltung der Compliance-Regeln.

Ein weiterer wichtiger Punkt für die Umsetzung der Compliance-Regeln ist die feste Einbettung der Compliance-Verantwortlichen in die Value Streams.

Demgegenüber zeigt die Praxis vielfach, dass Compliance-Anforderungen nicht selten „auf den letzten Drücker" implementiert werden – unter Inkaufnahme beträchtlicher technischer Schulden und der damit einhergehenden verminderten Qualität.

6.2. Large Solution Level

Der Large Solution Level stellt eine zusätzliche Koordinationseben dar. Ansteigender Koordinierungsbedarf geht in jeder Organisation mit einer Verringerung der Effizienz des/der einzelnen sowie des einzelnen Teams einher. Das ist bei SAFe nicht anders und unumgänglich, wenn mehrere ARTs und Zulieferer gemeinsam an einer Lösung arbeiten.

Im Fall von großen Lösungen werden diese durch mehrere ARTs gebildet. Es hängt von der Organisation ab, ob beim Vorhandensein mehrere ARTS in einem einzigen Value Stream, die jeder für sich bereits eine eigene Solution erstellen, überhaupt ein Large Solution Level notwendig ist. Im Sinne des Lean Managements könnte es ratsam sein, den Large Solution Level in einem solchen Fall zu vermeiden.

Solution Trains repräsentieren die einzelnen Solutions. Ein Solution Train koordiniert verschiedene ARTs und Zulieferer. Innerhalb des Large Solution Levels fasst ein Solution Train ARTs und externe Zulieferer zusammen (Abb. 6-71).

Abb. 6-71 Large Solution Level

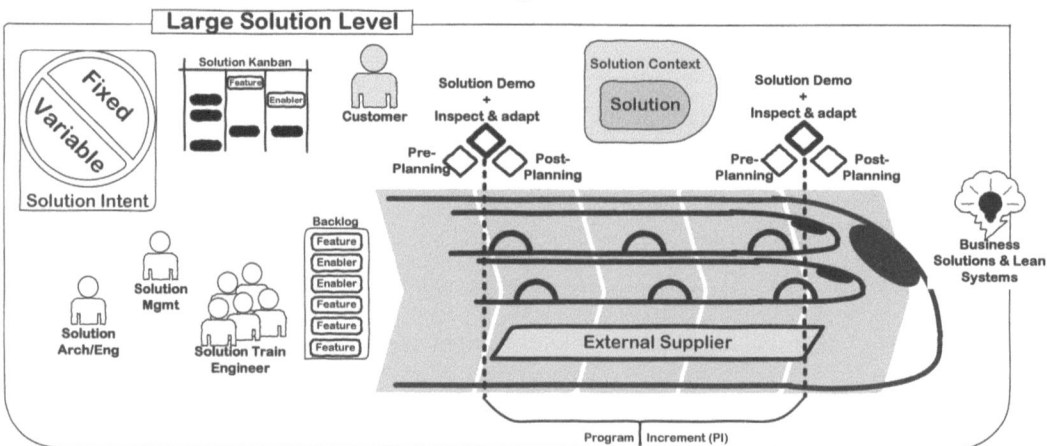

Jeder Value Stream produziert eine oder mehrere Solutions in Form von Services, Produkten, oder Systemen – ist also keineswegs auf reine Software-Entwicklung festgelegt. Solution Trains repräsentieren die einzelnen Solutions. Ein Solution Train koordiniert verschiedene ARTs und Zulieferer.

Abb. 6-71 ist so zu verstehen, dass ein Solution Train alle übrigen Elemente umfasst. Ein Large Solution Level kann mehrere Solution Trains enthalten.

Der Solution Train wird auch als "System von Systemen" bezeichnet und folgt einem Solution Intent. Die wörtliche Übersetzung in das deutsche Wort "Lösungsabsicht" trifft es nicht ganz - der Begriff Solution Intent umfasst neben der Beschreibung der Solution sämtliche Entscheidungen, die der betreffenden Solution zugrunde liegen.

SAFe erwähnt als Beispiel für die Anwendung von Large Solution SAFe in diesem Zusammenhang explizit cyberphysikalische Systeme. Das sind Systems aus den verschiedensten autonomen Einheiten, die jede für sich sog. *Appliances*[57] darstellen, wie sie im Internet of Things existieren.

Auf der Ebene des Solution Trains sind die folgenden Begriffe maßgeblich:
- **Set-Based Design**: Um explizit Entscheidungsspielräume offenzuhalten;
- **Compliance**: Um eine hohe Qualität zu erreichen und Regulierungs- und Industriestandardanforderungen zu erfüllen;
- **Modellbasierte Systemtechnik (MBSE)**: Entwicklung mehrerer System-Modelle im Sinne von Lösungsansätzen zur Validierung im Rahmen des validierten Lernens.

Da die Iterationen und PIs die Basis für den Solution Train darstellen, ist es Voraussetzung für einen funktionierenden Solution Train, dass sich die Iterationszyklen sämtlicher Teams aller ARTs eines Solution Train in denselben Takt „pressen" lassen.

Dies ist nach aller Erfahrung zumeist der Fall, wenn alle ARTs eines Solution Train tatsächlich derselben Solution zuarbeiten. Probleme mit der Synchronisierung ergeben sich in der Praxis, wenn ein Organisation Solution Trains zur Abbildung bestehender Abteilungsstrukturen missbraucht.

---

[57] Als *Appliance* wird ein System aus aufeinander abgestimmter Hard- und Software bezeichnet. Ein solches System stellt das Gegenteil eines universell einsetzbaren Gerätes dar. Eine Appliance ist zumeist speziell auf einen bestimmten Zweck hin konstruiert und optimiert und ebenso wenig erweiterbar. Demgegenüber stehen vergleichsweise niedrige Anschaffungs- und Betriebskosten.

6.3. Solution Kanban

Das Solution Kanban gehorcht prinzipiell den üblichen Kanban-Grundsätzen mit dem Ziel, den Fluss der verschiedenen Backlog-Elemente durch die Status des Kanban-Boards transparent zu machen.

Abb. 6-72 stellt exemplarisch eine Large Solution Level-spezifische Anordnung von Status auf einem Kanban Board dar. Im Large Solution Level ordnet SAFe die verschiedenen Status des Solution Kanban den DevOps-Aktivitäten Continuous Exploration, Continous Integration und Continuous Deployment zu. Abb. 6-72 stellt *Release on Demand* als Ereignis/Ausnahme dar, das praktisch „jederzeit" auftreten kann.

Abb. 6-72 Solution Kanban

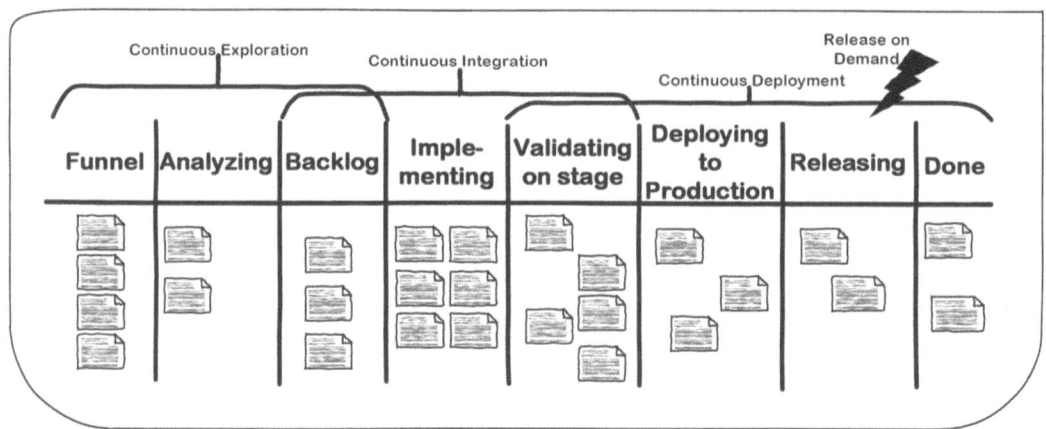

6.4. Solution Backlog

Entsprechend den Backlogs der anderen SAFe Level ist es ebenso im Large Solution Level notwendig, Anforderungen in Form von Capabilities und Enablern zu erfassen und für die Verarbeitung durch die einer Solution zugeordneten ARTs vorzubereiten. Im Large Solution Level ist das Solution Management zuständig für die Pflege des Solution Backlogs.

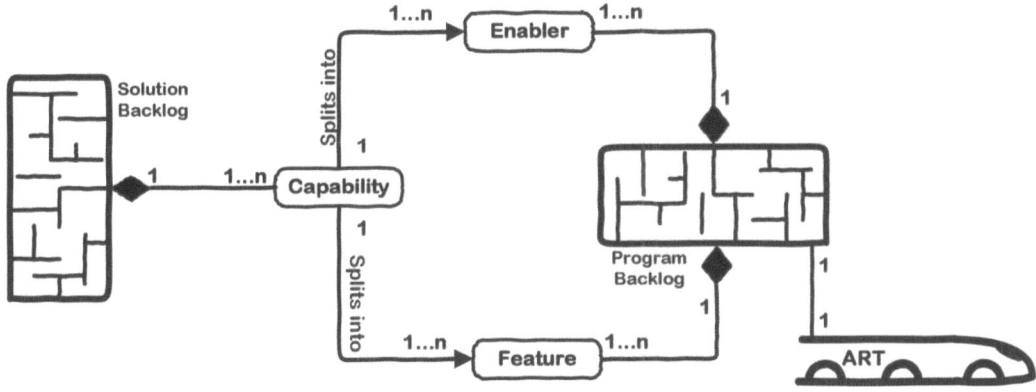

Abb. 6-73 Solution Backlog & Program Backlog

Backlog Refinement

Die Verantwortlichen und Teams auf Solution und Program Level nutzen die Zeit zwischen den PI Planning Events zum stetigen Refinement der Backlogs. Backlogs mit schlecht formulierten Elementen stellen ein Risiko für die Solution und die lean-agile Transformation dar.

Die Backlog Refinement auf Program- und Large Solution Level gleichen sich in den Kernaktivitäten:

- Durchführung von Reviews der Definitionen, Akzeptanzkriterien und Benefit-Hypothesen;

- Erarbeitung der technischen Machbarkeit und Abschätzung des jeweiligen Umfangs.

Die Verantwortlichen im Large Solution Level priorisieren das Backlog nach WSJF, d.h. unter Abwägung von funktionalem Mehrwert, Opportunitätskosten und Entwicklerkapazitäten.

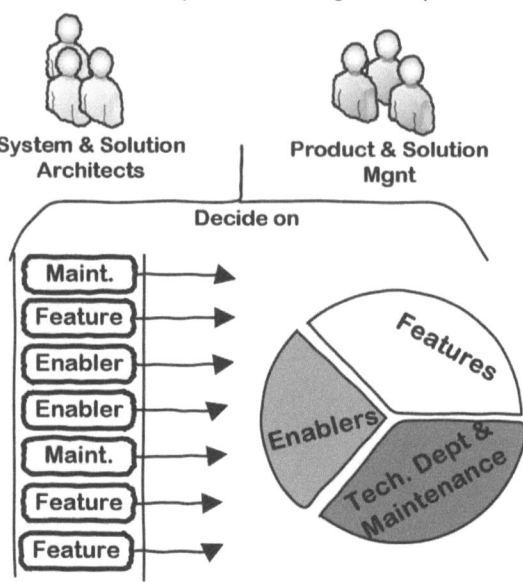

Abb. 6-74 Kapazitätsmanagement pro PI

Um die notwendige Balance aus der der Bearbeitung von Features, Enablern oder der Bewältigung sonstiger technischer Schulden und Maintenance-Aktivitäten zu finden, gehen die involvierten Parteien in der folgenden Art und Weise vor (Abb. 6-74):

- Am Anfang eines jeden PI verständigen sich System & Solution Architects sowie Product & Solution Management auf die Aufteilung der Entwicklungskapazitäten.

- Vor dem Hintergrund der soeben getroffenen Entscheidungen priorisieren alle Beteiligten die Enabler.

6.5. Events

Inspect & Adapt

Es findet auf jeden Fall am Übergang zwischen den PIs nur ein I&A statt – also nicht etwa ein I&A im Program Level und ein weiteres im Large Solution Level.

Der Teilnehmerkreis des I&A in der SAFe-Konfiguration Large Solution Level ist erweitert um die Rollen des Solution Trains (Solution Architect, Solution Management, STE) sowie um weitere organisationsspezifische Stakeholder und Kundenvertreter. In der Praxis findet bisweilen zur besseren Abgrenzung zu den Iteration System Demos der Begriff *Show Case* Verwendung.

Das I&A im Large Solution Level besteht aus zwei Teilen:

- Der erste Teil besteht aus der *PI System Demo*, die sich von den System Demos in SAFe-Konfigurationen ohne Large Solution Level in einigen Details unterscheidet.

- Gegenstand der PI System Demo ist die Gesamtlösung oder relevante Aspekte davon.

- Im zweiten Teil werden die für den ART vereinbarten Metriken für das gerade beendete PI präsentiert und einem Review unterzogen.

Im Fall, dass die ARTs oder einzelne Teams die Ergebnisse ihrer verschiedenen Teilsysteme der Lösung vorführen, kann dies im Format einer Messe durchgeführt werden.

Pre- und Post-Plannings

Auf Solution Train Ebene existieren ergänzend zu den I&A Events, die sich auf den Wechsel zwischen den PIs beziehen und der erhöhten Komplexität des Large Solution SAFe Rechnung tragen. Dies sind die Pre- und Post-Plannings. Hierbei handelt es sich um Arbeitsmeetings, die das I&A vorbereiten (Pre-Planning) und die Ergebnisse des I&A aufbereiten bzw. eine ART-übergreifende konsistente Planung für das kommende PI erstellen (Post-Planning).

An den Pre- und Post-Plannings nehmen neben den Vertretern ART-Mannschaften die Schlüssel-Rollen des Solution Trains Teil: STEs, Solution Management, Solution Architects und ggf. Mitglieder des System Teams des Solution Trains oder Solution Levels.

> Es ist offensichtlich, dass die Durchführung der von SAFe propagierten Großraum-Events in den meisten Firmen eine grundlegende der Meeting-Kultur zur Folge haben muss, wenn an einer System Demo, einem I&A Event oder den zugehörigen Pre- und Post-Plannings ohne weiteres 30 und mehr Personen teilnehmen können.
>
> Die Herausforderung fängt bei der Disziplin aller Beteiligten und entsprechend gut vorbereiteten Agenden an und hört mit den zur Verfügung stehenden Räumlichkeiten nicht auf. Scaled Agile Inc. misst deshalb dem Training von derartigen Großraum-Events eine entsprechende Bedeutung in seinen Schulungen bei.
>
> → Die Fähigkeit einer Organisation, derartige Großraum-Events effizient und effektiv durchzuführen, ist für den Erfolg einer lean-agilen Transformation entscheidend.

Im Einzelnen fallen den beiden Events die folgenden Aufgaben zu:

Pre-Planning:
- **Generell**: Koordination der Ziele und Meilensteine für die einzelnen ARTs.

- **PI Zusammenfassung**: Alle ARTs und Stakeholder des Solution Level fassen das im letzten PI erreichte zusammen. Die PI-Zusammenfassung dient dem Überblick, keinesfalls dem umfangreichen Reporting. Die ARTs und Zulieferer liefern in der folgenden System Demo den Beweis für das bisher erreichte.

- **Business Context and Solution Vision**: Vertreter des Managements geben Auskunft über den aktuellen Stand der Solution in technischer und finanzieller Hinsicht. Das Solution Management stellt die aktuelle Solution Vision nebst Meilensteinen der Roadmap für die kommenden drei PIs vor.

- **Solution Backlog**: Das Solution Management priorisiert die Backlog-Elemente für den kommenden PI. Darüber hinaus Die stellen Solution Architects kommende Epics, Enabler und Capabilities vor.

> Damit ein solches Pre-Planning gut funktioniert, müssen die Stakeholder des Solution Levels ihren Rollen gerecht werden. Für traditionell geprägte Fachexperten, speziell aus operativen Bereichen, kann dies eine Herausforderung darstellen:
> - Fachexperten müssen in der Lage sein, die Backlog-Elemente in seinem und den darüberliegenden Leveln zu verstehen und selbst anzufertigen. Es reicht nicht, unter Verweis auf die „sich selbstorganisierenden Teams" und „Spezialisten" nur mit Schlagworten zu operieren, um die wesentliche Ausformulierung von Capabilities, Features und Epics anderen zu überlassen.
> - Cross-Funktionalität bzw. ein gewisses Maß an Cross-Funktionalität müssen die Mitarbeiter aller SAFe-Level aufweisen.
>
> Eine Firmen- und Managementkultur, die im Wesentlichen vom Delegieren lebt, wird an einer disruptiven Einführung von Agilität und Lean Management in Form von SAFe scheitern, wenn sich diese Kultur nicht grundlegend ändert.

Post-Planning:

- Konsolidierung der Erkenntnisse aus I&A und Pre-Planning zu auf die Solution bezogenen Ziele, die es im nächsten PI zu erreichen gilt.

- Ein wesentliches Resultat des Post-Plannings stellt die Kontrolle des WIP dar. Deshalb muss die Planung unter Einbeziehung der Velocities der einzelnen Teams geschehen.

- PI Planning Report: Die Produktmanager aller ARTs stellen ihre PI-Planungen und ihre Ziele für den kommenden PI vor. RTEs und Vertreter beteiligter Zulieferer steuern die Informationen für ihre jeweiligen ARTs bei.

- Das Post-Planning findet am Solution Planning Board statt. An diesem Board identifizieren die Beteiligten die gegenseitigen Abhängigkeiten zwischen ARTs und Zulieferern.

Ein kritischer Punkt beim Post-Planning ist in diesem Zusammenhang, dass sich die Velocities der Teams nicht vergleichen lassen. Vertreter der betroffenen Teams müssen beim Pre-Planning Anwesen sein, um das jeweils für sie dort gültige WIP-Limit zu vertreten bzw. Commitments für ihre Teams abzugeben.

Die Ergebnisse des Post-Planning im Detail

Alle beteiligten unterziehen der Planung einem Review. Die während der Planung identifizierten Risiken und Hindernisse (Impediments, Risiken) mit Auswirkungen auf die Ziele des kommenden PIs werden von der gesamten Gruppe diskutiert und den folgenden Kategorien zugeordnet:

- **Resolved**: Dass Risiko ist nicht mehr relevant;
- **Owned**: Eine Rolle oder Person ist verantwortlich für einen Issue, der noch nicht geklärt oder verstanden ist;
- **Accepted**: Issues, die alle Beteiligten verstehen, deren Beseitigung jedoch nicht weiter vorangetrieben wird;
- **Mitigated**: Das Risiko oder Impediment konnte entschärft werden.

Eine Reihe von S.M.A.R.T.-PI-Zielen für den Solution Train, mit dem Geschäftswert, der von Solution Management, Solution Architect/Engineering und Kunden festgelegt wird. Dies kann weiterhin *Stretch-Objectives* sind, deren zur Umsetzung benötigten Aufwände konkret geschätzt und geplant werden, deren Umsetzung jedoch nicht verpflichtend ist. Mit Hilfe von Stretch-Objectives lassen sich ggf. blockierte Aufgabenstränge zu überbrücken.

Das Solution Planning Board, dass die grobe Planung der Capabilities für die kommenden Iterationen zeigt (Abb. 6-75). Es sollten die Iterationen des aktuellen PIs sowie max. die erste Iteration des nächsten PI in die Planung und damit in das Board miteinbezogen werden. Der Knackpunkt beim Solution Planning Board ist sind die dargestellten Abhängigkeiten. In haptischen bzw. physikalischen Boards sehr gut mittels Fäden darstellbar.

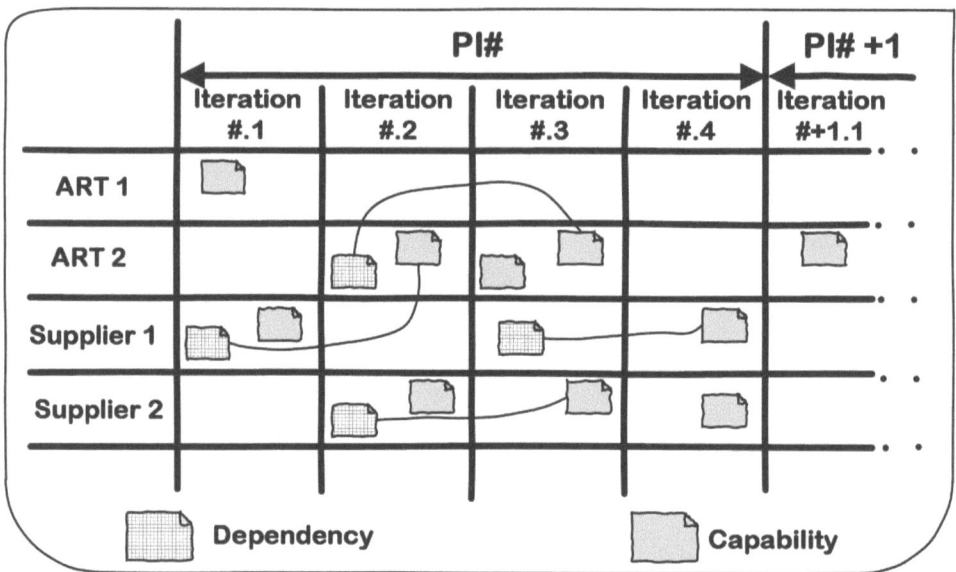

Abb. 6-75 Solution Planning Board

Das Commitment am Ende eines Post-Planning zu den Zielen des folgenden PIs bezeichnet SAFe als *Confidence Vote*.

Und SAFe wäre nicht SAFe, wenn es nicht eine praktische Anleitung zum „gruppendynamischen" Convidence Voting liefern würde: Das sog. *Fist-Of-Five Vote* funktioniert so, dass jede(r) Teilnehmer(in) des Post-Planning Events seine/ihre Zustimmung zu jedem einzelnen und am Ende zur Gesamtheit aller Ziele signalisiert:

- Jede Person signalisiert seine Zustimmung mittels der Anzahl der Finger einer Hand.

- Beispielsweise steht die Faust für alle fünf Finger und somit 100%ige Zustimmung. 4 Finger stehen genauso für Zustimmung.

- 3 – 2 Finger stehen für Zustimmung mit Vorbehalt.

- 2 und weniger Finger stehen für Ablehnung. Personen, die so abstimmen, soll die Möglichkeit zur Stellungnahme gegeben werden.

- Es könnte dann z.B. festgelegt sein, dass der erforderliche Grad der Zustimmung mindestens durchschnittlich 3 Finger erfordert, damit die PI-Ziele als bestätigt gelten können.

Portfolio SAFe fügt dem Essential SAFe noch einen Level hinzu: Den bereits in Kap 3.2.3. eingeführten Portfolio Level.

Der Portfolio Level „denkt" in Value Streams – er „sieht" keine ARTs. Der Portfolio Level beinhaltet das Enterprise Portfolio, aus dem sich die einzelnen Portfolio Budgets finanzieren. Bei den Portfolio Budgets handelt es sich um strategische Investments für einen oder mehrere Value Streams und die von diesen implementierten Solutions.

Abb. 7-76 Portfolio SAFe

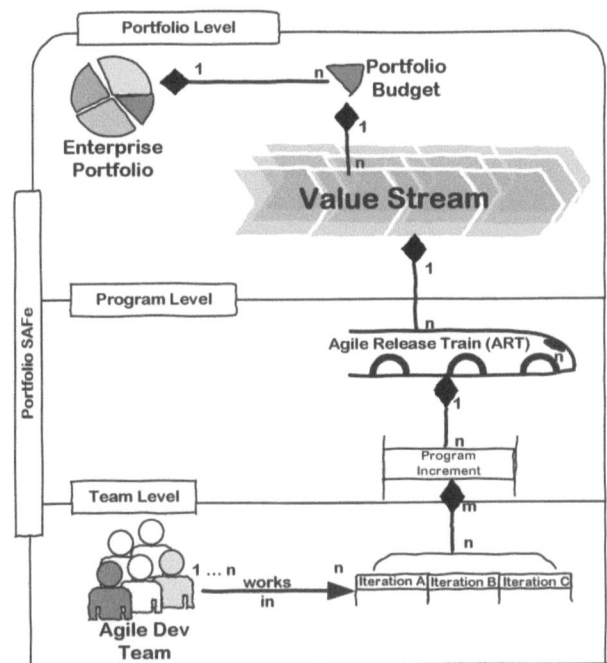

7.1. Kernkompetenz: Lean Portfolio Management

Mit Portfolio sind alle Prozesse und Elemente einer SAFE-Transition gemeint, die eine bestimmte Gruppe Value Streams bzw. deren Management umfassen. In sehr großen Organisationen kann es mehrere Portfolios geben, die ihrerseits mehrere Value Streams zusammenfassen und sich aus einem Enterprise Portfolio ableiten. (Abb. 7-76).

Das Lean Portfolio Management von SAFe soll eine Organisation in die Lage versetzen, technologischen Verwerfungen, globalisierten Märkten und somit Unsicherheiten und den damit verbundenen kurzfristigen Entscheidungen begegnen zu können.

Mit traditionellen Portfolio Management, wie es z.B. Bestandteil von ITIL[58] ist, sind Praktiken gemeint, wie z.B.:

- Jährliche Planung der Budgets für alle Projekte und Prioritäten durch Silos, die weit entfernt von den eigentlichen Entwicklern und Wissensarbeitern arbeiten.
- Messung des (Projekt-)Fortschritts mittels Dokumentation und abgeschlossenen Aktivitäten anstatt durch funktionierende Systeme.
- Feste Unterteilung des Projektes in durch Meilensteine definierte Phasen.

SAFe malt den Gegensatz zwischen agilen und herkömmlichen Verfahren zum Portfolio Management, die allesamt als Wasserfall bezeichnet werden, schwarz/weiß. Es existieren jedoch in vielen Firmen Vorgehensweisen, bei denen innerhalb der Entwicklungsaktivitäten verschiedene iterative Phasen existieren, an deren Ende Zwischenstände des zu entwickelnden Systems erstellt werden.

Tabelle 7-7 Gegenüberstellung traditioneller und agiler Praktiken im Portfolio Management

Traditioneller Ansatz	Lean-agiler Ansatz
Zentralisierte Steuerung des Projektes	Dezentrale Entscheidungen
Überlastungsspitzen der Mitarbeiter mit Tasks und Aktivitäten	Kontinuierliches Demand Management und kontinuierliche Wertschöpfung
Detaillierte auf lange Sicht ausgelegte Projektpläne (Glaskugel)	Leichtgewichtige Geschäftsszenarien auf Epic-Ebene
Zentralisierte Jahresplanung (Glaskugel)	Dezentralisierte rollierende Planung
Projektstrukturpläner	Agiles schätzen und planen.
Projekt-basierte Finanzierung und Steuerung	Portfolio-basierte Finanzierung und Selbstverwaltung der einzelnen agilen Teams
Wasserfall-Meilensteine	Objektive an Fakten orientierte Meilensteine und Fortschrittsmessungen

---

[58] ITIL: *IT Infrastructure Library* – ein Framework für das IT Service Management.

Erstellung und Pflege eines Portfolio Canvas

Eine essenzielle Aktivität zur Ausbildung der Kernkompetenz *Lean Portfolio Management* sind Erstellung und Pflege eines Portfolio Canvas für jedes Portfolio Budget.

- Ein Portfolio Canvas besteht aus den folgenden Elementen bzw. beantwortet die folgenden Fragen:
  - **Value Streams**: Welche Value Streams finanziert das Portfolio Budget?
  - **Lösungen**: Welche Lösungen stellen die einzelnen Value Streams zur Verfügung?
  - **Kundensegmente**: Welche Kundensegmente bedient welcher Value Stream?
  - **Vertriebskanäle**: Welche Vertriebskanäle bedient welcher Value Stream?
  - **Kundenbeziehungen**: Auf welchen Kundenbeziehungen baut der jeweilige Value Stream auf?
  - **Budget**: Welches Budget enthält der jeweilige Value Stream aus dem
  - **KPIs und Erlöse**: Wie wird die Performance und der Mehrwert des jeweiligen Value Streams gemessen?
- Relevante Partner und Lieferanten
  - **Lieferanten**: Wer sind die Schlüssellieferanten innerhalb des Portfolios?
  - **Leistungen**: Welcher wichtigen Leistungen und Ressourcen beziehen wir von den Lieferanten?
  - **Schlüsselaktivitäten**: Welche Schlüsselaktivitäten werden von den jeweiligenPartnern wahrgenommen?
- **Eigene Schlüsselaktivitäten**: Welche Aktivitäten folgen aus dem Leistungsversprechen, für das das Portfolio steht:
  - Strategie-Themen und Lean Budgets,
  - Berücksichtigung für Markt-Rhythmen,
  - Synchronisation der verschiedenen Portfolios,
  - PI Planning,
  - System / Solution Demo,
  - Inspect & Adapt;
- **Schlüsselressourcen**: Welche Schlüsselressourcen werden benötigt, um das Leistungsversprechen, für das das Portfolio steht, einzuhalten?
  - Z.B. Epic Owners, Enterprise Architects, Shared Services
- **Kostenstrukturen**: Größe und Struktur des Portfolio Budgets. Für welche Ressourcen und Aktivitäten fallen welche (die höchsten) Kosten an?

- **Erlöse**: Welche Erlöse liefern die einzelnen Value Streams?
  - o Für welche Ergebnisse des Values zahlen die Kunden, und für welche zahlen sie nicht?
  - o Welche Zahlungswege nutzen die Kunden?
  - o Wieviel trägt jeder Value Stream zum Gesamterlös des Portfolios bei?

Das Portfolio-Canvas dient zur Definition und zur Hilfe bei der Ausarbeitung der Portfolio Vision und ist somit die Grundlage für ein SAFe-Portfolio. Die Portfolio Vision und das Portfolio Canvas stehen in ständiger Wechselwirkung und werden zusammen inkrementell-Iterativ weiterentwickelt. Diese ständige Entwicklung ist die Grundlage für das Portfolio Backlog und die Lean Budgets, die ebenso ständig weiterentwickelt werden.

Anpassungen das Portfolio Canvas finden immer dann statt, bzw. können stattfinden, wenn:
- Sich grundlegende KPIs ändern, z.B. nach Auswertung der in Kap. 4.5.1. behandelten Metriken;
- Sich einzelne Einträge im Portfolio Canvas ändern, z.B. in Form neuer, wegfallender oder sich ändernder Lösungen;
- Sich die Struktur oder Eigenschaften von Wertströmen öffnet.

7.2. Der Portfolio Level

Der Portfolio Level beinhaltet die Rollen und Prozesse, die zum Aufbau einer Lean Organisation notwendig sind. Die hierfür notwendigen Änderungen der Organisation sind wesentlich größer als die zur Implementierung von Essential SAFe notwendigen Änderungen. Bei Essential SAFe liegt der Großteil der Aufwände beim Aufbau der DevOps-Strukturen (CI/CD-Pipeline).

Abb. 7-77 Portfolio Level

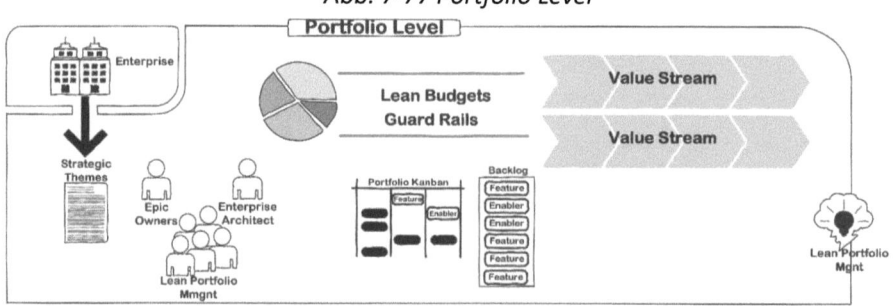

Portfolio SAFe ist auf zweierlei Arten in der Organisation verankert:
- Etablierung der Strategien Themen die den Kurs in sich wandelnden Märkten und Wirtschaften;

- Etablierung einer Feedback-Loop vom Portfolio zu den am Unternehmen beteiligten Stakeholdern. Dazu gehören:
  o Den Staus der Portfolio Solutions,
  o Die KPIs der Value Streams,
  o Qualitätsbeurteilungen der aktuell verfolgen *Solutions,*
  o Beurteilung der Stärken und Schwächen des Portfolios sowie der Chancen und Risiken des gesamten Portfolios.

Portfolio-spezifische Begriffe:

Lean Budgets: Damit sind nicht „schlanke Budgets" gemeint, wie es die direkte Übersetzung ins Deutsche vermuten lassen könnte. Der Sinn von Lean Budgets ist es, schnelle Entscheidungen und agiles Handeln zu befördern.

Eng mit dem Portfolio verknüpft sind einige Konzepte und Begriffe, die für Umsetzung von SAFe-Portfolios essenziell sind. Ohne diese Konzepte mag es durchaus einen Portfolio Level geben, aber keinen Portfolio Level im Sinne von SAFe:
- Eine Portfolio Vision gibt dem System ein Ziel, eine zentralisierte Strategie wird dezentral auf der Ebene der Wertströme umgesetzt.
- Portfolio Epics werden von strategischen Themen motiviert. Anders ausgedrückt: Portfolio Epics setzen einzelne strategische Themen um und werden deshalb auch als Strategieinitiativen bezeichnet.
- Business Architektur: Diese bezieht sich auf hohe Margen bei niedriger Stückzahl oder umgekehrt, niedrige Margen bei hoher Stückzahl.
  o Zielgruppe: Geschäfts- oder Privatkunde
  o Technologie-Strategie: Z.B. ein Shift zu einer neueren vielversprechenden Technologie bei der Ablösung eines wichtigen Altsystems.

Portfolio Epics werden auf Portfolio-Ebene erstellt und dort weiter konkretisiert. Dies geschieht in sog. Portfolio-Kanban-Systemen. Hat die Konkretisierung eines Epics einen Status erreicht, dass es umgesetzt werden kann, wird es in das Portfolio-Backlog überführt.

Es gibt zwei Arten von Epics:
- **Business Epics**: Diese beziehe sie auf die umzusetzenden Anforderungen, die auf den Kunden- oder Anwendernutzen ausgerichtet sind.
- **Enabler Epics**: Diese zumeist schlicht als *Enabler* bezeichneten Epics, stellen große Architektur-Vorhaben dar, die sich z.B. auf Architectural Runway oder die zugrundeliegende Infrastrukturbeziehen können.

7.3. Finanzierung von Value Streams

Lean Budgets sind ein Werkzeug zur Finanzierung von Value Streams über Portfolio Budgets, die auf die Geschäftsstrategie und aktuelle strategische Themen abgestimmt sind. Diese Budgets werden durch eine Reihe von Ausgabenrichtlinien und Praktiken, den sog. *Guardrails* unterstützt.

Dieses lean-agile Finanzierungsmodell hat das Ziel, den Bedarf an traditioneller projektbezogener Finanzierung und Kostenrechnung zu eliminieren oder zumindest stark zu reduzieren. Es liegt auf der Hand, dass die Nutzung der lean-agilen Finanzierungsmechanismen eine umfassende Analyse und ein darauf aufbauendes Verständnis der Wertströme des Portfolios erfordert.

Stabilität von Portfolio Budgets

Es kommt dann zu Korrekturen zugeteilter Budgets, wenn z.B. die Schätzungen durch die Teams über oder unter denen der Solution Architects liegen. Am Ende ist die Schätzung und der tatsächliche Aufwand im Team Level maßgeblich.

Beispiel:

Übertreffen die Schätzungen und Aufwände für die User Stories im Team Level die ursprünglichen Schätzungen der den User-Stories zugrundeliegenden Features, Capabilities und Epics, so müssen die Schätzungen der Elemente in den oberen Leveln angepasst werden. Dies führt regelmäßig zur Notwendigkeit umfangreicher Neubudgetierungen, die sich im ungünstigsten Fall bis zum Portfolio Epic und den Lean Budgets der einzelnen Value Streams fortsetzen.

Die Umstellung von der Projektfinanzierung zur Value Stream-Finanzierung stellt für ein Unternehmen einen Einschnitt und eine Abkehr von jahrzehntelang gelebter Praxis dar. Als Vorteile von Lean Budgets nennt SAFe erhöhte Transparenz bei der Verwaltung und Steuerung von Entwicklungs- und Betriebsaufwendungen.

7.4. Portfolio Kanban

Portfolio Kanban ist die Kanban-Umsetzung im Portfolio Level von SAFe (Sca182, 2018). Das zentrale Element stellt wiederum das Epic dar. Das Epic ist, wie bereits in Kap. 7.3. erwähnt, das Lean-Äquivalent zum Business Case. Also eine Business-Initiative, verbunden mit einer Investition und eines angenommenen Kunden-Szenarios.

Abb. 7-78 Portfolio Kanban

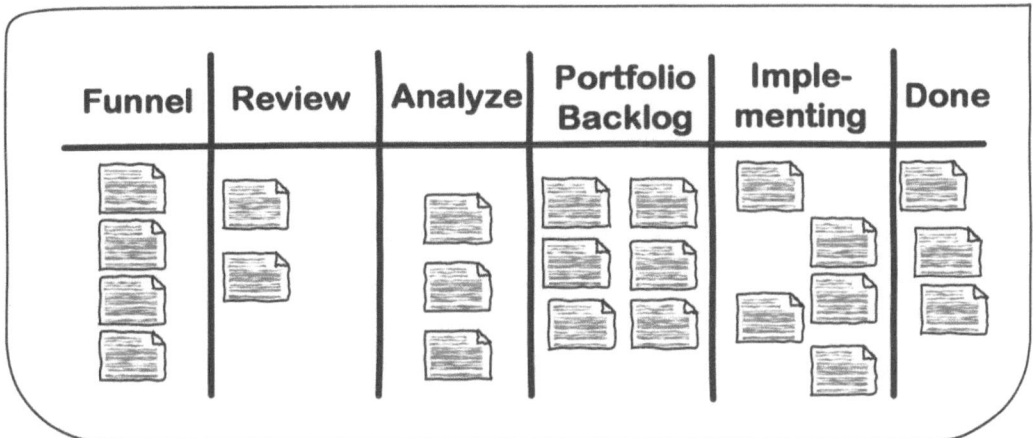

Das Portfolio Kanban Board (Abb. 7-78) unterstützt die Gewichtung und Analyse von Epics und misst sozusagen die Reife von Epics, bevor diese einem PI zugeordnet werden.

Jedes Epic ist überdies einem Epic Owner als Verantwortlicher zugewiesen.

Bei der Erstellung und Pflege stimmen sich die Epic Owner mit Teams und Rollen des Program Level ab:

—   Business Owners (Program Level),

—   Product & Solution Management (Program Level),

—   Solution & System Architects,

—   Teams.

SAFe schlägt für das Portfolio Kanban Board die folgenden Status vor:

Funnel (Trichter): Ideensammlung – alle konstruktiven Ideen sind willkommen, wie z.B.:

—   Möglichkeiten und Chancen zur gesch. Expansion

—   Möglichkeiten / Maßnahmen zur Kostenreduktion

—   Änderung der Vertriebswege oder der Zielgruppe(n)

　　o   Chancen durch Fusionen und Übernahmen (passiv oder aktive)

　　o   Problem existierender Lösungen und Systeme bzw. Verbesserungsvorschläge.

Die Epic Owner halten Epics zunächst im Funnel in Form einer Hypothese (*Hypothesis Statement*) fest. Die Hypothese besteht aus mehreren Teilen:

—   Dem *Value Statement* – was bringt das Ganze und für wen?

FÜR WEN **<Kunde>** BEI SEINER/IHRER AKTIVITÄT **<Aktivität / Aufgabe>** SOLL **<was/welche Lösung>** IN **<welcher Weise>** SO GELEISTET WERDEN, DASS DER **<Nutzen>** FÜR DEN KUNDEN ENTSTEHT.

ANDERS ALS **<Konkurrent, bestehende bzw. nicht-bestehende Lösung>** WEIL **<warum diese Lösung die bessere ist>**.

– Erwartetet Resultate nach der Umsetzung:

    o Welche quantitativen oder qualitativen Vorteile werden erwartet, damit

    o Wesentliche KPIs

    o Nichtfunktionale Anforderungen

Reviewing: Erste Analyse, Durchsicht und Abschätzung des Epics und dessen Verifizierung.

Dieser ersten Abschätzungen im Hinblick auf Zeit und Kosten dienen der Ermittlung des WSJF Kap. 4.8.).

Ein weiteres Ergebnis des Reviewing-Status ist die Schaffung eines gemeinsamen Verständnisses aller Stakeholder. Dies ist nach aller Erfahrung aus der Praxis ein kritischer Faktor.

Analyzing: In der Analysephase Treiben die Epic Owner eine vertiefte Analyse des Epics voran.

Das Resultat am Ende des Analyzing-Status ist ein ausgearbeiteter Lean Business Case für das besagte Epic. Der Lean Business Case soll die folgenden Informationen beinhalten bzw. Fragen beantworten:

– Ausführliche Beschreibung des Epics, was soll erreicht werden?

– Erweiterte nichtfunktionale Anforderungen;

– Welches sind die wesentlichen KPIs?

– Erwartete Resultate nach der Umsetzung des Epics;

– Scope-Definition: Was ist Im Scope und was gerade nicht?

– Zwingend benötigte Features und Fähigkeiten eines Minimum Viable Product (MVP);

– Weitere, optionale Features und Capabilities;

– Sponsoren der eines Epics;

– Zielgruppe bzw. Nutzergemeinde und die angestrebten Auswirkungen auf diese;

– Auswirkung auf bestehende Produkte, Programme, Abteilungen und Services innerhalb der Organisation;

– Auswirkung auf den Vertrieb und die Auslieferung an die oder den Kunden;

- Zusammenfassung der Analyse und Begründung mit anschließender Empfehlung: Weitermachen oder umschwenken (Pivot or Persevere);
- MVP:
  - o Der Aufwand in Form von Story Points für den MVP;
  - o Der monetäre Aufwand für den MVP;
  - o Art des erwarteten Ertrags (Markanteile, Umsatz / Gewinn, erhöhte Produktivität, Erschließung neuer Märkte);
  - o Erwartete Auswirkungen (Kennzahlen des Unternehmens, Kapitalrendite, Gewinn);
  - o Angestrebter Zeithorizont für die Umsetzung:
    - Start Datum;
    - Fertigstellungs-Datum des MVP.

Lean Agile Inc. stellt auf seiner Website Templates für die Dokumentation von Epics zur Verfügung (Sca181, 2018).

Das wichtigste Resultat der Analysephase ist der MVP. Dieser repräsentiert prinzipiell das Epic auf seinem weiteren Weg durch das Kanban Board.

Portfolio Backlog: Das priorisierte und bewertete EPIC wartet im Status Portfolio Backlog, bis die Umsetzung des MVP beginnt.

Implementing: Sobald Kapazitäten im Program- oder Large Solution Level zur Verfeinerung des Epics in Features und Capabilities frei werden, kann ein Epic in den Zustand *Implementing* versetzt werden, sofern die entsprechenden Features und Capabilities entsprechend zur Umsetzung vorbereitet, d.h. analysiert sind.

Ein Epic bzw. ein MVP im Status Implementierung bedeutet nach SAFe (Sca182, 2018) nicht, dass ein oder mehrere Entwickler-Teams den MVP bereits implementieren, sondern dass die Features und Capabilities ausdefiniert werden. Beim Start der eigentlichen Implementierung kann das Epic dann in die Mitte der Spalte für den Implementing-Status geschoben werden.

Dem Autor sind Vorgehensweisen aus der Praxis bekannt, in der ein Epic erst dann in den Status Implementing wechselt, wenn die erste aus dem Epics hervorgehende Story den Status im entsprechenden Team Kanban Board erreicht. Dies steht im Gegensatz zu der von SAFe proklamierten Praxis (Kap. 3.3.7.), nach der das übergeordnete Backlog-Element den Status für die von ihm abgeleiteten Elemente in den darunterliegenden SAFe-Leveln vorgibt.

Die zum Epic gehörenden Features und Capabilities werden diese in den PI-Events (Essential SAFe) oder den Pre-Planning Events (Large Solution SAFe) zur Umsetzung vorgestellt.

Das Epic bzw. der MVP verbleibt im Status Implementing bis der MVP fertiggestellt ist und dessen Resultate bekannt sind.

Done: Wenn die Resultate des MVPs bekannt sind und dessen Value Hypothesis entweder bestätigt oder widerlegt wurde, wandert das Epic in den Status Done.

Die Evaluierung des MVP erfolgt nach dem Konzept des im Lean Management etablierten validierten Lernens (Ries, 2011). Im Falle einer Zurückweisung des aktuellen Epics, kann eine Veränderung des Epics und daraus resultierender Features oder Capabilities erfolgen. Dies kann je nach WSJF bzw. Prio sehr schnell gehen.

Input für den Funnel

Der Funnel speist sich aus den Artefakten *Portfolio Vision* und der Portfolio *Roadmap*.

Im Rahmen der *Continuous Exploration*, das eine Aktivität innerhalb DevOps auf Program Level darstellt, finden funktionale (Epics) und nichtfunktionale (Enabler) Elemente Eingang in den Funnel und damit in das Portfolio Kanban zur Bewertung, ob das Epic weiterverfolgt werden soll:

Epics aufteilen

Stellt sich heraus, dass ein Epic zu komplex gerät und somit der Prozess des validierte Lernen zu schwerfällig würde, wird das Portfolio Management das Epic Aufteilen. Die Aufteilung des Epics kann nach verschiedenen Kriterien erfolgen:
- Nach Nutzergruppen bzw. Nutzerprofilen;
- Nach Vertriebswegen;
- Nach regionalen und kulturellen Anforderungen.

7.5. Finanzierung von Value Streams

SAFe gliedert die Finanzierung von Value Streams nach 3 Hauptkategorien, den *Investment Horizons*. Dabei handelt es sich um nichts anderes als die Kategorisierung in:
- Kurzfristige und laufende Investitionen (***Horizon 1***) in das Kerngeschäft, das die Basis für die Marke und das Geschäftsmodell der Organisation darstellt und sehr oft den größten Cash Flow hervorbringt. Es geht dabei um wesentliche Investitionssummen und ebenso um einen wesentlichen und hoffentlich gesicherten ROI. Sollte das Kerngeschäft nicht weiterverfolgt werden, führt das nicht nur zum Ausbleiben des entsprechenden Gewinns, sondern weiterhin zu erheblichen Rückbaukosten. Beides zusammen sind für die Organisation existenzgefährdend.
- Mittelfristig geplante Investitionen (***Horizon 2***) in aufkommende Opportunities mit einer vielversprechenden Benefit Hypothesis. Der Stopp eines Horizon 2-Investments sollte zu moderaten Rückbau-Kosten führen.

- Langfristig geplante Investitionen (**Horizon 3**) mit nicht gesicherten Erfolgsaussichten. Das können z.B. (Markt-)Forschungsprojekte in gänzlich neuen Geschäftsfeldern sein. Erweist sich eine Horizon 3-Opportunity als nicht zielführend, dürften sich der Verlust der getätigten Investitionen und die Rückbaukosten in engen Grenzen halten.

Die Konkrete Länge eines jeden der drei Zeithorizonte hängt von der jeweiligen Organisation ab.

Drei Full-SAFe-Ausbaustufe stellt die Kombination aller SAFe-Konfigurationen dar. Global agierenden Großkonzernen können ohne Weiteres mehrere Full SAFe-Instanzen existieren.

Abb. 8-79 Full SAFe Konfiguration

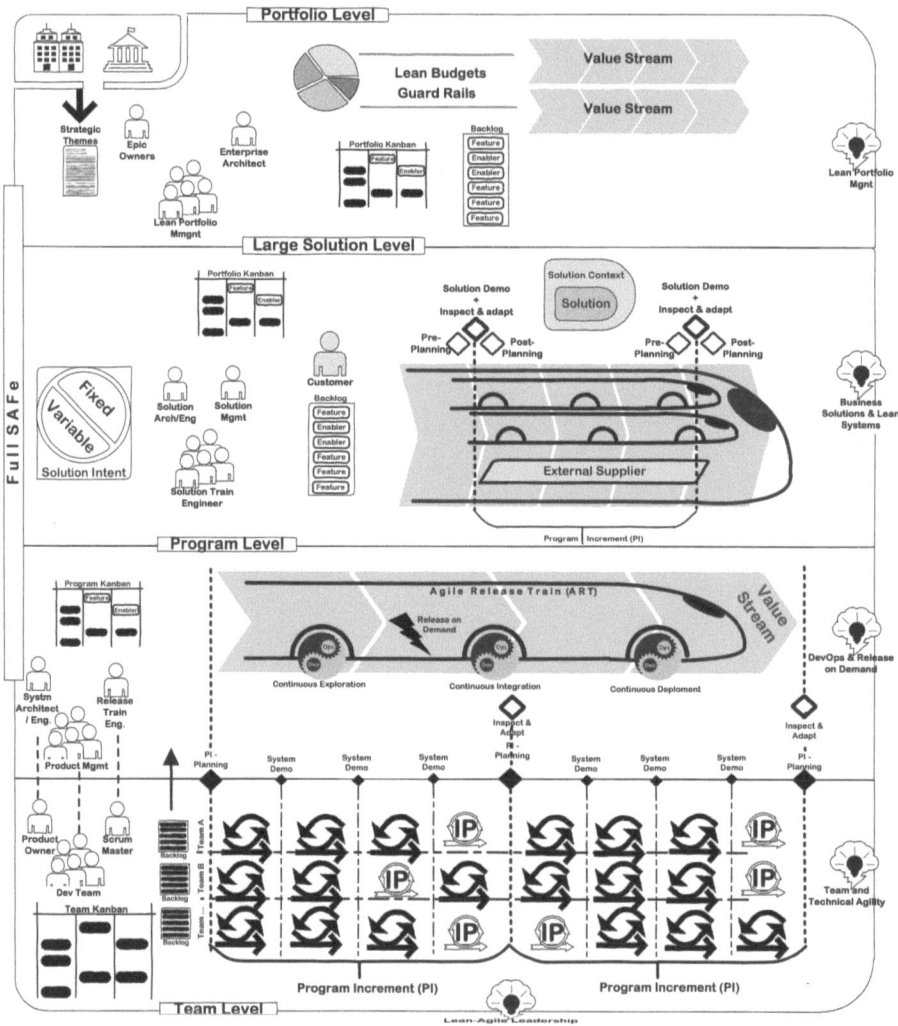

Die Full SAFe Konfiguration erfordert alle SAFe-Kernkompetenzen und Werkzeuge der Spanning Palette.

TEIL III:

DIE LEAN-AGILE

TRANSFORMATION

In seinem Konzept der Einführung von SAFe bezieht sich Scaled Agile Inc. Sehr stark auf (Heath, 2011), dass sich mit dem Veränderungsmanagement großer Organisationen befasst:
Die SAFe-Einführungs-Roadmap (Abb. 9-80) beschreibt nichts anderes als eine Roadmap für große Veränderungen – in diesem Fall disruptive lean agile Veränderungen im Rahmen einer SAFe-Einführung.

Die Liste der einzelnen Veränderungsschritte stellt keine Liste von formalen Schritten dar, die sich einfach abhaken ließen. Stattdessen erfordert jeder Schritt eine eingehende Betrachtung im Sinne des PDCA-Zyklus, d.h. es muss jeder Schritt iterativ/inkrementell geplant und danach umgehend ausgeführt werden. Betroffene Mitarbeiter und lean-agile Führungskräfte unterziehen die Ergebnisse der jeweiligen Schritte ebenso umgehend einem Review und leiten auf der Basis der soeben gewonnenen Erkenntnisse Verbesserungen ein.

Sämtliche Schritte der SAFe-Einführung stellen im Sinne von (Roadmap, Scaled Agile Inc., 2018) kritische Schritte (*Critical Moves*) dar, deren Ausführung bei nicht durchdachtem Vorgehen die Gefahr des Misserfolgs der gesamten SAFe-Einführung mit sich bringt.

Abb. 9-80 SAFe Transformation Roadmap

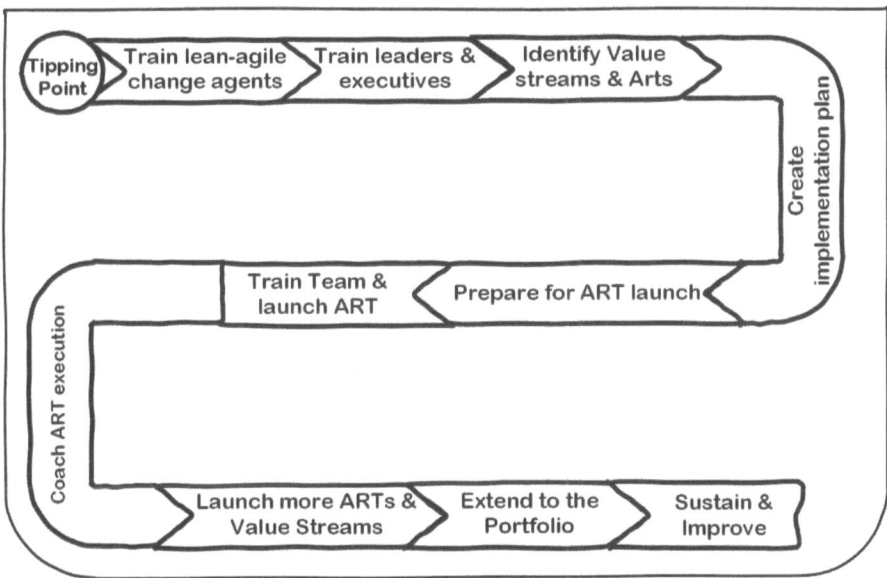

9.1. Der Wendepunkt

SAFe macht keine speziellen Annahmen über den Zustand einer Organisation vor der Entscheidung für die SAFe-Transformation. Es kann sich sowohl um eine Wasserfall-getriebene als auch um eine teil-agile Organisation handeln.

Die „völlige agile Ahnungslosigkeit" existiert in der heutigen Praxis in den großen Organisationen nicht mehr, da agile Vorgehensweisen seit langem von Entwicklern, insbesondere der jüngeren Generationen, propagiert werden - oder es existiert bereits ein agiles Theater, sodass grundlegende agile Begrifflichkeiten zumindest bekannt sind.

Agiles Theater hat zuweilen den Nachteil, dass die beteiligten weniger empfänglich für die lean-agilen Ideen sind („Wir sind doch bereits agil...").

Erkennen der Notwendigkeit der Transformation

SAFe setzt "lediglich" voraus, dass die Organisation bzw. deren Mitarbeitern die Notwendigkeit eines Wandels erkennt (den sog. *Tipping Point*), ab dem ein "weiter so" unter wirtschaftlichen Gesichtspunkten nicht mehr möglich ist oder nicht mehr möglich erscheint.

Nach Ansicht von SAFe muss ein Antrieb bestehen, der die gesamte Organisation erfasst. SAFe nennt zwei Motivationen:

- "Es brennt" bzw. eine maßgebliche Plattform oder die Cash Cow eines Unternehmens kann die Marktanforderungen nicht mehr erfüllen. Eine Weiter- oder Neuentwicklung ist in der geforderten Qualität, im geforderten Zeitrahmen oder unter Erzielung des bisherigen Umsatzes/Gewinn unter Beibehaltung der bisherigen Vorgehensweisen nicht mehr möglich.

- Proaktives Führungsverhalten, wenn keine konkreten(!) gravierenden Probleme bzgl. versagender oder mangelhaften Systeme existieren. Es "brennt" also nicht, obgleich unternehmensweit ein kollektives Gefühl der Unsicherheit bzgl. der zukünftigen Wettbewerbsfähigkeit besteht. Diese Gefühlslage bringt das Management dazu, die agile Transformation proaktiv voranzutreiben.

SAFe hält den ersten Punkt, die „brennende" Plattform, für die stärkere Motivation, weil die Probleme allen vor Augen stehen – sollten. Weiterhin kann die Organisation die am stärksten vom „Brand" betroffenen Systeme oder Value Streams für die SAFe-Einführung höher priorisieren als weniger wichtige Teile des Value Streams.

Beim zweiten Punkt, dem proaktiven Agieren des Managements, geht es oftmals um strenge rechtlich oder vertraglich motivierte Zeitpläne. Derart fixe Zeitvorgaben in Verbindung mit einem

Kulturwandel, womöglich im Rahmen eines Großprojekts begünstigen die Gefahr eines Rückfalls in nichtagile Vorgehensweisen oder das Ende des agilen Theaters:

→ Scaled Agile Inc. Zufolge gibt es keine Alternative zum Tipping Point als Startpunkt der agilen Transformation. Große traditionell aufgestellte Organisationen würden sich nicht ohne erheblichen oder gar lebensbedrohlichen Druck lean-agil transformieren lassen.

→ Vor dem Hintergrund der ca. 20-jährigen agilen Geschichte sollte es jedem Entscheider klar sein, dass vor dem Hintergrund der global aufstrebenden Konkurrenz durch die erfolgshungrigen Mitglieder aufstrebender Volkswirtschaften die lean-agile Transformation der notwendigen Erhaltung der Konkurenzfähigkeit dient.

Erstellen einer Vision für die Transformation

Eine lean-agile Transformation, die sich nur aus der Erkenntnis der Notwendigkeit einer grundlegenden Veränderung speist, wird auf halbem Wege steckenbleiben. Deshalb fordert SAFe für die Transformation eine Vision, die griffig beschreibt, was denn das Ziel der gesamten Transformationsveranstaltung sein soll. Die Vision wird laut SAFe in drei Punkten beschrieben:

- **Zweck der Transformation:** Warum führen wir die Transformation durch? Das „Wie" wird an dieser Stelle noch außen vorgelassen.

- **Motivation:** Der Antrieb für jedes einzelne Mitglied einer Organisation, bei der Transformation "mitzuziehen". Dazu muss klar sein, welche Positionen zur Disposition stehen und welche neuen Positionen sich im Rahmen der Transformation ergeben. Für jeden Mitarbeiter muss ersichtlich sein, "wohin die Reise geht".

- **Gemeinsame Ausrichtung aller Mitarbeiter:** Da es im Falle von SAFe durchaus um tausende Mitarbeiter gehen kann, muss die Organisation klarstellen, welche Gruppen von Mitarbeitern wann und wie von den Schritten der SAFe-Einführungs-Roadmap betroffen sind.

Im Zusammenhang mit dem Wendepunkt betont SAFe die Wichtigkeit der proaktiven Unterstützung des Managements. Es geht dabei um die tatkräftige und zeitintensive Mitarbeit, die ohne Weiteres 20% und mehr der Management-Kapazität betragen kann.

9.2. DevOps-Einführung

Bereits in seiner kleinsten Ausbaustufe, dem Essential SAFe, fordert SAFe das Vorhandensein einer CE/CI/CD Pipeline. Das ist gewagt: In Organisationen mit einer traditionellen Trennung von Entwicklung und Betrieb stellt die DevOps-Einführung ein Unterfangen beträchtlicher Komplexität dar - mit allen einhergehenden Risiken.

SAFe geht auf die DevOps-Einführung nicht im Besonderen ein. Nach Ansicht des Verfassers könnte es eine Strategie für eine Organisation sein, noch vor dem Starten der SAFe-Roadmap eine erste DevOps-Pipeline für ein ausgewähltes Produkt oder System zu erstellen. Die mit dem Aufbau einer DevOps-Pipeline einhergehenden Prozess- und Infrastrukturänderungen werden sich bei der anschließenden SAFe-Einführung als Vorteil erweisen.

Demgegenüber wird eine Organisation in der Praxis ihre CE-,CI- und CD-Pipelines entwickeln, sofern dies noch nicht geschehen ist.

10.1. Trainieren der lean-agilen Vermittler für den Wandel

Die Vermittler für den lean-agilen Wandel sind neben den lean-agilen Führungskräften aus den Mitgliedern der Organisation die SPCs und, je nach Organisation, weitere Stakeholder, die zusammen die *Sufficiently Powerful Guiding Coalition*[59] bilden. Frei übersetzt heißt dies „ausreichend machtvollen Leitkoalition", in diesem Buch kurz: „*Leitkoalition*"[60].

Die drei dem Tipping Point folgenden Schritte der SAFe-Implementierungs-Roadmap dienen der Bildung der Leitkoalition. Diese besteht sowohl aus Spezialisten in Sachen Agilität und Lean Management als auch aus versierten Mitarbeitern, die in der Lage sind, die Vision zu kommunizieren und die das Vertrauen der Mitarbeiter der Organisation genießen. Weitere Fähigkeiten der Mitglieder der Leitkoalition sind deren Erfahrungen in der Organisation und deren Fähigkeit, Hindernisse innerhalb der Firma aus dem Weg zu räumen.

Die Aktivität der Leitkoalition beginnen mit den organisatorischen Schritten:

1. Training von Führungskräften, Managern und sonstigen lean-agilen Führungskräften;
2. Schaffung eines Lean-Agile Center of Excellence (LACE). Das LACE stellt die maßgebliche Triebkraft hinter der lean-agilen Transformation dar.

Darauf folgt eine Bestandsaufnahme:

3. Identifizierung der Value Streams und ARTs;
4. Erstellung eines Implementierungsplans;
5. Vorbereitung einer ART-Einführung;
6. Training der Teams und starten des ARTs;
7. Coaching der ART-Events, Artefakte und Rollen;
8. Einführung weiterer ARTs und Value Streams.

---

[59] In SAFe-Kreisen auch als „Koalition der SAFe-Willigen" bezeichnet.

[60] Scaled Agile Inc. legt mit der Leitkoalition den Grundstein für die erste essenzielle SAFe-Kernkompetenz, des Lean-Agile Leadership. Dem kann man prinzipiell zustimmen, denn jegliche lean-agile Transformation ohne das 100%ige Commitments des gesamten Managements ist nach aller Erfahrung nach zum Scheitern verurteilt oder zumindest stark gefährdet. Nebenbei darf man nicht vergessen, dass Schulungen und Trainings der Mitglieder des Managements einen Großteil der Wertschöpfung von Scaled Agile Inc. ausmachen.

Zu guter Letzt wird SAFe in der Organisation verankert:

9. Einbeziehung des Portfolio Levels,

10. Erhalten und Verbessern der lean-agilen Transformation.

SAFe beruft sich auf (Kotter, 2011), wenn es die folgenden 8 Schritte zur Bildung einer Leitkoalition für Einführung tiefgreifender Änderungen in einer Organisation vorschlägt:

Schritt 1: Schaffung eines Bewusstseins für die Dringlichkeit der Transformation

Es muss bei allen Beteiligten dieselbe Wahrnehmung für die Dringlichkeit der anstehenden lean-agilen Veränderungen geschaffen werden. Daran hat die im nächsten Punkt beschriebene Leitkoalition einen wesentlichen Anteil.

Schritt 2: Aufstellung der Leitkoalition

Die Bewältigung der Aufgaben im Rahmen der Transformation ist keine Sache von Einzelkämpfern oder sporadisch tagenden Ausschüssen – es ist Teamarbeit. Hierfür werden die o.g. lean-agilen Führungskräfte und weitere Stakeholder in der Leitkoalition zusammengestellt.

Schritt 3: Entwicklung einer Vision und Strategie

Die Vision konkretisiert die Ziele und die Auswirkungen der Transformation auf das Unternehmen. Eine Vision ist keine einmalige Pflichtübung. Stattdessen stellt eine Organisation ihre Vision ständig auf den Prüfstand und führt, wenn notwendig, Änderungen durch.

Schritt 4: Kommunikation der Vision für die Transformation

Eine aktuelle Version der Vision steht jedem Mitarbeiter zu jedem Zeitpunkt zur Verfügung. In Zweifelsfällen über im Rahmen der Transformation zu treffenden Maßnahmen können und sollen die Mitarbeiter die Vision heranziehen.

Schritt 5: Befähigung der Mitarbeiter zu breit angelegtem Handeln

Breit angelegtes Handeln im lean-agilen Umfeld beruht auf der Basis cross-funktional zusammengesetzter und eigenverantwortlicher Teams, die dezentral Entscheidungen treffen (können).

Schritt 6: Kurzfristige Generierung erster Erfolge

Bereits im Zuge der ersten Iterationen im Rahmen einer SAFe-Einführung und dessen System-Demos präsentieren die Teams nutzbare Funktionalität. Hierzu sind entsprechend mit priorisierten Stories gefüllte Program- und Team Backlogs notwendig.

Schritt 7: Konsolidierung des Erreichten und Vorantreiben weitergehender Veränderungen

Nach jedem Schritt der Transformation ergreift die Organisation Maßnahmen, um die zuletzt durchgeführten Veränderungen zu festigen, z.B. durch Etablierung von Vertretern für neu besetzte Rollen, CoPs oder ähnliche Maßnahmen.

Schritt 8: Verankerung neuer Ansätze in der Kultur

Eine SAFe-Einführung endet nicht mit Etablierung des letzten ARTs und der darin enthaltenen agilen Teams. Eine Organisation muss die Grundlagen der lean-agilen Transformation ständig trainieren und „am Leben" erhalten, um die Gefahr eines Rückfalls in traditionelle Arbeitsweisen zu verhindern.

10.2.   Trainieren von Führungskräften und Managern

Der Knackpunkt in diesem Schritt der Roadmap ist, dass es nicht ausreicht, dass das Management die Notwendigkeit der agilen Transformation erkennt und diese vertritt. Vielmehr müssen alle Mitglieder auf Management-Ebene über die konkreten Maßnahmen der SAFe-Einführung im Klaren sein und diese unterstützen, um nicht ihre Glaubwürdigkeit vor den Teams zu verlieren.

Und damit nicht genug, muss das Management bei der SAFe-Transformation präsent und aktiv sein und die Sponsorschaft für die zu treffenden Maßnahmen übernehmen. Mit anderen Worten: Eine Organisation, in denen das Management den Beschluss zur agilen Transformation fasst, diese „beauftragt" und sich nur als Kunde der extern und intern beauftragten Transformationsaktivitäten sieht, wird die lean-agile Transformation nicht erfolgreich bewältigen können.

Konkret müssen die agilen Führungskräfte die folgenden Eigenschaften und Praktiken verinnerlichen und weitergeben. Hierbei handelt es sich zu einem Teil um die Wiederholung der im Fundament von SAFe (Kap.: 4.) formulierten Grundsätze und Praktiken.

Lean Denken: Wie im Kap 4.3.1. beschrieben, bietet SAFe ein Dankgebäude, das *House of Lean*[61]: Das Dach stellt den für den Kunden generierten Mehrwert dar. Die Säulen repräsentieren den Respekt vor den Menschen und der (Unternehmens-) Kultur, Flow, Innovation und steige Verbesserung. Das Fundament des Hous of Lean bildet die SAFe-Kernkompetenz Lean Agile Leadership. Vereinfacht gesagt: Die Mitarbeiter der Organisation müssen zur Transformation

---

[61] Die Metapher eines Hauses hat Scaled Agile Inc. ist ein aus der Kanban- und Kaizen-Welt üblicher Vergleich. Allerdings hat Scaled Agile Inc. die einzelnen Elemente des House of Lean mit eigenen Bedeutungen versehen. Fairerweise muss man anfügen, dass keine einheitliche Definition des House of Lean existiert.

motiviert werden. Ein Antipattern zum „Lean Denken" stellt der Manager-Typus dar, der in ein Unternehmen eintritt mit dem Anspruch, das Unternehmen und seine Mitarbeiter ohne Rücksicht auf deren Kultur „umzuformen".

„Begeisterung" für Agilität: Dies bezieht sich auf den in Kap. 2.2. beschriebene Werten des agilen Manifests.

Diese bilden die Grundlage um die Fähigkeiten und das Können der agilen Teams und ihrer Führungskräfte ihre Stärken in einem SAFe-geprägten Umfeld ausspielen können.

Lean-agile Prinzipien: Anwendung der in Kap. 4.4. beschriebenen 9 SAFe-Prinzipien.

Lean-agile Führungskräfte: Die lean-agilen Führungskräfte sind ausgebildet und nehmen ihre Verantwortlichkeiten war, wie sie in Kap 4.1. beschrieben sind.

10.3. Schaffung eines Lean-Agile Center of Excellence (LACE)

Beim LACE handelt es sich um die Gruppe von Personen, die die lean-agile Transformation aktiv in der Organisation vorantreibt. Es liegt auf der Hand, dass die hierfür in Frage kommenden Personen üblicherweise in anderen verantwortungsvollen Positionen eingebunden sind. Die Organisation muss diese Personen vollständig von ihren anderweitigen Aufgaben freistellen. Die Mitglieder müssen ihrerseits die neuen Rollen annehmen und sie als ihre Hauptaufgabe akzeptieren.

Es ist ein immer wieder in der Praxis beobachtetes Verhalten von Organisationen, das LACE von Anfang an mit einer Vielzahl von Personen auszustatten, diese aber nicht zu 100% dem LACE zuzuordnen. Das ist nicht effizient und womöglich sogar ineffektiv. Selbst in großen Organisationen reicht es, das LACE mit einer kleinen Anzahl (2-3) von in Vollzeit eingebunden Personen zu starten, um dann die involvierten Personen ständig und nach Bedarf zu erhöhen.

SAFe betont, dass ein 6 Personen-starkes LACE bereits eine Organisation mit ca. 1000 Mitarbeitern betreuen kann.

Abhängig vom Aufbau der Organisation kann das LACE verschiedene in Tabelle 10-8 dargestellte Strukturen aufweisen.

Die Schaffung eines LACE funktioniert am besten dann, wenn allen Beteiligten klar ist, dass die Mitglieder des LACE nicht mehr auf ihre bisherigen Posten zurückkehren. Dies dürfte in vielen Fällen umso leichter zu erreichen sein, als dass die alten Positionen nach erfolgreicher lean agilen Transformation sowieso nicht mehr existieren werden.

Tabelle 10-8 LACE-Strukturen

LACE-Struktur	In welcher Situation vorteilhaft
Zentralisiert: Ein LACE für die gesamte Organisation	Es existiert nur ein Portfolio und damit nur ein Budget, dass nicht auf mehrere Value Streams aufgeteilt werden muss – es gibt nur den einen Value Stream und alle ARTs sind diesem Values Stream zugeordnet Sämtliche Aufwendungen für die SAFe-Einführung incl. Der Kosten für LACE, ext. Berater, Schulungen und Werkzeuge speisen sich aus dem o.g. einzigen Budget.
Dezentralisiert: In einer Organisation existieren voneinander unabhängige LACEs	Verschiedene regional verteilte Unternehmensbereiche verfügen über voneinander unabhängige Lean Budgets. Jeder Unternehmensbereich mit einem LACE organisiert seine eigene lean-agile Transformation. Dadurch erfolgt die Finanzierung der Ressourcen für die lean-agile Transformation in Verantwortung der dezentralen Unternehmenseinheiten.
Speichenarchitektur (Hub-and-Spoke): Einem zentralen „Haupt-LACE" stehen mehrere in peripheren Unternehmensbereichen installierte LACEs gegenüber.	In der zentralen Unternehmenseinheit übernimmt ein relativ kleines Hub-LACE die strategische Koordination, d.h. es setzt die Standards und Methoden für die lean-agile Transformation, die die anderen Sub-LACEs anwenden. Die Budgetierung zentraler Aktivitäten geschieht zentral, wogegen die einzelnen „Speichen-LACEs" lokale Aktivitäten und Maßnahmen über lokale Lean Budgets finanzieren.

Die Verantwortlichkeiten des LACE sind vielfältig. Einige Beispiele:

- Kommunikation der geschäftlichen Notwendigkeiten, Dringlichkeit und Visionen für den lean-agilen Wandel;

- Entwicklung eines Implementierungsplans und Management des Status der lean-agilen Transformation;

- Festlegung der Kennzahlen und Metriken für die Arbeit der Teams, ARTs und Solution Trains;

- Durchführung von Personalbeschaffungs-Trainings für Manager und Führungskräfte, Entwicklungsteams und Spezialfunktionen wie Product Owner, Product Manager, Scrum Master und Release Train Engineers;

- Identifizierung von Wertströmen und Unterstützung bei der Definition und Einführung von ARTs;

- Bereitstellung von Coachings und Trainings für ART-Stakeholder und Teams;

- Teilnahme an kritischen Events wie z.B. Program Increments (PIs), Increment Plannings, Inspect and Adapt Workshops (I&A) sowie die Förderung der Communities of Practice (CoPs);

- Kommunikation von Fortschritten bei der Transformation;

- Umsetzung von lean-agilen *Fokustagen* mit Gastrednern und Präsentationen interner Fallstudien;

- Benchmarking und Vernetzung mit der externen Community, z.B. in Form anderer Organisation vor, in oder nach einer agilen Transformation;

- Förderung der kontinuierlichen Lean-Agile Bildung;

- Ausweitung von lean-agilen Praktiken auf andere Bereiche des Unternehmens, einschließlich Lean Budgets, Lean Portfolio Management, Verträgen und Human Resources;

- Hilfe zur kontinuierlichen Verbesserung. Es wäre eine Fehleinschätzung, zu glauben, dass die lean-agilen Mitglieder des LACE automatisch ohne jedwedes Briefing zu jedem Zeitpunkt entsprechend den Interessen der Organisation agieren und reagieren könnten. Aus diesem Grund sieht SAFe ein Mission Statement vor, dass auch und gerade von externen Kräften verstanden werden sollte.

- SAFe hält Organisationen dazu an, die Grundsätze zu fixieren, nach denen das LACE in der Organisation tätig sein soll. Tabelle 10-9 zeigt ein Beispiel derartiger Grundsätze.

Tabelle 10-9 LACE-Grundsätze („Mission Statement")

LACE-Grundsätze		
Fima	UAS as a Service Inc.	
Geschäftsziel	UAS-gestützte Beobachtungs- und Sicherheitsdienstleistungen.	
Aufbau des LACE	Ein aus Vollzeitkräften aufgebautes funktionsübergreifendes Team aus Kräften des Managements.	
Aufgabe des LACE	Anleiten und treiben der lean-agilen Transformation in allen Geschäftsbereichen.	
Leistungsspektrum des LACE		
Training der lean-agilen Führungskräfte.	Starten der ARTs nebst deren Identifizierung.	Auswahl und Einführung der agilen Praktiken und Maßnahmen.
Anpassung von SAFe an die Belange der Organisation.		
Außerhalb des Leistungsspektrum des LACE		
Änderung der Organisationsstruktur.	Änderung der Strategie im Supplier Management.	Änderung der Outsourcing-Strategie.
Erfolgskriterien		
Alle Value Streams sind identifiziert und dokumentiert.	Ein Mindestanteil der Führungskräfte sind in lean-agilen Praktiken geschult.	Ein Mindestanteil der Fachleute unter den Mitarbeitern sind in lean-agilen Praktiken geschult.
Alle ARTs und Solution Trains in #% der Value Streams sind identifiziert und dokumentiert.	Ein Mindestanteil der Teams arbeitet agil.	

SAFe betont mehrfach, dass die ARTs das Herz von SAFe darstellen – somit ist es nicht verwunderlich, dass sich die meisten Schritte der SAFe-Einführungs-Roadmap auf ARTs beziehen.

11.1.   Identifizierung der Value Streams und ARTs

Die Identifizierung von Value Streams und ARTs setzt voraus, dass die Organisation willens und in der Lage ist, Wertströme und Wertschöpfungsketten über die Grenzen noch bestehender Silo-Strukturen und funktionaler Teams zu identifizieren.

Trotz LACE werden die Maßnahmen zur Identifizierung der Value Streams und ARTs mit hoher Wahrscheinlichkeit auf Widerstände bei etablierten Mitgliedern aller Management-Ebenen stoßen. Aber genau die Überwindung dieser Widerstände ist der Grund, weshalb das LACE existiert. Sollten die Organisation die in Kap. 10. beschriebenen organisatorischen Schritte nicht effektiv durchgeführt haben, wird sich dies bereits im Lauf der Identifizierung der bestehenden Value Stream und ARTs zeigen.

11.1.1.   Formale Kriterien von Value Streams

Bevor sich die Leitkoalition mit dem oder den ARTs befasst, fokussiert sie sich zunächst auf die Identifizierung der Value Streams.

Wie in Abb. 11-81 skizziert, besteht ein Value Stream aus den folgenden Komponenten:
- **Auslöser**: Ein Ereignis, z.B. eine Bestellung oder ein Verkauf stößt den Value Stream an. Am Ende des Value Streams wird eine Leistung erzeugt bzw. ausgeliefert. Dies kann ein materielles Produkt, ein immaterieller Service oder eine Mischung aus beiden sein.
- **Schritte:** Die Leistung wird in mehreren Schritten erbracht.
- **Leistung oder Kundennutzen:** Nach Ausführung aller Schritte des Value Streams erhält der Kunde die Leistung.
- **Menschen und Systeme:** Zu einem Value Stream gehören die Menschen und die Systeme, die an der Leistungserbringung beteiligt sind.
- **Durchlaufzeit (*Lead Time*):** Die Zeit zwischen Auslösung einer Leistungserbringung und deren erfolgreichen Abschluss. Diese besteht sowohl aus der zur Leistungserbringung verwendeten Zeit als auch aus den unproduktiven Wartezeiten zwischen den einzelnen Schritten des Value Streams.

Abb. 11-81 Konzept eines Value Streams

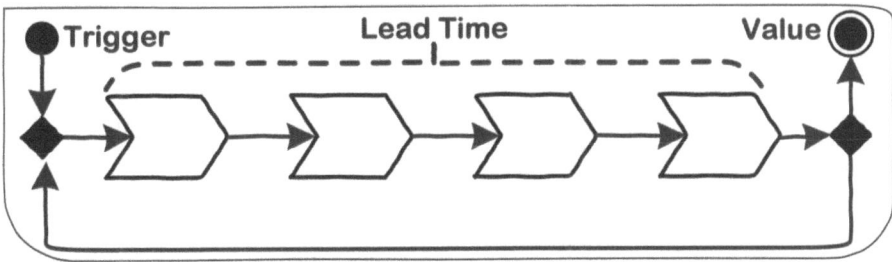

11.1.2. Zwei Value Stream - Kategorien

SAFe unterscheidet zwischen zwei Kategorien von Value Streams:

- **Operational Value Streams** sind direkt für die Lieferung des Kundennutzen verantwortlich, d.h. für den Service oder das Produkt.

- **Development Value Streams** sind verantwortlich für die Erstellung der Features und Fähigkeiten, die von den Operational Value Streams benötigt werden.

Es überrascht nicht, dass sich SAFe in der Hauptsache mit den Development Value Streams beschäftigt. Um diese zu finden, müssen zunächst die Operational Value Streams im Unternehmen ausfindig gemacht werden.

Abb. 11-82 zeigt beispielhaft den Operational Value Stream eines Marktforschungsinstituts, das Daten aus verschiedenen Quellen bezieht, anreichert und in Form von Datamarts für verschiedene Auswertungen zur Verfügung stellt.

Abb. 11-82 Value Stream-Typen, Systeme und Teams

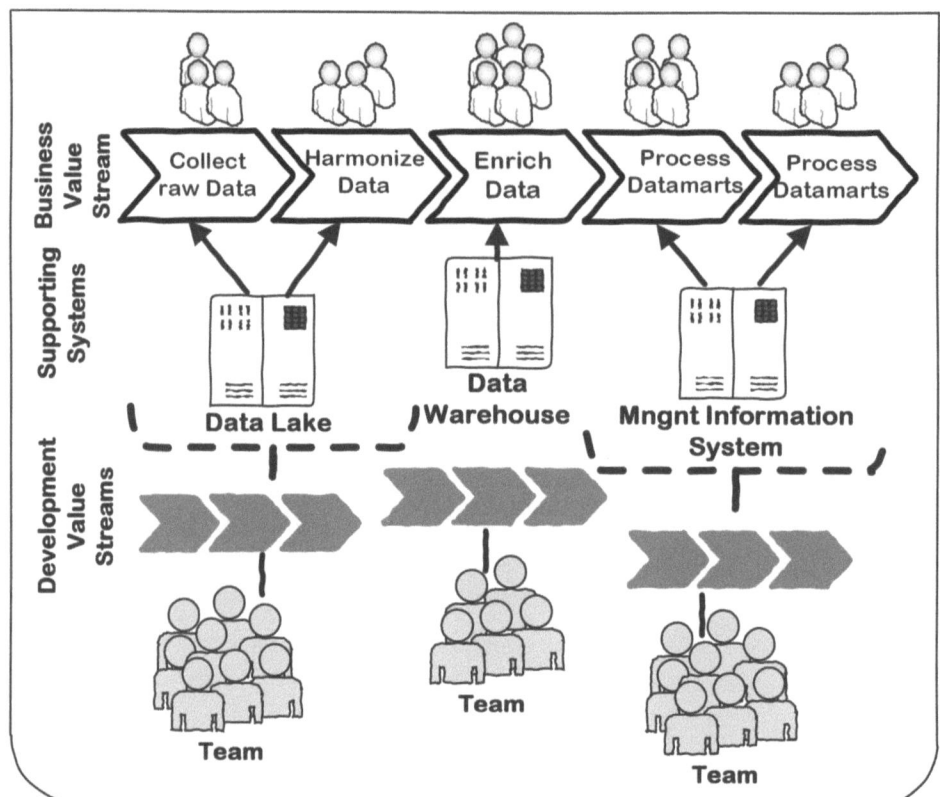

Den einzelnen Schritten des Operational Value Streams sind involvierte Personen bzw. Teams und Systeme zugeordnet, die die einzelnen Schritte des Value Streams unterstützen.

Eine weitere Dimension, die aus Abb. 11-82 nicht hervorgeht, ist die geografische: Die den Value Streams zugeordneten Teams und Abteilungen mögen weltweit verteilt arbeiten.

Weiterhin sind die Development Value Streams für die Pflege einzelnen Systeme zuständig.

Ein wenig formaler zeigt Abb. 11-83 die generellen Zusammenhänge. Dies heißt nicht, dass sich das Bild im konkreten Einzelfall organisationsabhängig anders darstellen kann.

Abb. 11-83 Value Streams, ARTs, deren Systeme und Teams

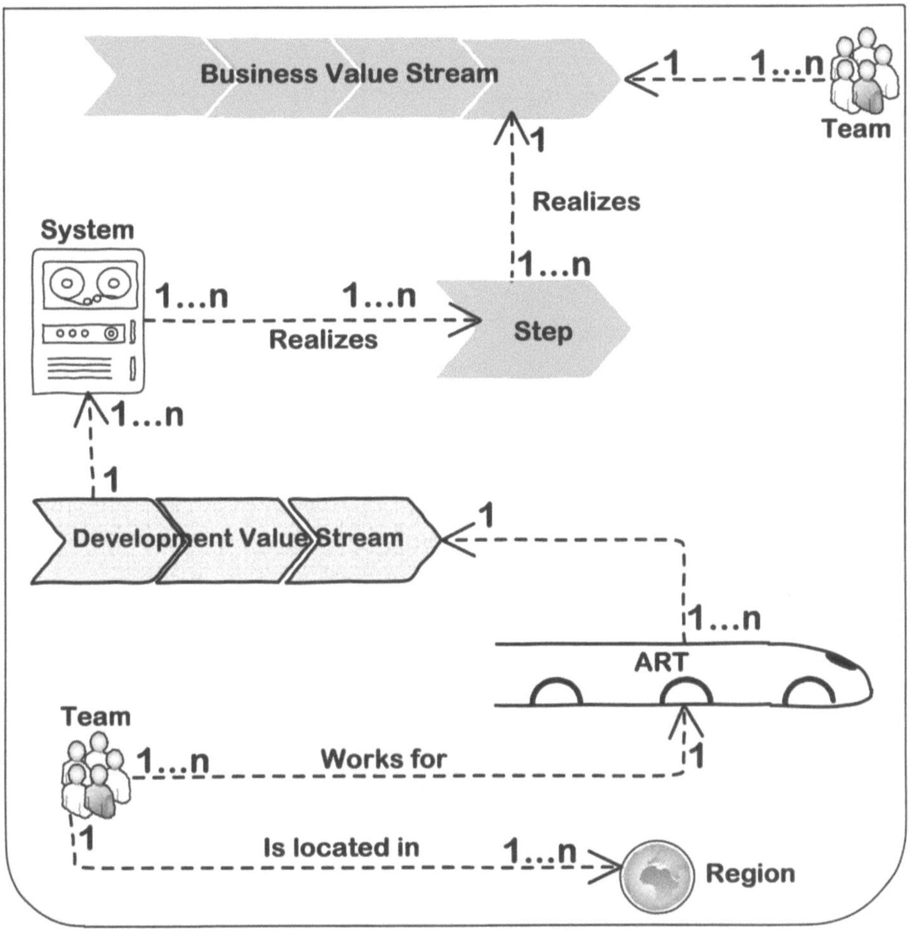

Identifizierung der Prozessschritte eines Operational Value Streams

Hierzu setzt SAFe auf der Strategie-Ebene an und formuliert einen Fragenkatalog aus verschiedenen Kategorien von Fragen.

Generelle Fragen des Managements an das eigene Unternehmen:
- Welche unserer Unternehmensziele, die durch Unternehmens-eigene Software-Systeme oder Lösungen unterstützt werden, unterscheiden uns von den Wettbewerbern im Markt?
- Wie nehmen unsere Kunden den durch uns generierten Mehrwehrt war?

- Welche derzeit existierenden Entwicklungsvorhaben binden einen nennenswerten Teil unserer Entwicklungs- und Test-Teams?

Fragen an externe Software- und System-Entwickler:
- Welche Produkte, Lösungen oder Services vertreibt das Unternehmen im Markt?
- Aus welchen größeren Systemen oder Sub-Systemen bestehen unsere Lösungen?
- Welche geschäftskritischen nichtfunktionalen Anforderungen (NFRs) müssen unterstützt werden?

Fragen an die Unternehmens-IT:
- Welche Geschäftsprozesse werden durch die IT unterstützt, um die o.g. Unternehmensziele zu erreichen?
- Welche internen Abteilungen werden durch die IT unterstützt?
- Welches internen oder externen Kunden des Unternehmens profitieren in welcher Weise von den o.g. Ergebnissen der Geschäftsprozesse und Abteilungen?

Sind für einen Operational Value Stream dessen Prozessschritte bekannt, identifiziert das Unternehmen im nächsten Schritt die den Value Stream unterstützenden Systeme. Hierzu assoziiert die Organisation die Systeme direkt mit den durch sie unterstützten Schritten des Value Streams. Die Identifizierung der Systeme hilft, die einzelnen Schritte des Value Streams weiter zu konkretisieren und zu detaillieren.

Auf der Basis der in den Operational Value Stream eingebundenen Personen und Systeme identifiziert die Organisation den oder die Development Value Streams. Die Annahme hierfür ist, dass sich bestimmte Systeme und Personengruppen zu Development Value Streams zusammenzufassen lassen. Abb. 11-83 stellt dies beispielhaft dar.

Im nachfolgenden Schritt identifiziert die Organisation oder das Unternehmen die in Development Streams eingebundenen Personen und Personengruppen. Dabei betrachtet die Organisation alle Personen, unabhängig von ihrem Standort oder ihrer Unternehmenszugehörigkeit. Es werden also ebenso die Mitarbeiter von Zulieferern, überwachenden Behörden etc. in die Betrachtung miteinbezogen.

Erstellung eines Development Value Stream Canvas

Im Anschluss an die Beantwortung der o.g. Fragen wird eine Value Stream-Definition erstellt, wie sie Tabelle 11-10 für ein Marktforschungsinstituts beispielhaft darstellt.

Tabelle 11-10 Definition eines Value Streams (Beispiel)

Name	Point of Sales (POS) Reporting
Beschreibung	Auswertungen der Umsätze am POS im Hinblick auf die Effizienz von Werbemaßnahmen
Kundenkreis	Einzelhandelskunden
Auslöser	Permanent bzw. in Echtzeit, d.h. bei jedem Verkaufsereignis am POS
Mehrwert für den Kunden	Feedback zu Werbe- und Marketing-Aktivitäten des Kunden

Der detaillierteren Beschreibung eines Development Value Streams dient das *Development Value Stream Canvas*. Dies dient der Schaffung einer gemeinsamen Verständnisses eines Development Value Streams.

Der Begriff Canvas ist bewusst gewählt: Es handelt sich beim Development Value Stream Canvas um keine schwergewichtige Dokumentation. Idealerweise sollten sich die diesbezüglichen Informationen stichwortartig auf einer DIN A3-Seite darstellen lassen.

Inhalt eines Development Value Stream Canvas:
- Name des Value Stream und unterstütze Operational Value Streams
- Value Stream Beschreibung: Aufzählung und kurze Beschreibung aller Schritte innerhalb eines Value Streams.
  - **Leistungsversprechen des Value Streams (*Value Proposition*)**: Für wen produziert der Value Stream auf welche Art und Weise welchen Wert?
  - **Lösungen**: Involvierte Systeme, Produkte und Services;
  - **Kundensegmente**: Von der Lösung bediente Kundensegmente;
  - **Budget**: Opex und Capex für Mitarbeiter und Ressourcen;
  - **Kontext der Lösung**: Kontext, in dem die Lösung für die jeweiligen Kundensegmente nutzbar ist;
  - **Vertriebskanäle**: Welcher Vertriebskanal bedient welches Kundensegment?
  - **KPIs / Umsatz**: Leistungskennzahl zur Leistungserbringung;
  - **Beteiligte Rollen und Regionen**: Geschätzte Anzahl Personen pro Region, die am Development Stream beteiligt sind;

- o **Kundenbeziehungen**: Art der Kundenbeziehungen pro Kundensegment;
- o **Wirtschaftliche Rahmenbedingungen**: Regeln zur gemeinsamen Ausrichtung aller Beteiligten auf die finanziellen Ziele der Lösung;
- o **ARTs und Lieferanten (Nur bei Solution Trains)**: Namen der ARTs und Lieferanten und deren jeweiligen Verantwortlichkeiten für die Solution;
- o **Rollen im Value Stream (Nur bei Vorhandensein mehrerer ARTs)**: Z.B. Solution Train Engineer, Solution Management, Solution Architect, Solution Engineer;
- o Identifizierung der den Value Streams unterstützenden Systeme.

11.1.3.   Identifizierung der ARTs

Während man davon ausgehen kann, dass in jedem Unternehmen, dass eine Leistung für den Kunden erbringt, ein oder mehrere Value Streams bereits vor der SAFe-Einführung, existieren, stellt sich dies bei ARTs anders dar. Es existieren zu jedem Value Stream Personen und Systeme, die diesen repräsentieren, die jedoch noch nicht in Form von ARTs organisiert sind.

Die Definition von ARTs ohne vorherige Identifizierung der Value Streams macht keinen Sinn. Selbst wenn im Unternehmen nur ein Value Stream existiert, muss dieser in seinen Details bekannt sein.

Die bereits aus Kap. 5.3.3. bekannten Kriterien eines ART sind:
- – 50 – 125 Personen,
- – Ausrichtung auf ein Gesamtsystem oder verschiedene Produkte oder Services,
- – Langlebige stabile Teams,
- – Keine oder möglichst wenig Abhängigkeiten zu anderen ARTs,
- – Release-Erstellung unabhängig von anderen ARTs.

Das Verhältnis zwischen Value Streams und ARTs ist stark organisationsabhängig. Wie angedeutet, identifiziert die Organisation ihre ARTs anhand der wertschöpfenden Systeme innerhalb eines bekannten Value Streams.

Solution Trains (Kap. 6.) stellen ein Werkzeug zur Steuerung mehrere Arts und/oder externer Provider dar. Sofern offensichtlich, können die Solution Trains bereits in diesem Schritt, der Identifizierung der ARTs, definiert werden.

Ein ART kann für die Wertschöpfung mehrerer Value Streams verantwortlich sein (Abb. 11-84). In diesem Fall sind sämtliche Personen, Systeme und Ressourcen des ARTs ebenso Teil aller Value Streams.

Ein Value Stream, der durch eine begrenzte Anzahl von Personen (< 100) realisiert wird, kann durchaus durch einen einzigen ART realisiert werden, wenn keine Gründe dagegensprechen. Ein Argument für die Aufteilung in mehr als einen ARTs könnte es sein, wenn sich die Iterationszyklen verschiedener Teams nicht oder nur schwer synchronisieren lassen.

Umgekehrt existieren in großen Firmen komplexe Value Streams, die durch mehrere ARTs und überdies mehrere externe Supplier realisiert werden (Abb. 11-85).

Abb. 11-84 Einfache ART-Szenarien

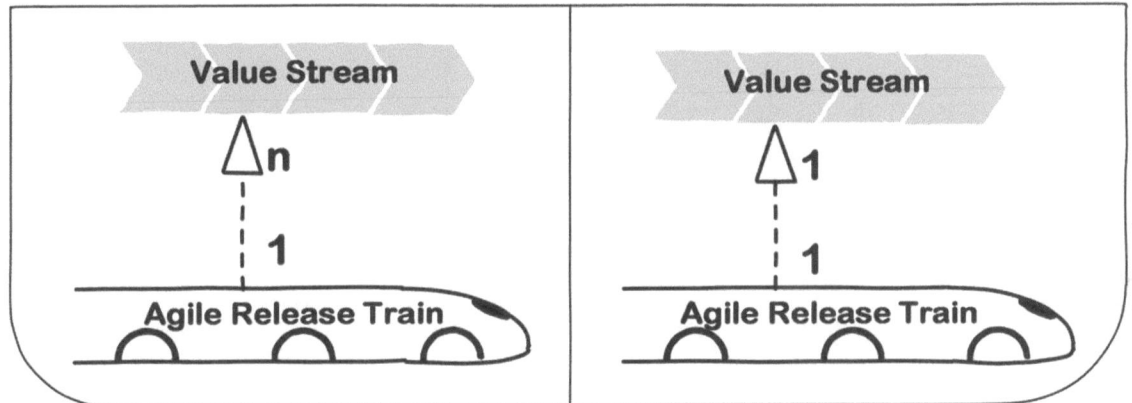

Abb. 11-85 Komplexe ART-Szenarien

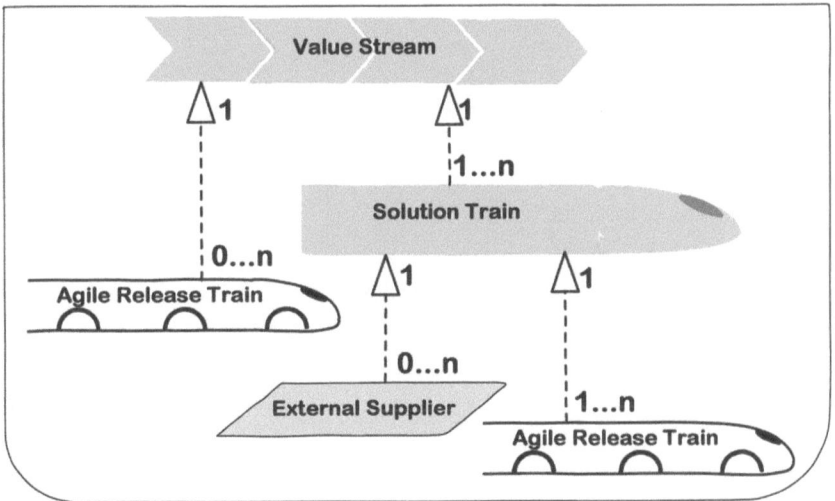

SAFe spricht von zwei verschiedenen Arten von ARTs: *Feature Area ARTs* und *Sub-System ARTs*:

- **Feature Area ARTs** konzentrieren sich auf Realisierung einzelner für den Kunden sichtbarer Features oder Feature-Bereiche.

- **Sub-System-ARTs** wiederum haben keine Features im Blick, sondern Komponenten oder Teilsysteme, die von möglicherweise mehreren Feature Arts eingebunden werden können.

Die Tatsache, dass die Ergebnisse oder Teile eines Sub-System ART durch mehrere andere ARTs wiederverwendet werden können, stellt die Daseinsberechtigung der Sub-System ARTs dar. Gleichwohl kann es die schlichte Größe eines Feature ARTs und der daran beteiligten Entwickler notwendig machen, dass ein Sub-System ART nur einen Feature Art unterstützt. Eine Spielart der Sub-System Arts sind die Plattform ARTs. In sehr großen und komplexen Value Streams mag es ein bis zwei Teams geben, deren Ziel die Bereitstellung einer Entwicklungs- und Betriebsplattform ist, auf denen die Feature Arts aufbauen. Diese Teams können einen Plattform ART bilden.

Abb. 11-86 Platform Arts und Feature Area ARTs

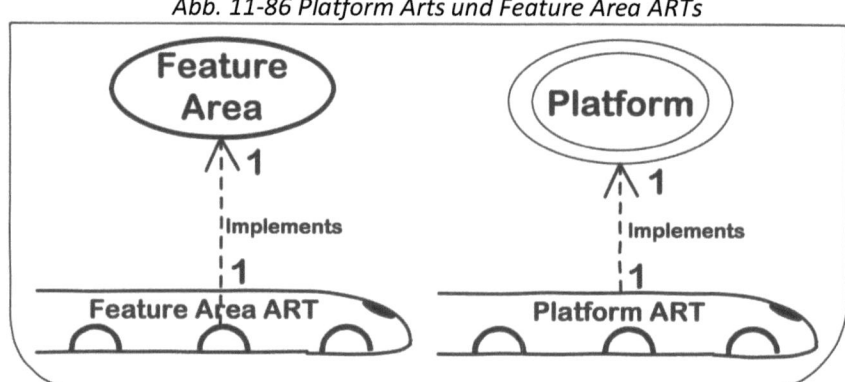

11.2. Erstellung eines Implementierungsplans

Nach erfolgreicher Identifizierung der Value Streams und Agile Release Trains, erstellt das LACE zusammen mit den Beteiligten den auf diese Struktur angepassten Implementierungsplan.

Dieser Implementierungsplan besteht aus den folgenden grundsätzlichen Schritten:

- Auswählen eines (ersten) Value Streams;

- Auswählen des ersten ART innerhalb des Value Streams;

- Erstellung einer vorläufigen Planung für die Implementierung weiterer Arts und Value Streams.

Die Schritte im Detail:

11.2.1.   Auswählen eines (ersten) Value Streams

"Einen Value Stream auswählen" - das sagt sich natürlich so einfach. Es lauern bei der Einführung von SAFe dieselben Fallstricke wie in vielen anderen organisatorisch und/oder technologisch anspruchsvollen Vorhaben, z.B. DevOps-Einführungen oder Neuimplementierungen von nicht mehr wartbaren Altsystemen.

Um den Beweis der Mächtigkeit des neuen lean-agilen Vorgehens zu erbringen - und die damit verbundenen Kosten gegenüber allen Stakeholdern zu rechtfertigen - wird der u.U. unternehmenskritischste Value Stream ausgewählt. Dieser dürfte oftmals die Cash Cow des Internehmens darstellen - und eine entsprechende „historisch gewachsene" Komplexität aufweisen. In Kombination mit dem gleichzeitigen Aufbau von CE/CI/CD-Pipelines birgt ein derartig herausforderndes Vorhaben ein nicht zu unterschätzendes Risiko des Scheiterns.

Idealerweise handelt es sich beim ersten Value Stream um einen Solchen mit wenigen ARTs und einer ebenso kleinen Anzahl externer Zulieferer.

Die Eigenschaften des ausgewählten Value Streams soll nach SAFe in einem sog. Value Stream Canvas (Kap 11.1.2.) zusammengefasst werden.

Das Erstellen des Value Stream Canvas dient neben dem der reinen Dokumentation auch dem Verständnis des eigentlichen Value Streams. Das Zusammentragen der Informationen eines Value Streams erfordert in den meisten Fällen die Zusammenarbeit mehrerer Parteien.

11.2.2.   Auswählen des ersten ART innerhalb des Value Streams

Ist der erste Development Value Stream erfolgreich identifiziert und herrscht bzgl. dessen Eigenschaften Klarheit, kommt der erste ART „an die Reihe".

Es macht Sinn, einen ART zu wählen, dessen Implementierung einen "Quick Win" und somit eine starke Motivation für die weitere SAFe-Implementierung darstellen kann. Idealerweise kann dies ein ART mit wenigen Teams sein, der bestenfalls den einzigen ART eines Value Streams darstellt.

Analog zur Auswahl des Value Streams, sollte die Prestigeträchtigkeit der zu implementierenden Lösung nicht das Hauptkriterium für die Auswahl des ART sein.

Als Kriterien für einen möglichst vielversprechenden ART schlägt SAFe vor:
- Starke Unterstützung des ART durch lean-agile Führungskräfte;
- Verschiedene bereits gut zusammenarbeitende und womöglich bereits für sich agil arbeitende Teams;

- Der Mehrwert des ARTs sind existierende und klar umrissene Produkte, Services oder Lösungen;
- Der ART stellt eine (nicht zu große) Herausforderung für die Organisation dar in Kombination mit einer reellen Chance, z.B. im Sinne einer dringend benötigten Funktionserweiterung.

ARTs werden in kurzer, bündiger Form in Form eines *Agile Release Train Canvas* beschrieben. Ein ART Canvas sollte auf ein bis zwei Seiten beschrieben werden könne und die folgenden Informationen erhalten:
- **Name** des ART
- **Vision Statement**: Was bringt das Ganze und für wen?

  FÜR WEN **<Value Stream / Kunde>** BEI SEINER/IHRER AKTIVITÄT **<Aktivität / Aufgabe>** SOLL **<was / welches Ergebnis>** IN **<welcher Weise>** SO GELIEFERT WERDEN, DASS DER **<Nutzen>** FÜR DEN KUNDEN ENTSTEHT.

  ANDERS ALS **<Konkurrent, bestehende bzw. nicht-bestehende Lösung>** WEIL **<warum diese Lösung die bessere ist>**.
- **Business Owner**: Wer ist fachlich verantwortlich?
- **Zielgruppe(n)**: Wer is bzw. wer sind die Kunden?
- **Involvierte Mitarbeiter** und deren Standorte;
- **Involvierte Stakeholder** und deren Standorte;
- **Maßgebliche Rollen**: Wer hat welche Rolle (PO, Scrum Master etc.) inne?
- **Team-Strategie**: Welche Teams existieren und welche Aufgaben haben sie? Dieser Punkt ist wichtig im Falle des Einsatzes von Spezialteams, wie z.B. System Teams.
- **Verantwortlichkeiten**: Welches sind die Verantwortlichkeiten aller Teams.
- **Erfolgssichernde Maßnahmen** bzw. Risiken und wie die Organisation diesen begegnet;
- **Solution**: Welche Lösungen, Lösungskomponenten, Produkte oder Services unterstützt der jeweilige ART?
- **Technische Mittel**: Entwicklungsumgebungen, -Werkzeuge, Infrastruktur;
- **Development Value Stream**: Durch den ART unterstützter Development Value Stream(s);
- **Operational Value Stream**: Durch den ART unterstützter Operational Value Stream(s).

11.2.3. Erstellung einer vorläufigen Planung für die Implementierung weiterer Arts und Value Streams.

Nach Implementierung des ersten ARTs und vor dem Hintergrund der bis dato gemachten Erfahrungen erstellt die Organisation eine strategische Planung zur Implementierung weiterer ARTs und Value Streams.

Dieses Vorgehen ist vor einem agilen Hintergrund zu sehen. Es handelt sich also nicht um eine feste Zeitplanung, sondern um einen strategischen Ansatz. Entsprechend agiler Vorgehensweise erfolgt die Implementierung der weiteren ARTs schrittweise im Sinne einer Roadmap, in der das nach jedem Schritt Gelernte als Feedback in den weiteren SAFe-Implementierungsprozess einfließt.

Im Rahmen des Transformationsprozesses während der SAFe-Einführung kann es durchaus passieren, dass ehemals für ihre Implementierung priorisierte ARTs und Value Streams umpriorisiert oder sogar aufgegeben werden, sodass eine Organisation nach der SAFe-Transformation u.U. weniger Geschäftsfelder als vor der Transformation aufweisen kann.

Im Idealfall ist der zuerst identifizierte Development Value Stream identisch mit dem ersten ART - dann erübrigt sich jede weitere Diskussion. Wenn es sich um einen größeren und komplexen Value Stream handelt, sind zur Definition der weiterhin zu implementierenden ARTs laut SAFe die folgenden Kriterien anzulegen:

Unterstützung durch die Führung bzw. des Managements

Voraussetzung hierfür ist, dass Mitglieder des Senior Managements mit SAFe vertraut und geschult sind. Sie treiben den Einsatz von SAFe aktiv voran und unterstützen die Definition von ARTs persönlich.

Klar definierte Produkte, Lösungen und Services

SAFe, wie auch jedes andere Framework zur agilen Skalierung (siehe Teil IV) lässt sich am besten auf greifbare und klar definierte Prozesse und Produkte anwenden. Im Idealfall handelt es sich dabei um Produkte mit direktem Kundennutzen und identifizierbaren Cash Flow. Das vereinfacht die Wirtschaftlichkeits-Rechnung für einen Value Streams.

Bereits kollaborierende Teams

Es ist von Vorteil, wenn es bereits kollaborierende Teams in der Organisation gibt, die sich einem oder mehreren ARTs zuordnen lassen. Es ist noch besser, wenn diese Teams bereits agil arbeiten - dort wird die SAFe-Adoption am leichtesten fallen.

11.2.4.   Herausforderungen und Potentiale

Strukturelle Veränderungen stellen immer eine Herausforderung dar. Eine clever geführte Organisation wird deshalb versuchen, die am vielversprechendsten Services und Produkte für die Einführung von Value Streams und ARTs heranzuziehen. Es wäre allerdings nicht das erste Mal, dass dieser prinzipiell gutgemeinte Ansatz in ein Desaster führt.

Dies kann dann der Fall sein, wenn die identifizierten ARTs und Value Streams unternehmenskritische Systeme betreffen, die zudem komplex und monolithisch aufgebaut sind. In einem solche Fall ist die Einführung von SAFe kostenintensiv. Wenn jetzt die Einführung von SAFe mit einer Erweiterung der den Values Streams zugrundeliegenden Systemen einhergeht, ist die Gefahr eines Scheiterns aufgrund zu hoher Erwartungen sehr groß.

Die Praxis zeigt, dass es ein vielversprechenden Ansatz darstellt, Values Streams und ARTs zunächst nur für bestehende Systeme zu identifizieren und einzuführen. Eine Organisation soll angedachte signifikante oder komplexe Erweiterungen an bestehenden Systemen und Produkten erst dann in Angriff nehmen, nachdem die diesbezüglichen Value Streams und ARTs identifiziert und implementiert wurden.

11.2.5.   Erstellen einer Vorausplanung für zusätzliche ARTs und Wertströme

Bevor der erste ART gestartet wird, muss bereits eine Planung für eine weiterführende Implementierung von ARTs und damit Values Streams existieren. Keinesfalls macht es Sinn, bei der Referenzimplementierung eines ARTs stehenzubleiben. Selbst wenn die Lehren aus der Implementierung des/der ersten ARTs schmerzhaft sind und z.B. zum Abbau von Personal führten.

Das Management muss sicherstellen, dass:
- Die Vision der SAFe-Einführung in der gesamten Organisation verbreitet und verstanden wurde;
- Alle Stakeholder dieselbe Linie vertreten.

11.3. Vorbereiten einer ART-Einführung

Das LACE ist maßgeblich verantwortlich für die Einführung der ARTs.

Es folgen die weiteren Schritte, die in diesem Kapitel erläutert werden:
- Identifizierung der weiteren zur Einführung ausgewählten ARTs;
- Definition von Startdaten des ARTs und des Takts der PIs;
- Training / Coaching der Führungskräfte und Stakeholder auf ART-Level;
- Aufstellung der agilen Teams;

- Training / Coaching der Team-Rollen (Produktmanager, Product Owner, Scrum Master, System Architects);
- Füllen des Program Backlog mit Features und Enablern;
- Stetige Überprüfung und Bewertung der Einsatzbereitschaft des ARTs.

Zu den drei letzten der o.g. Punkten sei angemerkt, dass sie nicht strikt in der angegebenen Reihenfolge abgearbeitet werden müssen sondern parallel laufen können.

Identifizierung des zur Einführung ausgewählten ARTs

Ähnlich des in Kap. 11.1.2. besprochenen Value Stream Canvas existiert ein Agile Release Train Canvas, so wie in Kap. 11.2.2. beschrieben. Das LACE erstellt das ART-Canvas in einer ersten Version bereits während der Identifizierung des ARTs in Kap. 11.2.2. . Wie bereits im Falle des Value Stream Canvas dient die Erstellung des ART Canvas dem Verständnis des ARTs und als Grundlage für dessen weitere Entwicklung.

Definition des terminlichen Rahmens eines ARTs und seiner PIs

Der nächste Schritt besteht in der zeitlichen Rahmenplanung des ARTs: Jedes PI sollte zwischen 8 und 12 Wochen betragen, was üblicherweise einer Menge von 3 – 6 Iterationen entspricht, abhängig von deren Dauer (2 – 4 Wochen).

In neu eingeführten ARTs kann die Iterationsdauer ohne weiteres bis zu 4 Wochen betragen. Eingespielte Teams streben kürzere Iterationen bis zu zwei Wochen an.

Der anfänglich gewählte Takt der Iterationen und PIs kann sich durchaus ändern bzw. entwickeln, je mehr Erfahrung die involvierten Mitarbeiter sammeln. Zu verhindern ist jedoch ein ständiges Schwanken der Dauer der Iterationen und PIs.

Training / Coaching der Führungskräfte und Stakeholder des ART

Eine Organisation muss für die ART-Einführung sämtliche betroffenen Führungskräfte und Stakeholder miteinbeziehen. Dazu müssen diese selbstverständlich bekannt bzw. benannt und entsprechend durch das LACE bzw. Trainingsmaßnahmen geschult sein:
- **ART-Rollen**: Release Train Engineers, Product Managers, System Architects;
- **ART-Stakeholder**: Business Owner, Produktmanagement, Management Ebene, interne Zulieferer[62], Betrieb, etc.).

---

[62] Externe Zulieferer sind Stakeholder von Solution Trains

Im günstigsten Fall befinden sich die Inhaber der ART-Rollen bereits auf dem Niveau lean-agiler Führungskräfte.

Aufstellung der agilen Teams

Für die Aufstellung der agilen Teams bieten sich zwei Ansätze an:
- Die Aufstellung nach **Feature Team**s, die sich auf die zu erstellende Funktionalität konzentrieren, die im Program Backlog als Features spezifiziert sind. In diesem Zusammenhang betont SAFe die Wichtigkeit von T-Shaped Skill-Profilen der beteiligten. (HRZone, 2019)[63].
- Die Aufstellung nach **Component Teams**. Die sich mit der Erstellung Framework-Komponenten oder Teilen der Architectural Roadmap befassen. Allgemein formuliert, geht es um nichtfunktionale Anforderungen oder *non-functional requirements* (NFRs).

Stetige Überprüfung und Bewertung Einsatzbereitschaft des ARTs

Die Bewertung der „Reife" des ARTS für den Einsatz erfolgt wie üblich in der lean-agilen Praxis nach dem PCDA-Zyklus.

Dazu schlägt SAFe für verschiedene Bereiche die folgende Checkliste vor, die Aufschluss über den Fertigstellungsgrad eines ARTs geben soll:
- Planungs-Umfang und Kontext: Ist der Umfang an Produkten, Systemen und Technologie-Domänen bekannt wie die beteiligten ARTs und Value Streams?
- Sind die jeweiligen RTEs bekannt und sind diese vorbereitet?
- Sind die zeitlichen Eckdaten des kommenden PIs bekannt, speziell Dauer und Takt von Iterationen und PIs?
- Sind alle agilen Teams mit den benötigten Rollen und Personen ausgestattet?
- Sind die Teammitglieder vor Ort anwesend oder sind entsprechende Maßnahmen für eine etwaige Remote-Mitarbeit getroffen worden?
- Sind Business Owner, Stakeholder und das Produktmanagement bekannt, existiert eine Produktvision?
- Sind sich Product Owner und Produktmanagement hinsichtlich der Prioritäten der kommenden PIs einig?

---

[63] Es erschließt sich nicht auf den ersten Blick, weshalb SAFe T-Shaped Skill-Profile in den Zusammenhang mit den Feature Teams erwähnt. Nach Ansicht des Autors werden T-Shape Profile in Component Teams genauso ausgebildet bzw. benötigt. Überspezialisierte Rollen sollten im lean-agilen Umfeld eine Ausnahme darstellen.

– Existiert eine klar formulierte Vision und enthält das Program Backlog eine Mindestanzahl, z.B. 10, an Features zur Bearbeitung im kommenden PI?

Füllen des Program Backlog mit Features und Enablern

Ein ART lässt sich nur erfolgreich mit einer klaren Mission starten. Dazu muss das Program Backlog die entsprechenden Features, Enabler und NFRs enthalten. Daneben müssen Product Owner und Architekten die Program Vision bereitstellen. Es ist die Rolle des LACE, die beteiligten Stakeholder des ARTs zu den entsprechenden Vorbereitungen zu motivieren und deren Fertigstellung zu begleiten.

Tabelle 11-11 enthält die vor dem Starten eines ARTs zu klärenden Fragen und Verantwortlichkeiten.

Tabelle 11-11 Klärung der Verantwortlichkeiten vor einer ART-Einführung

Bereich / Verantwortlichkeit	Fragestellung / Klärungsbedarf
System Team	Ist das System Team aufgestellt und eingebunden?
Shared Services	Sind die Teams für die Shared Services, sofern benötigt, identifiziert? Z.B. DevOps, UX, Architecture
Weitere Parteien, Stakeholder etc.	Sind alle Stakeholder und Parteien bekannt und involviert?
Wergzeuge zur Unterstützung agiler Vorgehensweisen	Sind die Systeme und Werkzeuge zur Erstellung und Verwaltung der Stories (Epics, Enablers, Capabilities etc.) in den Backlogs verfügbar.
Entwicklungsumgebungen und -Infrastruktur	Steht die vorhandene Infrastruktur mit den notwendigen Eigenschaften und Capabilities (DevOps bzw. CI/CD-Pipelines und allen benötigten Umgebungen) zur Verfügung.
Qualitätsmaßnahmen	Sind die Qualitätsmaßnahmen in Form von Testautomatisierung, Testkonzepten und Built-In Quality definiert, vorhanden und hinreichend kommuniziert?
Wahrnehmung durch Führungskräfte und Business Owner	Sind die Business Owner benannt und in der Lage, um Geschäfts- und Unternehmenskontext darzulegen und eine entsprechende Produkt- und Lösungs-Vision zu erstellen?
Business Alignement	Besteht Einigkeit zwischen Business Owner und das Produktmanagement hinsichtlich der Prioritäten?
Vision and Program Backlog	Existiert eine Vision und ist diese hinreichend kommuniziert, um die kommenden PIs zielgerichtet durchführen zu können? Hierzu gehören die entsprechend priorisierten Features, Enabler und Capabilities.

Planung und Planungsumfang	Sind die alle Value Streams und ARTs identifiziert?
Release Train Engineer	Ist die Rolle des RTE besetzt und die betreffende Personen entsprechend geschult? Speziell im Hinblick auf die PI-Planung und Durchführung der Inspect & Adapt Events.
Planung, Iterations- und PI-Takt	Sind die PI Events zeitlich und inhaltlich geplant? Speziell im Hinblick auf die Synchronisierung der Iterationen und der System Demos.
Agile Teams	Sind die Rollen in allen Feature- und Component Teams besetzt? Sind alle weiteren Mitglieder benannt, den Teams zugeteilt und verfügbar bzw. entsprechend zugeteilt? Ist festgelegt, welches der Team-Mitglieder vor Ort und welche remote teilnehmen. Sind die entsprechend Maßnahmen getroffen, um eine reibungslose Remote-Mitarbeit zu gewährleisten?

11.4. Training der Teams und starten des ARTs

In diesem Schritt der SAFe-Einführung handelt es sich nicht nur um eine fest umrissene Station auf der SAFe-Roadmap: Es geht darüber hinaus darum, dass nach den lean-agilen Führungskräften und SAFe Program Consultants (SPCs) die Mitglieder der Teams in die Lage versetzt werden, innerhalb eines ARTs in PIs zu arbeiten. Während wir bei Führungskräften und SPCs von einer bereits vorhandenen intrinsischen Motivation in Bezug auf die lean-agile Vorgehensweisen in skalierten Umgebungen ausgehen können (sollten), kann die Sache bei den Mitgliedern der Teams anders aussehen, sofern diese nicht bereits agil „vorbelastet"[64] sind.

Neben den weiteren bestehenden Rollen, wie z.B. der des Product Owners, Produktmanager, System-Architekten etc., handelt es sich oft um interne Business-Experten. Bei denen stehen üblicherweise deren Fachkenntnisse im Vordergrund. In der agilen Welt müssen sie diese Kenntnisse einsetzen, um möglichst performant umzusetzende Stories, Features und Enabler zu spezifizieren – das ist etwas anderes als das bisher dominierende fachlichen Tagesgeschäft oder das Verfassen seitenlanger Lasten- und Pflichtenhefte.

---

[64] Glücklicherweise haben sehr viele Software-Entwickler bereits agile Erfahrungen gemacht oder zumindest ein agiles Theater erlebt und stehen daher den agilen Vorgehensweisen aufgeschlossen gegenüber.

Tückisch für die Erfolgschancen eines agilen Umbaus kann sich eine teilweise verbreitete Haltung von Mitarbeitern erweisen, die lean-agilen Arbeitsweisen zwar nicht offen ablehnend gegenüberstehen, auf der anderen Seite jedoch eine abwartende, „zurückgelehnte" Haltung im Sinne einer passiven Erwartungshaltung an den Tag legen. Mit solchen Mitarbeitern sollte die Organisation, wenn möglich, Maßnahmen zu deren verstärkten Einbeziehung in den Transformationsprozess identifizieren.

SAFe betont in diesem Zusammenhang die Wichtigkeit des Trainings der SAFe-spezifischen Event (PI Planning, Inspect & Adapt etc.) - und weist einmal mehr auf seine offiziellen kostenpflichtigen SAFe – Schulungen und Zertifizierungs-Trainings hin.

Großraum Events

Im Besonderen wird auf die Großraumtrainings eingegangen, an denen mehrere Teams teilnehmen können, je nach Schulungsgegenstand. So können im skalierten SAFe-Umfeld gängige Events, z.B. PI Plannings und Inspect & Adapt Workshops in vollem Umfang simuliert werden.

SAFe zählt als Vorteile der Großraumtrainings die folgenden Aspekte auf:

Beschleunigtes lernen: Die Trainings finden für alle Mitglieder innerhalb von zwei oder drei Tagen statt.

Eine gemeinsame Sicht auf skalierte Agilität: Laut SAFe verhindern Großraum-Trainings, dass den Mitgliedern eines Teams verschiedene Sichtweisen vermittelt werden, was im Nachgang zu Diskussionen führen mag. Das ist nicht von der Hand zu weisen. Es wird nach einem gemeinsamen Training u.U. zu wenigeren Diskussionen kommen, als wenn verschiedene Mietglieder zu unterschiedlichen Zeitpunkten durch verschiedene Personen geschult werden.

Kosteneffizienz: Scaled Agile Inc. führt das Argument an, im Rahmen von Großraumtrainings talentierte und qualifizierte Trainer und Coaches einsetzen zu können und gleichzeitig die Kosten pro Person geringer halten zu können, als es bei Kleingruppen-Trainings der Fall sein könnte[65].

---

[65] Prinzipiell ist dieser Punkt nicht falsch, in den tatsächlich aufgerufenen Trainingskosten pro Teilnehmer merkt man dies jedoch nicht. Sind die von Scaled Agile Inc. gestellten Trainer so viele besser, qualifizierter als andere? Überspitzt könnte man behaupten: Scaled Agile Inc. melkt die SAFe-Kuh solange es noch geht bzw. solange SAFe noch stark gefragt ist.

Teambuilding: Werden Teams als Ganzes geschult, dient dies nebenbei dem Teamzusammenhang und kann überdies ein Training-on-the-Job darstellen. Das Training dient somit der Bildung einer Team-Identität und der Stärkung der einzelnen Mitglieder in Bezug auf lean-agile Vorgehensweisen. Die Teams können z.B. ein Backlog mit realen Features bzw. Stories füllen und PI-Plannings in quasi realen Zusammensetzungen durchführen.

> Inwiefern diese Argumente Großraum-Training-Spezifisch sind, erschließt sich dem Verfasser nicht. Es mögen hier gruppendynamische Mechanismen wirken – eine eingeübte „Chacka"-Mentalität trägt aber nicht lange, wenn die Teammitglieder wieder mit den Widrigkeiten des Tagesgeschäfts in ihrer Organisation konfrontiert werden. kommt.
>
> Die Durchführung von Großraumtrainings sorgt somit für Begeisterung, allerdings nicht unbedingt für Nachhaltigkeit.

Starten eines ARTs

Es existiert keine feste Zeitplan-Vorgabe für die Einführung von ARTs. SAFe favorisiert eine möglichst performante Einführung, bei der nach der Vorbereitung (Kap. 11.3.) die Trainings-/Planungs-Events und Workshops innerhalb einer Woche durchgezogen werden. SAFe nennt diesen in drei Schritten dargestellten Ansatz *Quickstart*-Ansatz:

- **Tag 1 & 2:** Dieser Zeitraum dient der Durchführung von Großraum-Trainings. Dieselben Trainer und Instruktoren schulen alle involvierten Personen und erschaffen eine gemeinsame Wahrnehmung.
- **Tag 3 & 4:** Es folgen Team-Trainings, die von einem PI—Training abgeschlossen werden. Die Teams werden auf dieselben gemeinsamen Ziele eingeschworen. Ferner werden die Teams am „lebenden Objekt" geschult (*Training-on-the-Job*).
- **Tag 5:** Am letzten Tag werden sowohl kleine Gruppen als auch Einzelpersonen im Rahmen von Workshops auf ihre neuen Rollen vorbereitet.

Das erste in diesem Rahmen durchgeführte PI dient weiterhin den folgenden Zwecken:

- Aufbau von gegenseitigem Vertrauen und Begeisterung für die lean-agile Sache;
- Der ART wird als Team agiler Teams konstituiert – unter Einbeziehung des umgebenden „Sozialen Netzwerks" innerhalb der Organisation.
- Ausbildung der Teams im Wahrnehmen von Verantwortung für die Planung, Entwicklung und Auslieferung. Hintergrund ist der agile Grundsatz, dass ein Großteil der Verantwortung in den agilen Teams liegt.
- Herstellung größtmöglicher Transparenz hinsichtlich der Ziele der anstehenden Iterationen und PIs, oder wie SAFe es formuliert, der *Mission*.

– Die lean-agilen Führungskräfte bekräftigen ihre *Commitments* zur lean-agilen Vorgehensweisen und zur damit einhergehenden Anstrengung, die Mitarbeiter davon zu überzeugen und zu motivieren.

11.5. Coaching der ART-Prozesse

An diesem Punkt der ART-Einführung werden die zuvor trainierten Teams das erste Mal auf einen ART „losgelassen". In diesem Stadium lernen die Teams in den Trainings- und Coaching-Einheiten am „lebenden" Objekt.

Mit anderen Worten:

Ab jetzt sollen die bisher im Rahmen der Roadmap getätigten Investitionen beginnen, sich auszuzahlen, indem die agilen Führungskräfte und SPCs damit beginnen, die Mehrwertgenerierung in kurzen Zeit-Inkrementen mit dem Ziel größtmöglicher Qualität voranzutreiben.

Coaching auf Team Level

Glücklicherweise haben sehr viele Software-Entwickler bereits agile Erfahrungen gemacht oder zumindest ein agiles Theater erlebt und stehen daher den agilen Vorgehensweisen aufgeschlossen gegenüber.

Beim Coaching auf Team-Level lernen die Teams die Beherrschung der folgenden Rollen und organisatorischen Instrumente („Zeremonien"). Diese entsprechen den agilen Praktiken, wie sie genauso im nichtskalierten Umfeld Anwendung finden:

– **Iterationsplanung**: Zur Verfeinerung und zum Abgleich der der Iterationsplanung mit den Ergebnissen des PI Planning;

– **Backlog Refinement**: Zur Verfeinerung und zum Abgleich der User Story-Definitionen mit den Ergebnissen des PI Planning;

– **Daily Standups**: Gelebte agile Praxis zur Ausrichtung aller Team-Mitglieder und deren Aktivitäten auf das Ziel der Iteration hin;

– **Iteration Reviews** & **System Demos**: Dienen zum Einholen des Feedbacks von Kunden und Stakeholder und der Bewertung des Fortschritts im Hinblick auf die Ziele des PI;

– **Iteration Retrospektive**: Analog zu den Sprint-Retrospektiven in Scrum dienen die Iterations-Retrospektiven in SAFe zur Feststellung des Vierbesserungspotenzials und der entsprechenden nächsten Schritte innerhalb eines Teams;

– **Scrum-of-Scrums**, **PO Syncs** und **ART Syncs** sind wichtige Instrumente zur Team-übergreifenden Synchronisation innerhalb eines ARTs.

Diese organisatorischen Instruments sind nur Mittel zum Zweck um die notwendige Transparenz und das Vertrauen jedes einzelnen Team-Mitglieds in sich und die anderen Mitglieder zu stärken.

Um den versprochenen Flow zu erzeugen, müssen im Rahmen des Coachings weiterhin die Software- Entwicklungstechniken der Teams gefestigt werden, z.B.:

- Test driven / Behaviour Driven Development,
- Continuous Integration & Delivery,
- Test Automatisierung,
- Pair Programming.

An dieser Stelle ist es bereits Aufgabe der lean-agilen Führungskräfte[66] (Kap. 4.1.), den Teams die Fähigkeiten der technischen und Team-Agilität zu vermitteln.

Coaching auf Program Level

Im Program Level schulen die lean-agilen Führungskräfte die Durchführung der folgenden Events:

- **PI Planning**: Zum Abgleich und der Bestätigung aller Ziele des Program Level für das kommende PI;
- **System Demos**: Zum Schließen der Feedback-Schleife am Ende einer Iteration, indem alle Systeme des ARTs integriert und getestet/demonstriert werden;
- **Inspect & Adapt Workshops**: Startpunkt der stetigen Verbesserung und des Denkens in Systemen auf Program Level. Als Ausgangspunkt dient die Frage: Was haben wir die Teams, im PI erreicht und wie stellt sich dies zu den geplanten Zielen des PI dar;

Weitere Events, wie Scrum-of-Scrums, PI Syncs und ART Syncs sind wichtige Instrumente zur Team-übergreifenden Synchronisation innerhalb eines ART.

Ein wesentliches Element zusätzlich zu den o.g. Skills und Fertigkeiten stellt die Vermittlung der Core Values *DevOps and Release on Demand* dar.

---

[66] Scaled Agile betont in seinen Quellen immer wieder die Wichtigkeit der SPCs für derartige Trainings- und Coaching-Aufgaben. Dies ist durchaus nachvollziehbar - es sollte aber nicht vergessen werden, dass die SPCs im Zentrum der kommerziellen Zertifizierungen durch Scaled Agile Inc. Stehen. Prinzipiell geht es für Scaled Agile Inc. darum, den SAFe-Core Value *lean-agile Führungskompetenz* zu monetarisieren.

Gelebtes DevOps erfordert bereits einen hohen Reifegrad der Organisation, z.B. im Sinne von cross-funktionaler Zusammenarbeit verschiedener Teams und das Aufbrechen bestehender Silo-Strukturen. Das Hauptaugenmerk liegt auf den beiden folgenden Aspekten:

- **Continuous Exploration**: Stetiges sondieren der Markt- und Kundenbedürfnisse und darauf aufbauend umgehendes Lernen und Anwenden der gewonnenen Erkenntnisse auf die Weiterentwicklung von Produkten, Systemen und Services.

- **Continuous Integration**: Kontinuierliches Integrieren und Ausrollen von Systemen.

- **Program Kanban**: Die Teams sind in der Lage, mit Hilfe des Program Kanban den zur agilen Steuerung der Entwicklung notwendigen Transparenz durch Visualisierung die notwendige Transparenz zu erschaffen.

11.6. Einführung weiterer ARTs und Value Streams

Auf hohem Level gestaltet sich die Einführung neuer ARTs immer nach demselben Schema statt, wie es in den folgenden Kapiteln beschrieben wird:

- Vorbereiten einer ART-Einführung (Kap. 11.3.);

- Training der Teams und starten der ARTs (Kap. 11.4.):

- Coaching der ART-Prozesse (Kap. 11.5.).

SAFe betont an dieser Stelle, dass eine Organisation nach Einführung des ersten ARTs nicht davon ausgehen kann, dass sich die Inbetriebnahme weiterer ARTs ohne Weiteres „von selbst" erledigt. Dies entspricht durchaus der Realität. Selbstverständlich besteht ebenso das Interesse seitens Scaled Agile Inc., möglichst weiterhin Zertifizierungs- und Schulungsleistungen anzubieten.

Abb. 11-87 Schritte bei der Einführung weiterer ARTs

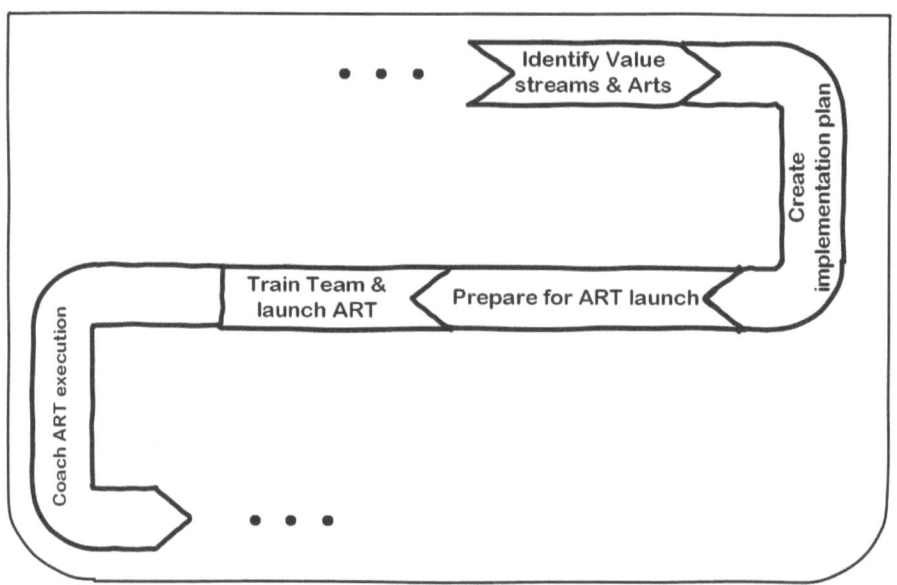

12.   Schritte zur Organisationsweiten Verankerung von SAFe

12.1.   Einbeziehung des Portfolios

Es ist nunmehr an der Zeit, die SAFe-Transformation auf den Portfolio-Level der Organisation auszuweiten, sofern es das Ziel ist, eine der SAFe-Ausbaustufen Portfolio SAFe oder Full SAFe einzuführen[67].

Man könnte sagen, dass jetzt die Stunde der Wahrheit schlägt. Denn zu diesem Zeitpunkt treffen Agilisten in Form der agilen Leitkoalition, den lean-agilen Führungskräften und den Entwicklungsteams, auf die Traditionalisten im Finanz-Controlling.

> Es verwundert, dass die Einbeziehung des Portfolios Level erst zu diesem Zeitpunkt geschehen soll und nicht sofort nach dem Starten und Coachen des ersten ARTs. Dann wären die entsprechenden Portfolio-Strukturen bereits vorhanden und würden das Starten weitere Arts und Value Streams leichter gestalten.
>
> Dies würde jedoch bedeuten, dass Essential SAFe bereits Lean Portfolio Strukturen enthalten müsste.

Sollte sich die Arbeitsweise in den gerade gestarteten ARTs und Value Streams als erfolgreich herausstellen bzw. stellen sich erste Erfolge ein, muss das LACE darauf hinwirken, dass noch bestehende Antipattern zum lean-agilen Management neutralisiert werden. Dies geschieht durch die folgenden Maßnahmen:

- Anstatt der Anordnung von Features durch das Management muss es in der Verantwortlichkeit der Teams liegen, die umzusetzenden Features zu ziehen. Dies verhindert eine konstante Überlastung der Teams mit Anforderungen – dies gilt selbstverständlich nur solange, wie sich das Team nicht über sein selbst ermitteltes WIP Limit hinwegsetzt.

- Die Organisation stellt die bisherige Projekt-basierte Finanzierung auf die Finanzierung der Value Streams mittels lean Budgets um.

- Die Organisation baut das Verständnis für die agile Finanzierung in den traditionellen Controlling-Strukturen auf.

- Eine lean-agile Einbindung von Zulieferern ersetzt traditionelles auf minimalen Kosten basierendes Provider Management und Einkaufprozesse.

---

[67] Dieser Schritt der SAFe Einführungs-Roadmap ist aufgrund seines hohen Konfliktpersonals auch als „das große Sterben" bekannt, weil in vielen Fällen die lean-agile Transformationen diesem Punkt am Wiederstand der „Altgedienten" scheitert („Das Imperium schlägt zurück").

- Agile Meilensteinpläne und iterativ-inkrementelle Entwicklung lösen phasengesteuerte Entwicklungs- und Freigabeprozesse ab.

- Eine dezentrale rollierende Planung ersetzt die zentrale Quartals- oder Jahresplanung.

- Agiles Schätzen und Planen ersetzt die herkömmliche Schätzung per Work Breakdownn-Structure.

- Faktenbasierte Metriken und Meilensteine ersetzen herkömmliche Wasserfall- bzw. Phasen-Meilensteine.

- Leichtgewichtige auf Portfolio Epics basierende Business Cases ersetzen detaillierte Projektpläne und Gantt-Charts.

- Die dezentrale Entscheidungsfindung in den Teams ersetzt Anordnungen von zentraler Stelle, soweit es sich nicht um strategische Entscheidungen handelt.

12.2. Erhalten und vertiefen der lean-agilen Transformation

Nach erfolgter Einführung einer SAFe-Konfiguration in der Organisation wäre es ein Fehler, es dabei zu belassen und keine aktiven Anstrengungen zu unternehmen, um das erreichte zu bewahren und die Transformation weiter zu treiben, nicht zuletzt, um die Gefahr eines schleichenden Rückschritts zu mindern.

SAFe nennt die folgenden Maßnahmen, um dies zu vermindern:
- Förderung der kontinuierlichen Verbesserung /Optimierung und des lean-agilen Mind-Set;

- Anwendung agiler Personalpolitik (Kap 4.6.);

- Stetiges Überüfen und reagieren (Check und Act im PDCA-Zyklus);

- Verbesserung der technischen Agilität;

- Konzentration auf agile Architektur.

Förderung der kontinuierlichen Verbesserung/Optimierung und des lean-agilen Mind-Set

Das House of Lean (Abb. 12-88) nennt die kontinuierlichen Verbesserungsbemühungen als eine seiner Säulen, während die lean-agilen Führungsqualitäten das Fundament darstellen. Beide können nicht getrennt betrachtet werden.

Abb. 12-88 Eng gekoppelt: Stetige Verbesserung und lean-agile Führungskompetenz

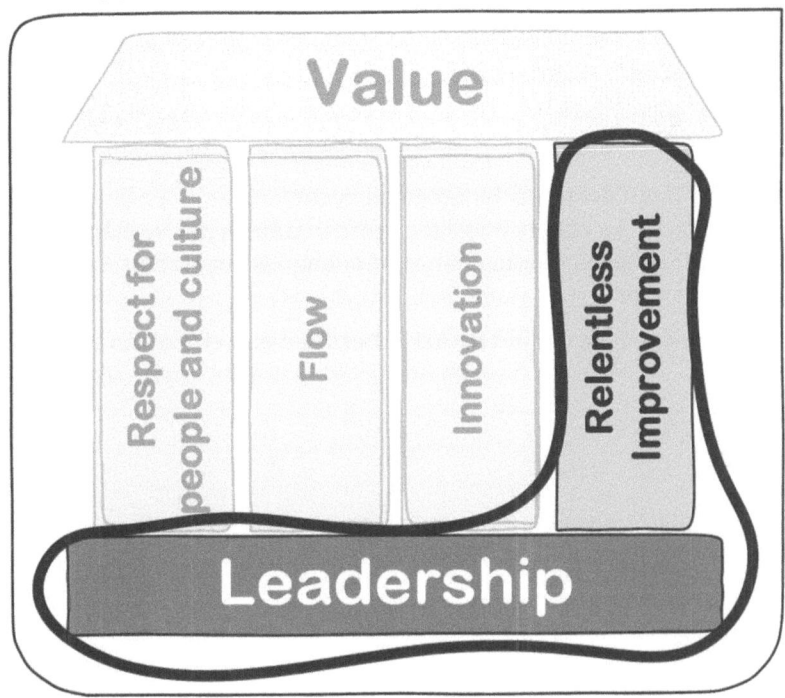

Die konkreten Maßnahmen bestehen im Wesentlichen aus den folgenden Maßnahmenblöcken:

Kontinuierliches Training und Weiterbildung der lean-agilen Führungskräfte.

Wir dürfen davon ausgehen, dass nach Einführung der ersten ARTs bei weitem nicht alle Bereiche der Organisation von den benötigten Fähigkeiten zur Einführung von ARTs durchdrungen sind, wie z.B. Controlling, Vertrieb und Marketing. SAFe erhebt den Anspruch, dass alle Führungskräfte entsprechend geschult werden. Andernfalls, so SAFe, verhindert eine kulturelle Lücke die lean-agile Transformation bzw. birgt die Gefahr deren Scheiterns.

Beibehaltung des LACE

Anders als z.B. ein PMO ist das LACE nach lean-agiler Transformation so ausgestaltet, dass es als permanente Einrichtung weiterbesteht.

Einführung von CoPs

Die Einrichtung eines LACE allein könnte sich als kontraproduktiv zu agilen Idee der dezentralisierten Verantwortung und Entscheidungsfindung führen. Es ist somit wichtig, die in Kap 4.5.3. beschriebenen funktionalen CoPs einzurichten, um Kollaboration und Kommunikation über Team- und ART-Grenzen hinweg zu fördern.

Einführung des lean-agilen Personalwesens

In allem Unternehmensbereichen erfolgt die Personal- und Einstellungspolitik nach den in Kap. 4.6. beschriebenen Grundsätzen lean-agiler Personalpolitik.

Konsequentes Durchführen der Inspect- und Adapt Events

– Verbesserung der technischen Agilität. Diese besteht in der Vertiefung und Pflege von Techniken zur eingebauten Qualität und Continuous Integration. Z.B. nach der Einführung DevOps.

– Weiterhin Anwendung der in Kap. 4.5.1. beschriebenen Metriken aus der Spanning Palette.

13.   Vertiefende Schritte bei der Einführung von SAFe

13.1.   Einführung eines Large Solution Level

Dieses Kapitel behandelt die Einführung eines Large Solution Level in Verbindung mit mehreren Value Streams und des „Einladungsbasierten Implementierungsansatzes".

Abb.-13-89 Large Solution Level

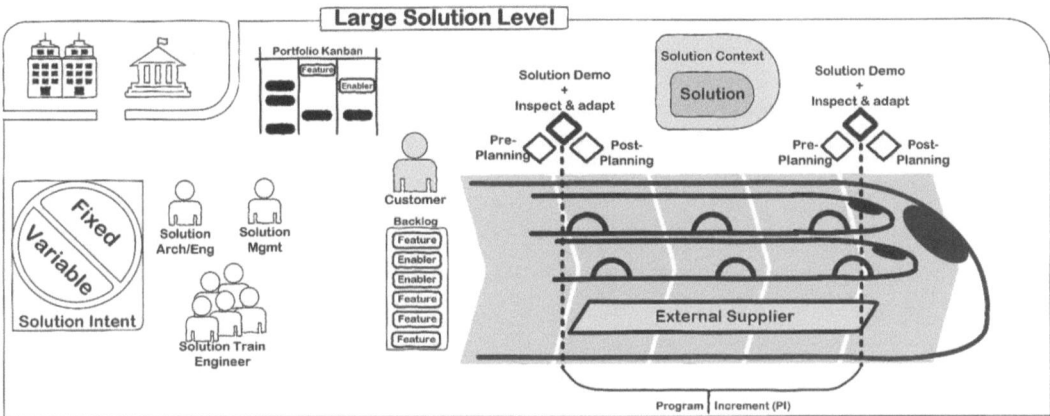

Die Einführung des Large Solution Levels besteht analog zu anderen Leveln in der Etablierung sämtlicher dort vorkommenden Rollen und Artefakte. Diese sind im Einzelnen:

- Installation der maßgeblichen Rollen Solution Train Engineer (STE), Solution Management und Solution Architect/Engineering.

- **Einführung des Solution Intent (Kap. 6.1.) und des Solution Context:**
  Mit Solution Context sind die auf die Betriebsumgebung wirkenden kritischen Aspekte gemeint – also nicht die Betriebsumgebung selbst. Der Solution Context schafft ein Verständnis für die Anforderungen, Nutzung, Installation sowie den Betrieb und den Support für die Lösung selbst. Die Fähigkeit einer Organisation zum Release on Demand hängt stark vom Solution Context ab.
  Hierbei geht es um Verantwortlichkeiten, Prozesse und Tools, um den Solution Intent zu erstellen und zu pflegen sowie den Solution Context zu dokumentieren. Analog zu Value Streams, die externe Zulieferer umfassen können, beschreibt der Solution Context ebenso entsprechende externe Faktoren, sofern vorhanden.

- **Erstellung der Solution Vision, der Roadmap und der benötigten Metriken:**
  Prinzipiell kann davon ausgegangen werden, dass alle Elemente der Spanning Palette im Large Solution Anwendung finden.

257

- **Erstellung des Solution Backlog mit den Features und Capabilities:**
  Dazu gehört ein Solution Kanban zur Visualisierung des Projektfortschritts, analog den anderen SAFe Leveln.

- **Einführung und Umsetzung der für den Large Solution Level maßgeblichen Events:**
  Pre- and Post-PI Planning, Solution Demo und Large Solution Inspect and Adapt (I&A).

- **Integration von externen Zulieferern:**
  An dieser Stelle weist SAFe in typischer Weise darauf hin, dass Lean Enterprises „oft ein aktive Rolle bei der SAFe-Umsetzung ihrer Zulieferer" spielen (Launch more ARts and Values Streams, Scaled agile Inc., 2018). Dies kann Sinn machen, denn eine Zulieferer-Schnittstelle zwischen einer agilen und einer nichtagilen Organisation stellt in den meisten Fällen ein Impediment oder gar Risiko dar, sodass es generell im Interesse einer agil arbeitenden Organisation liegt, dass ihre Zulieferer ebenso agil arbeiten.

13.2. SAFe per Einladung

Die Umsetzung weiterer Value Streams gestaltet sich nicht völlig analog zur Einführung weiterer ARTs. In großen Firmen und Unternehmungen stellen Values Streams voneinander getrennte Einheiten dar. Die Tatsache, dass in derartigen Organisationen die Umstellung eines Value Streams gelungen ist, bedeutet nicht, dass es danach einfacher oder gar schneller verläuft als bei der lean-agilen Transformation des ersten Value Streams.

Es sind stets die in Abb. 11-87 dargestellten Schritte einer SAFe-Einführung zu durchlaufen.

Für ein solches Szenario hat sich Scaled Agile Inc. den „einladungsbasierten Implementierungsansatz" ausgedacht. Keine schlechte Idee, denn wer kann in Sachen lean-agil überzeugender sein als ein Unternehmen, das von sich behauptet, SAFe bereits erfolgreich eingeführt zu haben[68]?

Es darf angenommen werden, dass Scaled Agile Inc. seine Kunden – die SAFe-Anwender –liebend gern als Multiplikatoren für die weitere Akquise einspannen möchte.

Jede Arte tiefgreifender Veränderung in einer Organisation wirft prinzipiell zwei Fragen auf, die es zu lösen gilt:
- Wie überzeugen wir die Mitglieder der Organisation, die neue Art zu arbeiten anzunehmen?

- Wie bekommen wir die Organisation dazu, die neue Richtung einzuschlagen?

- Wie treffen wir die notwendigen Entscheidungen, um die neuen Verfahren (z.B. SAFe) in der Organisation umzusetzen?

---

[68] Tupperware® lässt grüßen

SAFe redet weiterhin an dieser Stelle dem Mandats- oder Push-Ansatz das Wort (SAFe per Invitation, Scaled Agile Inc., 2019). Das heißt nichts anderes, als dass eine Gruppe „elitärer Vermittler des Wandels"[69] festlegt, wann ein ART eingesetzt und wie er betrieben werden soll.

In diesem Zusammenhang geht SAFe direkt auf den Widerspruch zwischen den Ansichten der „alten Agilisten" vom Schlage eines Martin Fowler ein, die bei der Übernahme agiler Praktiken in einer Organisation voll auf die intrinsische Motivation des Teams setzen (Fowler, Agile Imposition, 2006) und den o.g. Push-Ansatz nicht befürworten.

Das alleinige intrinsische Motivation in einem skalierten Umfeld nur bedingt funktioniert, ist offensichtlich, sodass SAFe hier pragmatisch vorgeht und auf sein Prinzip #9 (Kap. 11.5.) verweist, Entscheidungen dezentral zu treffen, solange es sich nicht um strategische Entscheidungen handelt. Im Falle der Einführung von ARTs in weiteren Value Streams spricht SAFe von einer strategischen Entscheidung, da der Fortbestand der Organisation von dieser Entscheidung abhängen könnte und diese somit zentral getroffen werden muss.

Auf die zentral getroffene Entscheidung, SAFe in einem Value Stream zu implementieren, soll nach den folgenden Grundsätzen des agilen Manifestes vorgegangen werden:
— *"Build projects around motivated individuals. Give them the environment and support they need, and trust them to get the job done."*
— *"The best architectures, requirements, and designs emerge from self-organizing teams."*

Genau genommen stellt SAFe per Einladung eine ergänzte Roadmap zur offiziellen SAFe-Implementierungs-Roadmap dar.

Scaled Agile Inc. proklamiert in diesem Zusammenhang weiterhin die Vernetzung der Führungsebenen verschiedener Organisationen zwecks der Verbreitung von SAFe im Sinne einer „SAFe CoP" (*„Spreading SAFe through an invitation to Leaders"*, (SAFe per Invitation, Scaled Agile Inc., 2019)).

---

[69] Das sind die ironisch konnotierten Worte des Autors – SAFe spricht schlicht von einer „Group of change Agents".

TEIL IV:

ALTERNATIVEN ZU UND

ZUKUNFT VON SAFE

Diese Kapitel enthält eine eingehende Beschreibung, des Spotify-Modells, wie es (Ivarsson, 2012) darstellt[70] (kurz: *Spotify*) und setzt dessen Eigenschaften in Bezug zu SAFe:

- Spotify adressiert, ebenso wie SAFe, den Einsatz agiler Teams in einem skalierten Umfeld.

- Die Köpfe hinter Spotify sind sich darüber im Klaren, dass die Skalierung agiler Teams immer die Gefahr des Verlusts der Agilität beinhaltet. So schreiben Henrik Kniberg und Anders Ivarsson in (Ivarsson, 2012).

  "One of the most impressive examples we've seen so far is Spotify, which has kept an agile mindset despite having scaled to over 30 teams across 3 cities."

Kniberg und Andersson legen Wert auf die Klarstellung, dass es kein statisches, festgelegtes Spotify-Modell gibt, sondern sich die agilen Strukturen innerhalb der Firma Spotify stetig weiterentwickeln:

  "We didn't invent this model. Spotify is (like any good agile company) evolving fast [...] By the time you read this, things have already changed."

Somit gilt für Spotify dasselbe wie für SAFe: Wer meint, eine der beiden Frameworks („By the book") implementieren zu können, hat bereits verloren. Genauso verloren haben diejenigen, die Spotify oder SAFe einmalig einführen, um es dann als „abgehakt" zu betrachten („Seit dem 30. Juni sind wir agil").

Im Gegensatz zu SAFe beschreibt Spotify die Strukturen und Rollen, ohne dabei auf die detailliert auf Events, Artefakte und Techniken einzugehen – die sind Sache der Teams bzw. *Squads* und *Tribes*. Außer grundlegenden Rollen und wenigen Empfehlungen zur Implementierung macht Spotify keine genauen Vorgaben. Die in Spotify als *Squads* bezeichneten Teams agieren weitestgehend eigenverantwortlich.

Eine generelle Gemeinsamkeit von Spotify und SAFe stellt die Tatsache dar, dass sich Aufgaben der Teams/Squads nicht nur auf Entwicklungstätigkeiten, sondern auch auf operative Tätigkeiten beziehen.

---

[70] Es sei angemerkt, dass die besagte Quelle (Ivarsson, 2012) nicht offensiv von Spotify propagiert oder gar vermarktet wird. Sie „geistert" quasi durchs Internet.

Bei Spotify geht es in erste Linie darum, einen Rahmen für skalierte Agilität zu bieten. Deren genaue Ausgestaltung obliegt der Organisation. Dies gilt umso mehr für die Realisierung von Lean Management- oder gar Lean Startup-Strukturen innerhalb von Spotify.

14.1. Squads

Im Großen und Ganzen entsprechen die Squads den agilen Teams in SAFe, besitzen aber weit mehr eigene Kompetenzen als Teams in SAFe und sind prinzipiell nicht auf eine strikte zeitliche Synchronisierung ihrer Sprints mit anderen Teams in einem bestimmten Takt ausgelegt.

Ein Squad ist cross-funktional aufgestellt und besitzt alle Skills und Werkzeuge, um ein Produkt zu konzipieren, zu entwickeln, zu testen und an den Kunden auszuliefern. Als selbstorganisierendes Team entscheidet das Squad selbst über seine Organisationsform, sei es Scrum, Kanban oder XP.

Zu einem Squad gehört, wie in Scrum, der Product Owner (PO).

Nicht zwingend gefordert, allerdings nachdrücklich empfohlen, sind im Spotify-Modell die weiterhin von SAFe propagierten Lean-Startup-Praktiken, wie z.B.:
- Erstellen von MVPs,
- Validiertes Lernen,
- Einsatz von Metriken,
- Prototypen-basiertes Lernen,
- A/B-Testverfahren.

Spotify fasst diese Lean Management-Praktiken unter "Think it, build it" zusammen.

Struktur eines Squads

Squads besitzen keinen Chef - eine Maßgebliche Rolle ist die des Product Owners. Dieser priorisiert die anstehenden Aufgaben.

Im Spotify-Modell sind die POs für die Zusammenarbeitet der einzelnen Squads zuständig. Diese Zusammenarbeit folgt einer für alle Teams gültigen Roadmap. Wie in anderen agilen Teams auch, trägt der PO die volle Verantwortung für die Erstellung und Pflege des Backlog. Spotify bezeichnet die einzelnen Backlogs der Squads als *Product Backlogs*.

Der Rolle des Scrum Masters vergleichbar ist in Spotify der *Agile Coach*. Diese bringen dem Squad die agile Arbeitsweise und das agile Mindset näher – wo notwendig, in Einzel-Coachings.

Weiterhin führen die Agile Coaches den Retrospektiven und Sprint Reviews entsprechenden Events durch.

Weiche Faktoren

Neben den strukturellen Anforderungen an die Squads nennen Kniberg und Ivarsson weitere Erfolgsfaktoren für die Arbeit der Squads, das Arbeitsumfeld der Mitarbeiter betreffend:

- Komfortabel ausgestattetet Arbeitsplätze mit festen Schreibtischen innerhalb eines *Collaboration Space*;

- *Lounge*-Bereiche;

- „Hütten" – dabei handelt es sich um kleine gemütlich ausgestattetet Rückzugsräume für einzelne oder eine kleine Anzahl von Personen;

- Nutzbarkeit aller Wände als White Bords.

Arbeitsweise

Um ein lern- und innovationsfreudiges Umfeld zu gewährleisten, verbringen die Mitglieder der Squads ca. 10% ihrer Zeit mit „Hack Days"[71], d.h. die Team-Mitglieder entscheiden eigenständig über ihre Aktivitäten, um allein oder zusammen mit anderen Mitgliedern eines Squads neue Ideen auszuprobieren. Das Team entscheidet eigenständig, wie es die 10% Hack-Day-Zeit organisierte; z.B. jede Woche oder einmal im Monat als Workshop für alle oder individuell.

Mitglieder der Squads können während der Hack Days z.B. einfach nur neue Tools oder Techniken ausprobieren bzw. neue innovative Produkte in Augenschein nehmen.

14.2. Tribes

Squads werden zu Tribes zusammengefasst. Tribes arbeiten wie kleine Startups und entsprechend autonom mit allen Stakeholdern außerhalb der Squads.

Tribes haben im Spotify-Modell eine weitreichendere Bedeutung – sie dienen ferner als „Kinderstube" oder „Brutkästen" (*Incubators*) für Squads in ihrer Funktion als Mini-Startup. Die Aufgabe eines Tribes ist es deshalb, das bestmögliche Umfeld für die Squads zu schaffen.

Im Gegensatz zu SAFe, dass die Abhängigkeiten zwischen ARTs als gegeben annimmt und diese durch Synchronisation der Sprints in einem gemeinsamen Takt kultiviert, zielt das Spotify-Modell auf die Minimierung Abhängigkeiten ab.

---

[71] Konzeptionell vergleichbar mit Planning und Innovation Inkrements in SAFe.

Spotify kann an seine Grenzen stoßen, wenn die Größe und Komplexität der Entwicklungsvorhaben einen Wert erreicht, der in SAFe einen Solution Train oder die Konfiguration Large Solution SAFe oder Portfolio SAFe erfordern würde.

In einer Beziehung sind Tribes vergleichbar mit den ARTs: Ihre Größe ist, wie in SAFe, durch die Dunbar-Zahl begrenzt. (Kap 1.3.). Allerdings legt Spotify Wert darauf, dass die Richtgröße eines Tribes im Normalfall[72] bei ungefähr 60 Personen liegen sollte.

Abb. 14-90 Squads and Tribes

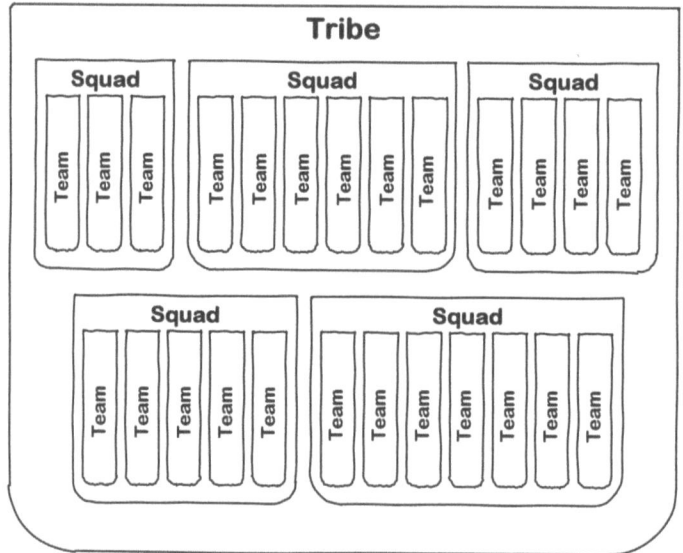

Abhängigkeiten zwischen Squads innerhalb eines Tribes

Wie bereits erwähnt, synchronisieren Squads ihre Arbeit nicht notwendigerweise in einem gemeinsamen Takt, sondern arbeiten weitestgehend autonom, wobei es natürlich keine vollständige Autonomie geben kann und soll, denn sonst hätten die Tribes und die Organisation selbst keine Funktion.

---

[72] Mit „Normalfall" ist gemeint, dass keine außergewöhnlichen Umstände, wie z.B., extremer Zeitdruck herrschen. In kritischen Situationen können die Personen pro Tribe durchaus höherer Spitzenwerte aufweisen.

Nehmen im Laufe der Zeit die Abhängigkeiten zwischen Squads eines oder gar verschiedener Tribes zu, setzen die Squads alles daran, diese Abhängigkeiten zu reduzieren. Hierzu dienen die Scrum-of-Scrum Events. Diese unterscheiden sich wesentlich von den SAFe-SoS:

—   Scrum-of-Scrum-Events in Spotify folgen der traditionellen Zusammensatzung, d.h. die verschiedenen Squads entsenden diejenige Person ins SoS-Event, die zum jeweiligen Zeitpunkt das meiste zur Auflösung der Abhängigkeiten beitragen kann.

—   Scrum-of-Scrum-Events in Spotify finden regelmäßig statt (vorzugsweise täglich), aber nicht dauerhaft, sondern nur solange, bis die Abhängigkeiten oder eine bestimmte Abhängigkeit zwischen den Squads auf ein erträgliches Maß reduziert werden konnte(n) („SoS on Demand").

In der täglichen Praxis stellen operative Tätigkeiten eine Hauptquelle für Abhängigkeiten zwischen Teams dar. Derartige Abhängigkeiten werden durch *Operations Squad* gemildert, die für den Betrieb verantwortlich sind.

Abb. 14-91 Development und Operational Squads

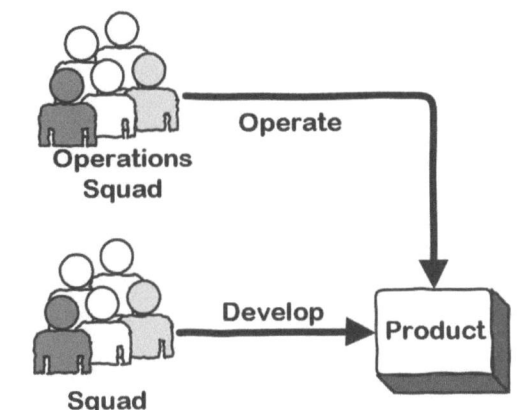

Tribe-Events

Im Gegensatz zu den ARTs gibt es in Tribes weniger formale Events. Alle Squads eines Tribes treffen sich regelmäßig zu Zusammenkünften, in denen sich die Mitglieder über die folgenden Punkte austauschen:

—   Präsentation von Entwicklungsergebnissen,

—   Erfahrungsaustausch zu Tools, Techniken, Hack Day-Ergebnissen,

– Identifizierung von Abhängigkeiten zwischen Squads und Erarbeitung von Vorschlägen zu deren Reduzierung.

14.3. Chapter und Gilden

Die weitestgehende Autonomie der cross-funktionalen Squads hat natürlich auch eine Kehrseite, den Verlust von Synergien und Skaleneffekten, wenn z.B. mehrerer Squads dasselbe Problem getrennt voneinander lösen.

Das parallele Lösen desselben Problems passiert bevorzugt in Szenarien, in denen Squads eine Projektstruktur abbilden. Diese stellt prinzipiell einen „Missbrauch" von Spotify dar. Vergleichbar mit SAFe, geht es bei Spotify darum, dass die Mitarbeiter in festen Strukturen arbeiten und nicht in Projekten.

Chapters und *Gilden* sollen den Austausch von Wissen abseits der funktionalen Fokussierung ermöglichen, ohne die in traditionell aufgestellten Organisationen üblichen Silostrukturen aufzubauen.

Chapters und Gilden bilden zusammen das Äquivalent zu den CoPs in SAFe, allerdings existieren signifikante Unterschiede:

Das Spotify-Modell geht pro Chapter von einem Chapter Lead aus, der ebenso als disziplinarischer Vorgesetzter (*Line Manager*) der Mitglieder eines Chapters fungiert. Es gibt in Spotify also so etwas wie eine agile Matrixorganisation. Der Chapter Lead ist für die Gehaltsfindung und die fachliche Weiterentwicklung der Mitarbeiter verantwortlich. Somit kann eine Person in einer derartigen Konstellation nur zu einem Chapter gehören.

Chapters werden in Spotify-Kreisen auch als „Familie" bezeichnet, in der sich Personen mit vergleichbaren Skills und Arbeitsschwerpunkten oder Kompetenzbereichen in regelmäßigen Abständen zusammenfinden und ihre Anliegen diskutieren und/oder Initiativen vorantreiben.

Abb. 14-92 Tribes und Chapters

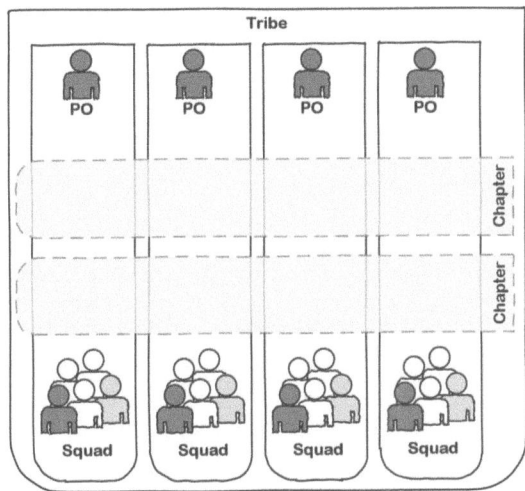

Gilden sind weit weniger formal als Chapters und entsprechen eher den CoPs von SAFe. Spotify (Ivarsson, 2012) bezeichnet Gilden ebenso als „Communities of Interest". In diesen geht es um die den Austausch von Wissen und Erfahrungen zu Themen wie Projekten, Methoden, Tools etc.

Gilden erstrecken sich im Gegensatz zu Chapters über mehrere Tribes. Ferner kann eine Person Mitglied mehrere Gilden sein. Eine Gilde besitzt einen Koordinator (*Guild Coordinator*).

Abb. 14-93 Guilds durchziehen Chapters und Tribes

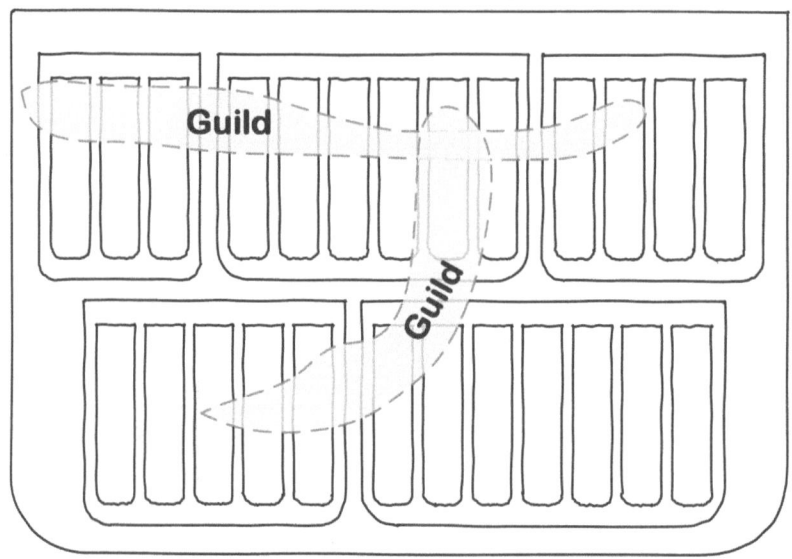

14.4. Zusammenfassung

Spotify eignet sich offensichtlich für Organisationen, die von Vornherein eher mit flachen Hierarchien ausgestattet sind. Im Vergleich zu SAFe ergeben sich die folgenden Gemeinsamkeiten und Unterschiede:

➔ Es ist offensichtlich, dass es sich bei Spotify nicht um die straffe Synchronisierung verschiedener Teams in einer „Kadenz" handelt.

➔ Das Spotify-Modell ist darauf ausgelegt, die Entwicklung innerhalb einer Organisation voranzutreiben, ohne dass sich externe Zulieferer aktiv in den Entwicklungsprozess einbringen, wie dies bei SAFe der Fall ist. Dies schließt natürlich nicht aus, dass Squads Komponenten von Drittanbietern in ihre Entwicklungstätigkeit integrieren.

➔ Es ist prinzipiell möglich, eine Spotify-Modell innerhalb einer Organisation nach SAFe zu überführen, wenn die zunehmende Komplexität von Produkten und Prozessen dies nahelegt. Entsprechend kann eine Organisation, die Spotify implementiert, die von SAFe propagierten Techniken, Rollen, Metriken etc. in ihre spezifische Spotify-Implementierung integrieren.

➜ Aufgrund der Spotify inhärenten Matrix-Struktur mittels Chapters und Tribes lassen sich vor allem solche Unternehmen mit Spotify transformieren, die neben flachen Strukturen bereits eine Matrix-Organisation vorweisen.

Es ist bemerkenswert, dass Kniberg und Ivarsson ihre Ideen zu Spotify auf ca. 14 Seiten darlegen, während die offizielle SAFe-Dokumentation eine Vielzahl detaillierter und teilweise redundanter Beschreibungen der Werkzeuge und Vorgehensweisen aufweist sowie einen vielfachen Umfang erreicht.

➜ Eine Organisation, die bereits mit einzelnen Teams agil arbeitet, könnte in Betracht ziehen, anstatt mit Essential SAFe zu starten, zunächst das Spotify-Modell einzuführen, ergänzt um zur jeweiligen Organisation passenden SAFe-Praktiken.

Eine Organisation, die Spotify neu einführt, wird sich in jedem Fall auch Gedanken über eine Einführungs-Roadmap machen, ähnlich der SAFe-Einführungs-Roadmap. Die Spotify-Einführung ist ebenso wie die SAFe-Einführung eine unternehmensweite Umwälzung – und stellt somit eine Bedrohung angestammter Herrschaftsbereiche dar.

Sowohl für Spotify als auch für SAFe gilt, dass eine Organisation durch die Einführung der in beiden Frameworks genannten Rollen, Events und Strukturen nicht automatisch agil wird. Die Praxis zeigt, dass das Verständnis hierfür bei weitem noch nicht in allen Management-Etagen angekommen zu sein scheint.

In der Praxis gestaltet sich eine Spotify-Einführung zumeist nur in zwei „Corner Cases" relativ einfach:

- Die Organisation arbeitet bereits auf Ebene einzelner Teams agil;
- Die Organisation führt nur eine an Spotify angelehnte Nomenklatur ein, vergleichbar mit einem agilen Theater. Dies kann durchaus bewusst geschehen, z.B. aus Gründen des internen oder externen Marketings[73]. Dem Verfasser ist eine Organisation bekannt, die das so durchgeführt hat, um danach die Etablierung der „eigentlichen" Agilität in den Tribes an den Stellen und mit den Teams voranzutreiben, wo es nach Ansicht der Organisation erfolgversprechend ist.

---

[73] Ausdrücke wie *Squads* und *Tribes* klingen für manche Zeitgenossen zumindest irgendwie „cool".

Im Gegensatz zu SAFe ist LeSS (Large-Scale Scrum, 2018) weniger komplex ausgelegt als SAFe und bewegt sich damit näher an Original, d.h. an Scrum. LeSS richtet sich im Wesentlichen an bereits agil arbeitende Organisationen, die nach einer Möglichkeit suchen, ihre Entwicklung auf mehrerer Teams „hoch zu skalieren".

LeSS skaliert nur auf eine den Teams übergeordnete Ebene: Der *Product Group*. Diese Produkt Group steht ein *Head of Product Group* vor. Damit propagiert LeSS einen Einheitlichen Blick auf das Produkt. Für alle Teams einer Product Group existiert somit ein einziges *Product Backlog*. Ein SPO ist nicht allein für die Pflege des Product Backlogs zuständig, sondert wird von Business Experts in den einzelnen Teams unterstützt. Eine derartige Praxis findet sich der Praxis mittlerweile auch in traditionell nach Scrum aufgesetzten Projekten.

Abb. 15-94 LeSS Product Group

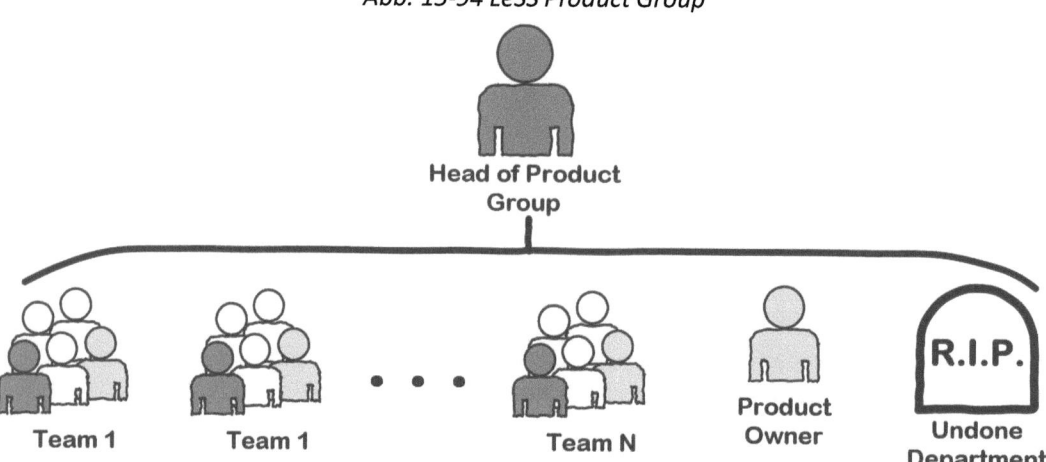

Wie in SAFe, gibt es neben den Einzel-Team Events weitere Multi-Team-Events. Für alle Einzel-Team-Events gilt, dass die Mitglieder anderer Teams an diesen teilnehmen können.

Das Daily Scrum findet prinzipiell genauso statt wie im traditionellen Scrum. In LeSS sind jedoch Besucher aus anderen Teams willkommen.

Sprint Plannings 1 und 2

LeSS geht explizit auf die Sprint Plannings 1 und 2 ein.

Das aus Scrum bekannte *Sprint Planning 1* für ein Team findet nicht nur unter Beteiligung eines einzelnen Teams statt. Stattdessen sind weiterhin die Entwickler der anderen Teams eingeladen, um Konflikte und Gemeinsamkeiten zu identifizieren und gemeinsam entsprechende Kooperationsmöglichkeiten zu beschließen.

Sprint Planning 1 und *Sprint Planning 2* beziehen sich auf die beiden Abschnitte eines Sprint Plannings, wie es in Scrum üblich ist.

Beim Sprint Planning 1 handelt es sich um Planung und Priorisierung der Stories für den kommenden Springt unter Beteiligung des gesamten Scrum Teams.

Das Sprint Planning 2 dient der detaillierten Aufteilung der Stories in Tasks und deren Zuweisung, soweit zu diesem Zeitpunkt möglich, an die Entwickler. Das Sprint Planning 2 kann prinzipiell ohne PO und Fachexperten durchgeführt werden. Es ist jedoch hilfreich, wenn PO und Fachexperten für Rückfragen zur Verfügung stehen.

Das Sprint Planning 1 kann also keinesfalls für die einzelnen Teams einer Product Group parallelisiert werden.

Das Sprint Planning 2 findet auf herkömmliche Weise innerhalb der einzelnen Teams statt und kann somit parallel für alle Teams abgehalten werden. Es kann darüber hinaus hilfreich sein, dass Sprint Planning 2 für alle Teams in einem großen Raum stattfinden zu lassen, in dem jedes Team einem Bereich belegt. Somit ist ein kurzfristiger Austausch nach Bedarf jederzeit möglich.

Reviews, Refinements und Retrospektiven

Analog zum Sprint Planning 1 wird das *Sprint Review* pro Team unter Beteiligung der Mitglieder aller anderen Teams durchgeführt. Dies kann gerne im Bazar- oder Kongress-Stil erfolgen. In diesen Formaten präsentieren alle Teams zur einer Zeit ihre Ergebnisse, idealerweise in einem Open Space oder Corporate Space.

Gleiches gilt für das *Product Backlog Refinement* (PBR), das wiederum pro Team abgehalten wird und an dem die Mitglieder aller anderen Teams der Product Group teilnehmen oder zumindest teilnehmen können.

LeSS führt ein eigenes Event ein, dass kein Vorbild in Scrum hat: Die *Overall Retrospective*, ein Big Room Event, dass die Verbesserung des gesamten Systems und nicht nur die Performance einzelner Teams zum Ziel hat. Die zu veranschlagende Zeit soll laut (LeSS, Large-Scale Scrum, 2019) 45 Minuten pro Sprint-Woche betragen.

Teams

Wie SAFe, verabschiedet sich LeSS von traditionellen Organisationsstrukturen, wie z.B. PMOs. In LeSS existieren „lediglich" *Feature Teams*, denen die POs fachlich vorstehen. LeSS spricht sich explizit gegen weitergehende Kontrollstrukturen aus.

Somit existieren neben den Feature Team keine weiteren Support-Einheiten, wie z.B. die aus SAFe bekannten System Teams oder das LACE. Eine der Hauptmotivationen von LeSS liegt in der Verhinderung von Silo-Strukturen[74], die letztendlich den Know-How Transfer behindern und ein Antipatterns zur agilen Vorgehensweise darstellen.

Werden trotz allem erweiterte Kenntnisse oder Kompetenzen benötigt, müssen bestehende Feature Teams ausgebaut werden.

Mehrere Feature Teams bilden die eingangs erwähnte Product Group, denen wiederum der SPO vorsteht. Dieser ist der Linienvorgesetzte aller Mitarbeiter in der Product Group. Bei diesem oder dieser handelt es um einen Servant Leader, der, salopp gesprochen, die Eigenschaften eines Scrum Masters und eines SAFe-RTEs in sich vereint.

Die Feature Teams betreuen, d.h. entwickeln und warten jeweils ein oder mehrere Produkte und bestehen entsprechend so lange, wie die entsprechenden Produkte bestehen, die sie betreuen.

Innerhalb einer Product Group existiert die Rolle des Product Owners für alle in der Product Group existierenden Feature Teams. Product Owner werden bisweilen als "Produktmanagement" bezeichnet. Es kann eine Person sein, die in größeren LeSS-Organisation jedoch von weiteren Produktmanagern und Fachexperten unterstützt wird. So ist sie in der Lage, alle Feature Teams einer Product Group betreuen zu können.

Unter dem Begriff *Undone-Departments* fasst LeSS (noch) existierende traditionelle Abteilungen zusammen, wie z.B. Prozessanalyse, Architektur, Qualitätssicherung und Test. Diese sollten in einer komplett LeSS-getriebenen Organisation nicht mehr existieren, da LeSS keine Matrix-Struktur kennt bzw. beibehält, wie es z.B. in Spotify möglich ist.

---

[74] So können System Teams mit der Zeit zu Silos mutieren oder das LACE kann zu einem Management-Elfenbeinturm mit den Hütern des „Heiligen Grals der Agilität" mutieren. Am Ende dienen derartig verfestigte Strukturen dazu, Posten und Einflusssphären zu sichern.

Skalierungsgrenzen

LeSS sieht in der Zahl von 8 Team die max. Grenze einer Product Group erreicht. Erfordern die Entwicklungsvorhaben mehr als 8 Teams, so muss mit mehreren Product Groups gearbeitet werden. Eine solche Configuration bezeichnet mit LeSS als *LeSS Huge*.

Was in LeSS nicht enthalten ist

LeSS kennt keine Projekt-/Programmorganisation oder Projekt-/Programmverwaltungsstelle (PMO). Diese traditionellen Kontrollorganisationen bestehen in einer LeSS-Organisation nicht (mehr), da ihre Verantwortlichkeiten auf die Feature-Teams und den Product Owner verteilt sind. Das Beharren auf der Führung solcher Organisationen würde zur Verwirrung und Verantwortungskonflikten führen.

Weiterhin sollten ebenso wenig Teams oder Abteilungen wie Konfigurationsmanagement, Test-, QA-, Architektur-, Business-Analyse-Gruppen oder „Kontinuierliche Verbesserung" existieren.

LeSS-Organisationen ziehen es vor, stattdessen die Verantwortung des bestehenden Teams zu erweitern, anstatt komplexere Organisationen mit vielen spezialisierten Gruppen schaffen. Spezialisierte Supportgruppen neigen dazu, ihr Gebiet zu "besitzen" und zu einem Engpass zu werden.

LeSS ist die skalierte Fortsetzung von Scrum, vorzugsweise in einer Organisation mit funktionierenden Scrum-Teams. Es geht es in erster Linie um reine Agilität in einem überschaubaren skalierten Rahmen. Lean Management- oder gar Lean Startup-Strukturen unterstützt LeSS nicht explizit.

Nexus (Scrum.org, 2018) ist ein leichtgewichtiges Skalierungs-Framework, initiiert von Ken Schwaber, einem der Unterzeichner des agilen Manifests. Überspitzt gesagt, ist Nexus von Menschen erdacht, die sich lange gegen den Einsatz agiler Skalierungs-Frameworks gewehrt haben und bestenfalls Scrum-of-Scrums als Skalierungsoption gelten lassen wollten.

Das merkt man Nexus an: Es baut direkt auf Scrum auf und definiert darüber hinaus nur die notwendigsten Events und Rollen.

Der Begriff *Nexus* ist passend gewählt: Er bedeutet „Verbindung" oder „Verkettung" - und tut genau das. Nexus "verbindet" bis zu 9 Scrum Teams bei ihrer Arbeit an einem gemeinsamen Produkt. Nexus ist der "Verbinder" zwischen den Scrum Teams, der deren Skalierung ermöglicht. Nebenbei vergleicht Scrum.org *Nexus* mit einem Exoskelett. Ein solches hat neben einer verbindenden auch eine verstärkende Funktion.

Gleichzeitig bezeichnet Scrum.org die Gesamtheit aller durch einen Nexus verbundenen Teams als *Nexus*.

Obwohl sich formal auf Scrum beziehend, skaliert Nexus prinzipiell alle Arten von agilen Teams (Kanban, XP). Kanban-Teams müssen sich natürlich mit der gemeinsamen Sprint-Planung anfreunden können, die im originären Kanban so nicht vorgesehen ist.

Analog zu SAFe und im Unterschied zu LeSS und Spotify geht Nexus von synchronisierten Sprints aller Teams eines Nexus aus. Das Ausliefern eines Inkrements zum Sprintende ist für alle Teams obligatorisch.

> Hauptziele von Nexus ist die standardisierte Skalierung in Verbindung mit größtmöglicher Transparenz. Es liegt in der Natur der Sache, dass sich Scrum-erfahrene mit Nexus leichter tun als solche ohne agile Vorbildung. Lean Management- oder Lean Startup-Strukturen unterstützt scheinen in Nexus kein Thema zu sein.

Generelle Eigenschaften von Nexus:

Wie in SAFe die Iterationen, laufen die Sprints in Nexus zeitlich synchron. Nach wie vor verfügt jedes Team über sein eigenes Sprint Backlog. Es gibt nur ein Product Backlog für den gesamten Nexus!

Nexus führt eine neue, d.h. in Scrum nicht vorkommende Rolle ein: Das *Nexus Integration Team* (NIT). Das NIT hat die Aufgabe, die Integration und damit die Auslieferung des gemeinsamen Increments am Ende eines Sprints sicherzustellen. Es setzt sich wie ein agiles Team aus cross-funktional aufgestellten Mitarbeitern zusammen. Das NIT arbeitet mit dem Fokus auf Abhängigkeiten zwischen seinen Teams. Ist ein Increment gefährdet, so kann das NIT eine universelle Eingreiftruppe[75] darstellen, die z.B. bei Test-, Entwicklungs- und Rollout-aktivitäten unterstützt. Neben diesen technischen Tätigkeiten unterstützt das NIT bei nicht-technischen und organisatorischen Themen.

Es liegt in der Natur der Sache einer solchen Eingreiftruppe wie es das NIT darstellt, dass diese nicht zu jeder Zeit dieselbe Personenstärke aufweisen muss. Vielmehr besteht Sie aus entsandten verschiedener Teams, die sich um ein NIT-Kernteam sammeln.

Abb. 16-95 zeigt einen Überblick über durch einen Nexus zusammengefassten Teams, wobei das NIT ein Teil des Nexus selbst darstellt. Ferner zeigt Abb. 16-95 sowohl im Folgenden noch beschriebenen die Nexus-Events als auch die gegenüber nichtskaliertem Scrum noch verbliebenen Team Events.

Abb. 16-95 Nexus: Teams & Events

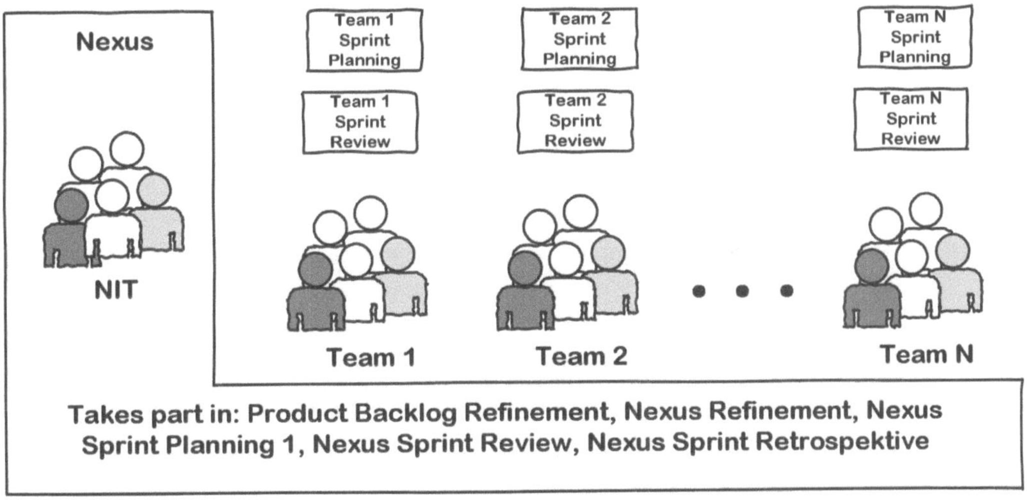

---

[75] Es fällt auf, dass alle Skalierungs-Frameworks eine Art Deus Ex Machina aufweisen, z.B. in Form eines NIT – eine (Team-) Rolle, die im Bedarfsfall, wenn die „reine" agile Vorgehensweise nicht mehr erfolgversprechend ist, unterstützen oder eingreifen.

Events in Nexus

Nexus kennt dieselben Events wie Scrum, führt diese aber etwas anders durch:
- Alle Teams eines Nexus nehmen gemeinsam am *Product Backlog Refinement* teil. Wie in Scrum üblich, finden Product Backlog Refinements bei Bedarf, d.h. ständig, statt - Faustregel für den Zeitaufwand soll laut Scrum.org 45 Minuten pro Sprintwoche sein.
- Das *Nexus Refinement* fokussiert sich auf Team-übergreifende Zusammenhänge und Impediments.

Im Nexus Sprint Planning wird das für alle Teams gemeinsam geltende Sprint-Ziel definiert. Weiterhin besteht das Nexus Sprint-Planung aus zwei Teilen:
(1) Identifizierung und weitestgehende Auflösung vorhandener Abhängigkeiten zwischen den Teams im Rahmen eines gemeinsamen Events aller Teams. Hierzu entsenden die Teams des Nexus die jeweils geeigneten Personen in das gemeinsame Sprint-Planning.
(2) Nach Rückkehr der entsandten Mitglieder in ihre Teams führen die einzelnen Teams ihre individuellen Team Plannings gemäß Scrum durch.

Neben dem *Team Sprint Backlog* ist das Ergebnis des Nexus Sprint Planning das *Nexus Sprint Backlog*. Dieses enthält die im Laufe des Sprints aufzulösenden Team-Abhängigkeiten und sollte einmal pro Tag durch ausgewählte Team-Mitglieder aller Scrum-Teams einer kurzen Revision unterzogen werden.

Am Ende des Sprints findet ein *Nexus Sprint Review* aller am Nexus beteiligter Teams statt - die individuellen Sprint Reviews entfallen in Nexus!

Die POs in den einzelnen Teams kommen weiterhin ihren Scrum-gegebenen Pflichten nach, Stories zu erstellen, zu bewerten, zu priorisieren und abzunehmen.

Nexus sieht weiterhin ein Äquivalent zum SAFe-Inspect & Adapt Event vor: Die *Nexus Sprint Retrospektive*. Scrum.org schlägt zur Abhaltung der Nexus Sprint Retrospektive die Zeit zwischen Sprint Review und Sprint Planning der Teams vor, was dem PDCA-Prinzip entspricht.

Die Nexus Retrospektive besteht aus drei Teilen

Teil1) Ein Abgesandter eines jeden Nexus-Teams treffen sich und identifizieren die derzeit dringendsten Probleme und Herausforderungen.

Teil 2) Das Ergebnis der Nexus Retrospektive nehmen die Abgesandten in ihre Teams mit, soweit das jeweilige Team betroffen ist. Die einzelnen Teams halten ihre Scrum-Retros, ohne das Gesamtbild aus den Augen zu verlieren bzw. jedes Team liefert seine Lösungsansätze zur Verbesserung der die anderen Teams betreffenden Gesamtsituation.

Teil 3) Die Abgesandten der Teams treffen wieder aufeinander und diskutieren die Vorschläge ihrer Teams. Mit Hilfe der in Scrum üblichen Visualisierungs- und Entscheidungstechniken einigen sich die Abgesandten auf entsprechende im kommenden Sprint anzugehende Maßnahmen und Aktivitäten.

Hinsichtlich der Ambitionen einer Transformation und den Vorgaben für dessen Durchführung hält sich Scrum.org im Gegensatz zu SAFe zurück. Die Einführung eines oder mehrerer Nexus findet in Form von 5 Schritten statt:

— Identifikation der Nexus und ihre Teams;

— Starten mit einem Initialen Nexus und dessen Teams;

— Sicherstellen, dass nur ein Product Backlog pro Nexus existiert;

— Sicherstellen, dass pro Nexus nur eine Definition of Done existiert;

— Festlegen einer einheitlichen Sprint-Kadenz für alle Teams eines Nexus.

Aus Scrum.Org - Sicht stellt Nexus eine Scrum-Erweiterung dar, die gelebtes Scrum voraussetzt: "Nexus is Scrum". Entsprechend propagiert Scrum.org Nexus in der beschriebenen Version für Scrum ab 3 bis 9 Scrum Teams.

Nexus+

Ab einer Anzahl ab 10 Teams spricht Scrum.org von "Nexus+" - beschreibt dies allerdings nicht im Detail, sondern delegiert die Ausgestaltung eines "Nexus+" auf der Basis des „normalen" Nexus an die jeweilige Organisation:

> "*At this scale, organizations will have implemented their own personal flavors of the sets of practices*" (Scrum.org, 2018).

Aus Sicht des Autors liegt auf der Hand, dass Scrum.org dem Skalieren agiler Methoden eher kritisch gegenüber steht, was die Vereinheitlichung der zur Skalierung notwendigen Maßnahmen und Frameworks betrifft.

Den Standpunkt von Scrum.org ist, im Falle einer großen Anzahl von Involvierten Teams, deren Abhängigkeiten soweit zu reduzieren (z.B. durch Architektur-Maßnahmen oder Design-Entscheidungen), dass ggf. mehrere Nexus minderer Größe zum Einsatz kommen.

Genauso wie LeSS und Nexus baut Scrum@Scale (Scrum@Scale, 2019) auf bestehendes Scrum innerhalb einer agilen Organisation auf.

Vergleichbar des LACE in SAFe, schlägt Scrum@Scale die Bildung eines Executive Action Team (EAT) vor, das für die Entwicklung und Umsetzung der Transformationsstrategie verantwortlich ist. Die im EAT versammelten Personen müssen mit den notwendigen Rollen und Befugnissen ausgestattet sein, Teams zu bilden und diese mit den notwendigen finanziellen Mitteln auszustatten. Die Personal- und Budgetverantwortlichkeit muss so ausgestaltet sein, dass sich das EAT gegen traditionelle Widerstände gegen den agilen Wandlungsprozess durchsetzen kann. Dies funktioniert nur, wenn das Senior Management voll hinter dem EAT und der agilen Transformation steht.

Der Team-Level-Process

Scrum@Scale übernimmt unverändert den Team-Level-Prozess, so wie ihn Jeff Sutherland und Ken Schwaber im Scrum Guide (Scrum Guide.org, 2019) beschreiben. Der Team-Level-Prozess stellt nichts anderes dar als eine Umsetzung des PDCA-Zyklus:
- Plan: Sprint Planning,
- Do: Sprint,
- Check: Sprint Review,
- Act: Sprint Retrospektive.

Diese Events werden, wie in Scrum üblich, durch das Daily Standup (DSU) und das kontinuierliche Refinement der User Stories ergänzt.

Die Scrum Artefakte finden unverändert in Scrum@Scale Verwendung:
- Das Product Backlog,
- Sprint Backlog,
- Das Increment.

Bei den Scrum-Rollen handelt es sich um:
- Product Owner (PO),
- Entwicklungs-Team,
- Scrum Master.

Scrum of Scrums

Das *Scrum-of-Scrums* (SoS) stellt in Scrum@Scale kein Event, sondern eine Team-Rolle dar. Scrum@Scale schreibt dem SoS eine besondere Bedeutung zu. In Scrum@Scale ist das SoS eine ständige Einrichtung, das Impediments in Echtzeit aufnimmt und bei deren Beseitigung das SoS eine maßgebliche Rolle einnimmt.

Dazu greift das SoS koordinativ in die Steuerung ein, unter Zugriff auf Architekten, QA-Leiter, Mitglieder des Product Ownership Teams und andere operative Rollen.

Dem SoS steht ein *Scrum of Scrums Master* (SoSM) vor. Der SoSM soll ein Backlog Refinement Event erleichtern, in dem Impediments als bereit zum Entfernen identifiziert werden. Das SoS analysiert Impediments daraufhin, wie diese am besten beseitigt werden können.

Abb. 17-96 SoS aus 5 Teams

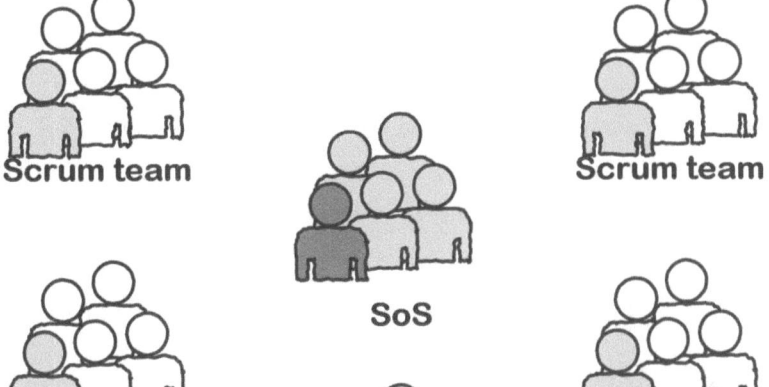

In Scrum@Scale weicht die angestrebte Teamgröße von den in Scrum propagierten 3 – 9 Personen ab. Scrum@Scale beruft sich hierbei auf Forschungsergebnisse aus Harvard, die eine optimale Teamgröße von 4 – 6 Personen nahelegen.

Die Anzahl von 4 – 6 gilt nicht nur für natürliche Personen in Teams, sondern entsprechend für die Anzahl von Teams im SoS und genauso für die Anzahl von SoS in SoSoS (s.u.).

Scaled Daily Scrum

Scrum@Scale führt ein weiteres Event ein, das *Scaled Daily Scrum* (SDS), dem der SoSM vorsteht. Das SDS stellt auf SoS-Ebene das Äquivalent des Daily Scrums auf team-Ebene dar und sollte 15 Minuten oder weniger dauern. Das SDS dient dem Austausch der Teams über ihre Erkenntnisse und Prozessverbesserungen, mit denen die einzelnen Teams im letzten Sprint oder in der letzten Zeit Erfolge erzielen konnten. Im Einzelnen werden die folgenden Punkte besprochen:

- Was läuft gerade gut bzw. welche Maßnahmen und Verfahren haben sich in den einzelnen Teams bewährt?
- Welche Hindernisse behindern die einzelnen Teams dabei, ihre Sprintziele zu erreichen?
- Werden einzelne Teams durch andere Teams in der Erreichung ihrer Sprintziele behindert oder könne sich Teams unterstützen?
- Welche (neuen) Abhängigkeiten zwischen den Teams existieren bzw. konnten bestehende Abhängigkeiten aufgelöst werden und wenn ja, wie?

Dem SoSM fallen im Einzelnen die folgenden Verantwortlichkeiten zu:

- Darstellung der gemeinsam durch alle Teams erzielten Fortschritte.
- Pflege eines Impediment-Backlogs.
- Beseitigung von Impediments bzw. Unterstützung der Teams bei der Beseitigung solcher Impediments.
- Unterstützung bei der Priorisierung von Impediments, insbesondere solchen mit Team-übergreifenden Auswirkungen.
- Steigerung der Effizienz und Effektivität des SoS.
- Unterstützung der POs bei der Sicherstellung der Auslieferung der geplanten Product Increments. Der SoSM arbeitet eng mit den Product Ownern zusammen, um mindestens in jedem Sprint ein potenziell releasefähiges Product Increment ausliefern zu können.
- Koordination der Teams mit den Release-Plänen des Product Owners.

Weitergehende Skalierung

In Abhängigkeit von der Größe der Organisation kann es notwendig sein, mehrere SoS zu installieren. Hierzu sieht Scrum@Scale eine weitere Skalierungsebene vor: Das *Scrum of Scrum of Scrums* (SoSoS).

Das SoSoS verfügt analog zum SoS über ein SoSoSM und entsprechende SoSoS-SDS.

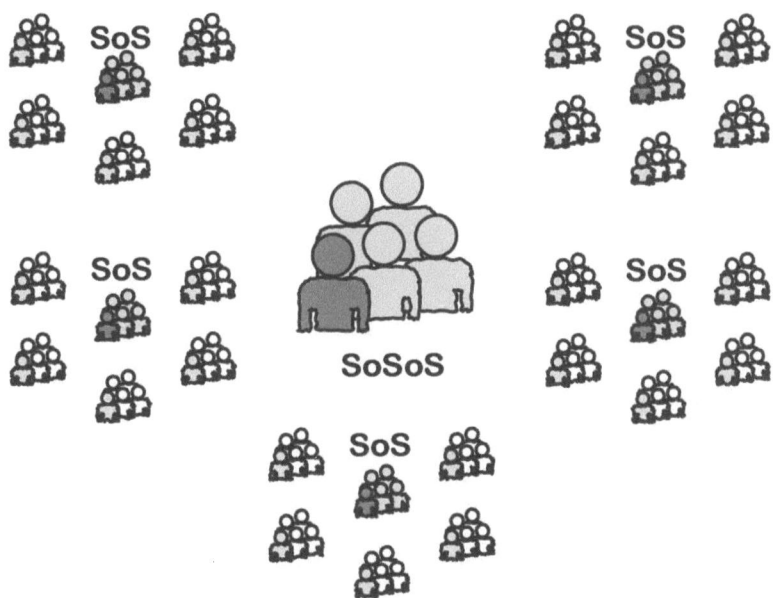

Abb. 17-97 SoSoS aus 5 SoS

Oberhalb der SoSoS-Ebene sieht Scrum@Scale keine weiteren Skalierungsebenen vor. Wann immer die SoS oder SoSoS bei seiner Arbeit an deren Grenzen stoßen, stellt das EAT die höchste Eskalationsinstanz dar, um z.B. Impediments zu entschärfen.

Scrum@Scale rät jedoch, ab einer größeren Anzahl als 6 SoSoS weitere EATs zu installieren. Somit bildet das EAT eine weitere Skalierungsebene.

Darüber hinaus würde das EAT immer dann einspringen, wenn mit den agilen Teams weitere nichtagile Einheiten eines Unternehmens zusammenarbeiten. Wird das EAT koordinierend tätig, ist es notwendig, für die tägliche Arbeit PO- und SM-Rollen einzuführen. Entsprechend muss es ein EAT-Backlog geben.

Abb. 17-98 zeigt, wie ein EAT bis zu 25 einzelne Teams koordiniert, wenn pro Team von einer durchschnittlichen Mitarbeiterzahl von 5 Personen ausgegangen wird.

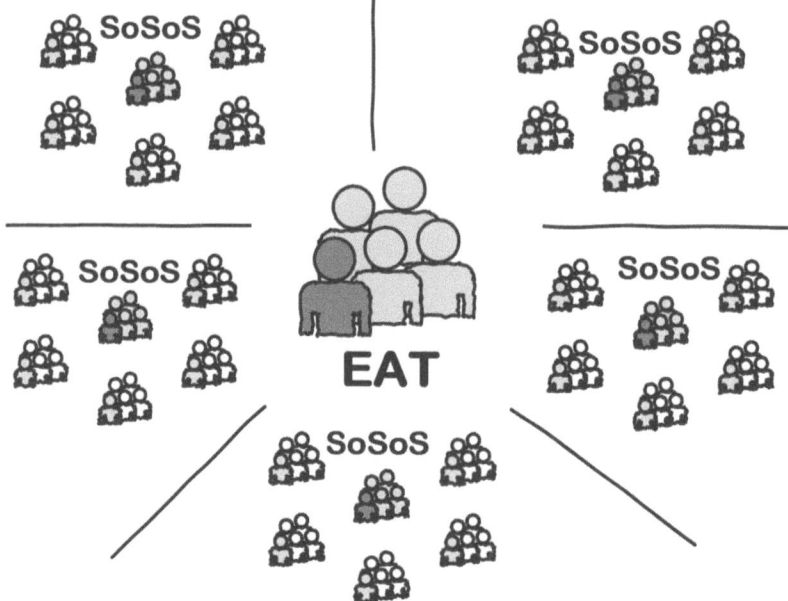

Abb. 17-98 EAT koordiniert 5 SoSoS

Das EAT füllt innerhalb von Scrum@Scale weitere Funktionen aus. Allen voran der Schaffung eines „agilen Betriebssystems" für die agile Transformation innerhalb der Organisation, dass sich auf alle Teams und Bereiche der Organisation zur Einführung der agilen Techniken anwenden lässt.

Darüber hinaus nimmt das EAT die folgenden Aufgaben war:
— Die Erstellung agiler Initiativen, ähnlich der Portfolio Epics in Scrum und Vorantreiben dieser in der Organisation;

— Ablösung traditioneller Produktentwicklungslebenszyklen durch agile Verfahren;

— Vorantreiben der Gründung und Finanzierung einer Product Owner Organisation;

— Sicherstellung der Qualität des Scrum in der Organisation und deren kontinuierliche Messung und Verbesserung;

— Aufbau von Fähigkeiten innerhalb des Unternehmens für Business Agility;

— Schaffung eines Zentrums für die kontinuierliche Weiterbildung und das Lernen für die agilen Wissensarbeiter;

— Unterstützung bei der Erforschung neuer Arbeitsweisen innerhalb der agilen Teams.

Dazu erstellt und pflegt das EAT ein *Organizational Transformation Backlog*, in dem die agilen Initiativen priorisiert werden.

Das Backlog & Responsibilities Scrum des EAT ist ein agiles Betriebssystem, das sich vom traditionellen Projektmanagement unterscheidet. Die gesamte SM-Organisation berichtet an das EAT, das für die Implementierung dieses agilen Betriebssystems verantwortlich ist, indem es die Implementierung in folgenden Bereichen einrichtet, wartet und verbessert.

Product Owner Team

Das *Product Owner Team* setzt sich aus den Product Ownern aller Teams eines SoS zusammen. Diese koordinieren und synchronisieren die Teams, wo notwendig. Jeder PO oder dessen Vertreter nimmt an einem gemeinsamen regelmäßigem Event teil, dem *Metascrum*.

Das Product Owner Team pflegt ein Metascrum-Backlog mit funktionsübergreifenden Backlog-Elemente. Die Product Owner leiten aus diesem weitere Backlog-Elemente für die eigenen Team-Backlogs ab.

Das Product Owner Team ist ferner verantwortlich für eine Team-übergreifende Produkt-Vision.

Koordination der Arbeit in den Squads zur Vermeidung doppelter Aufwände in verschiedenen Teams. Dies kann über einen einzigen, priorisierten gesamt-Backlog passieren, aus denen sich die Team-Backlogs speisen.

18.   Zukunft und Beurteilung von SAFe

Die Praxis zeigt, dass eine lean-agile Transformation mittels SAFe nur dann Sinn machen kann, wenn die Organisation mindestens die folgenden Ziele hat:

- Die Ausrichtung sämtlicher Entwicklungs- und Marketing-Prozesse für große und größte Systeme nach den Grundsätzen des validierten Lernens. Mit anderen Worten: Einführung des Lean Startup-Modells in große Organisationen, die die Größe von Startups um Größenordnungen überschreiten.

- Ablösung eines Projektbezogenen Finanzierungsmodells durch ein Finanzierungsmodell für Value Streams.

Sollten diese beiden Anforderungen nicht gegeben sein, ist es ratsam, dass die Organisation den Sinn einer SAFe-Einführung hinterfragt und überprüft, ob ein weniger komplexes Modell, wie in Kap. 14. beschrieben, die bessere Wahl für die Transformation sein könnte. Dies kann durchaus unter Verwendung der in SAFe zusammengefassten Rollen, Tool und Metriken geschehen.

Eine revolutionäre Veranstaltung

Vergleicht man den Anspruch von SAFe mit der vielerorts noch gelebten agilen Praxis und der weitgehenden Abwesenheit von an das Lean Startup-Modell angelehnten Vorgehensweisen, stellt die von SAFe angestrebte lean-agile Transformation eine mit der industriellen Revolution vergleichbare „Veranstaltung" dar.

Wie seinerzeit in der industriellen Revolution werden die Arbeiter diesmal nicht vom Takt der Fließbänder, sondern dem der Iterationen unterworfen. Dazu bedarf es großer Anstrengungen, damals wie heute, bei der lean-agilen Transformation.

Tabelle 18-12 illustriert das anhand einer Gegenüberstellung einiger wesentlicher Faktoren der industriellen Revolution und der „lean-agil-digitalen Revolution".

Tabelle 18-12 Lean-agile Transformation im historischen Kontext

Analogien zwischen lean-agiler Transformation und industrieller Revolution	
Lean-agile Transformation	**Industrielle Revolution**
Ablösung manuelle Integrations-, Test- und Deployment Prozesse durch DevOps im Sinne von CE, CI und CD.	Ablösung mechanischer und Manueller Arbeitsabläufe durch automatisierte Arbeitsabläufe
Unterschiedliche Teams erstellen und verbessern fortwährend Inkremente zur Integration zu einem Gesamtsystem.-	Massenhafte Fertigung / Einkauf von Halbprodukten und deren Montage zu massenhaften Endprodukten.

Der Takt der Iterationen und PIs steuern die Entwicklung und Integration der Inkremente	Fließband-Takt-gesteuerte Montage und Produktion
Skalierung der agilen Vorgehensweisen über mehrerer Level	Skalierung der Produktionsprozesse über mehrerer Hierarchieebenen hinweg.
Im Unterschied zur industriellen Revolution hinkt der Vergleich mit der lean-agilen Transformation an dieser Stelle ein wenig. Im Gegensatz zu massenhaft verfügbaren arbeitslosen Landarbeitern und Tagelöhnern des 19. Jahrhunderts herrscht an mit lean-agilen Vorgehensweisen vertrauten Wissensarbeitern kein Überschuss.	Rückgriff auf einen Pool an Arbeitskräften für Fließband-Montage.
An dieser Stelle hinkt der Vergleich zwischen lean-agiler Transformation und industrieller Revolution: – Wissensarbeit kann nicht durch kurzfristig angelernte Laien ausgeführt werden. Stattdessen benötigt eine Organisation gut ausgebildete bzw. spezialisierte Fachkräfte, die ihre Arbeit zudem verantwortungsbewusst im Team und diszipliniert ausführen. – Wissensarbeiter müssen durch vielfältige Schulungs- und Motivationsmaßnahmen zur Arbeit im festgelegten Takt der Iterationen motiviert werden.	Ausübung von Zwang auf Arbeiter zur Anpassung an Schichtbetrieb und taktgesteuerte Fließbandarbeit. Dort, wo Zwang nicht mehr ausreicht, setzten die Unternehmen auf die finanzielle Motivation, z.B. durch die Einführung von Akkordarbeit.
Lean-agiles Arbeiten setzt neben dem Einsatz agiler Vorgehensweisen die Anwendung von Kaizen und Kanban voraus.	In einem späteren Stadium der Industrialisierung wurde die rein Fließband-orientierte Produktion durch Fertigungsinseln und die Anwendung von Kaizen und des Kanban-Prinzips ergänzt.
Erstellung von MVPs und explorativen Prototypen zur Ermittlung des größten Kundennutzens und möglichst umgehende Produktivsetzung eine vielversprechenden MVPs als Endprodukt vor Kunde.	Vereinfachung der Produkte in Bezug auf einfach Massenproduktion und Konzentration auf den Kundennutzen.

Die Tabelle 18-12 legt nahe, dass eine umfassende SAFe-Einführung ein unternehmenskritisches Unterfangen darstellt. Dies ist der Grund, weshalb SAFe die Bedeutung des Tipping Points, der Begeisterung für die agile Sache und die Wichtigkeit entsprechender Trainings wieder und wieder betont.

In diesem Zusammenhang scheint Scaled Agile Inc. im Hinblick auf SAFe dieselbe Rolle einnehmen zu wollen, wie es Axelos Ltd. für ITIL macht: Die Rolle des alleinigen Eigentümers und Rechteverwerters. Allerdings besteht bzgl. ihrer Ausgangslage zwischen ITIL und SAFe der gravierende Unterschied, dass ITIL zunächst von der britischen Krone initiiert und zum Standard erhoben wurde. ITIL wurde erst zur weiteren Monetarisierung an Axelos übergeben, nachdem es sich bereits zum de Facto-Standard entwickelt hatte. Im Unterschied dazu stellt SAFe noch keinen industrie-Standard dar.

Lean-agile Transformation ist kein Selbstläufer

Man kann es nicht oft genug wiederholen:

> Der bloße Einsatz von SAFe und der weiteren im Kap. 14. beschriebenen Frameworks transformieren eine Organisation nicht automatisch in ein agiles Lean Startup.

Viele Firmen scheinen jedoch genau das zu glauben. Aussagen der Art „Wenn wir jetzt ein System Team installieren, werden wir an dieser Stelle agiler", sind leider keine Seltenheit:

> Frisch von einem Training zurückgekehrte Mitarbeiter setzen bisweilen den Einsatz von in SAFe beschriebenen Rollen oder Artefakten mit realer Agilität gleich.

Umgekehrt macht es Sinn:

> Eine bereits auf der Ebene einzelner Teams agil arbeitende Organisation kann es mit Hilfe der agilen Frameworks schaffen, ihre Vorgehensweisen erfolgreich über mehrere Teams mit mehreren 100 Mitarbeitern und mehr zu skalieren.

In der Praxis zeigt es sich überdies, dass Management-Etagen dazu neigen, die Verantwortung für einen lean-agilen Umbau an externe Berater zu delegieren und sich selbst nicht als Teil des Wandels zu begreifen. Dies könnte dafürsprechen, die lean-agile Transformation unter Einbeziehung des Portfolio Level durchzuführen, also jeweils als Portfolio SAFe oder Full SAFe.

Der Erfolg einer lean-agilen Transformation kann ist vor diesem Hintergrund nicht gesichert. Am Ende kann es sich herausstellen, dass SAFe denselben Pfad wie RUP nimmt:

> Die Organisation starten mit großen Ambitionen und großen Erwartungen, kapitulieren jedoch aufgrund der „Trägheitskräfte" innerhalb der Organisation sowie der Annahme, SAFe nach Vorlage implementieren zu müssen, vor dessen Komplexität. Am Ende verläuft die Initiative im Sand.

Das Versprechen von SAFe

Zweifellos stellt die Kombination aus Lean Startup und Agilität die womöglich beste Maßnahme dar, um nicht nur einzelne Teams, sondern ganze Organisationen in die Lage zu versetzen, ihre Innovationsfähigkeit in sich ständig und immer schneller verändernden Umfeldern zu erhalten, auszubauen und sich gegen die internationale Konkurrenz in den dynamischen aufstrebenden Volkswirtschaften durchzusetzen.

Wenn SAFe an der tatsächlichen Effizienz und Effektivität seiner Umsetzung gemessen werden soll, zeichnet die Praxis noch kein klares Bild. Es kann gut sein, dass SAFe dasselbe Schicksal blüht wie dem Rational Unified Process, der heute in der großen Mehrzahl der Unternehmen, die ihn einst einführten, wollten, keine Rolle mehr spielt.

Wollen sich die Unternehmen denn wirklich zu rein agilen und nach dem Lean-Startup-Modell vorgehenden Organisationen wandeln? Den nicht unerheblichen Kosten für eine SAFe-Einführung in Form von Umfangreichen Trainings und dem Aufbau neuer Rollen und Strukturen steht eine entsprechende Erwartungshaltung bezüglich erheblicher Einsparungen und dem Abbau von Personal entgegen:

→ In der Praxis rechnen Unternehmen mit 20% bis 25% Personaleinsparung nach erfolgreicher Transformation, zu einem Großteil im mittleren Management. Das Senior Management wird seine Positionen abzusichern wissen und auf die Wissensarbeiter mit derzeit gesuchtem Know-How kann es nicht verzichten.

→ Ferner erhoffen sich Organisationen durch Agilität die beschleunigte Einführung von Digitalisierungsmaßnahmen eine weitere Kostenreduktion in Form eines Personalabbaus.

Die neben SAFe existierenden Frameworks LeSS, Spotify, Nexus und Scrum@Scale legen die Vermutung nahe, dass SAFe darüber hinaus nicht für jedes Unternehmen die beste Skalierungslösung bietet.

Der Schlüssel zum Erfolg einer einschneidenden Transformation liegt oft in „weichen" Aspekten, den sog. Soft Skills. Diese sind schwer zu erfassen und zu messen, jedoch mindestens so erfolgskritisch in Bezug auf zügige und nachhaltige Veränderungen in Organisationen.

Agilität ist für transformierende Organisationen kein fester, final erreichbarer Endzustand, und ebenso wenig die einzige Antwort auf neue Herausforderungen. Zukünftige Arbeitswelten werden sich ständig weiterentwickeln und haben keinen Endzustand.

Wie und warum SAFe funktionieren kann

Einer der Vorzüge der Anwendung eines lean-agilen Frameworks ist die damit einhergehende Vereinheitlichte Terminologie. Diese vereinheitlichte Terminologie ist die Voraussetzung für eine kohärente Einführung von z.B. SAFe in einer Organisation und die Weiterentwicklung, Wenn Mitarbeiter auf Schulungen oder Zertifizierungskurse geschickt werden, sind eigene Rollen- und Prozessbezeichnungen mitunter sehr hinderlich.

Man kann natürlich auch andersherum argumentieren: Da SAFe keine Blaupause dargestellt und nicht die allgemeingültige Lösung darstellen kann, spräche nichts dagegen, die Lean-Transformation mit SAFe zu beginnen, dann aber auf eigene Rechnung weiterzutreiben und sich von SAFe abzukoppeln. Eine solche Abkopplung birgt zwar die Gefahr, dass die Initiative zur lean-agilen Transformation mit der Zeit versiegt, umgekehrt eröffnet sie aber die Möglichkeit, einen sinnvollen eigenen Weg zu beschreiten.

Große Organisationen neigen dazu, eigene Begriffe und Terminologien zu prägen. So werden z.B. Systeme auf der Basis von Standard-Software eingeführt und neben Unternehmens-spezifischen Erweiterungen mit eigene Namen und Begriffen bis hin zu Logos betrieben. Die Einführung eigener Begriffe mag nach Ansicht der Unternehmen der Corporate Identity zuträglich sein, hat jedoch den Nachteil, dass es sowohl die Weiterbildung interner Mitarbeiter als auch den Austausch mit anderen Organisationen erschwert.

Im Hinblick auf die Einführung von SAFe rät der Verfasser dringend von der Änderung der in SAFe definierten Bezeichnungen für Rollen, Events oder Artefakte ab.

Stattdessen sollten Organisationen die SAFe-Terminologie direkt übernehmen und nur organisationsspezifische Rollen und Artefakte mit eigenen Bezeichnungen belegen.

Wenn es der Organisation gelinkt, den Funken für eine derart einschneidende Transformation überspringen zu lassen, die fast revolutionären Charakter aufweist, stellt sich umgehend die nächste Herausforderung:

> Jeder oder zumindest viele der Mitarbeiter möchte in einer solchen Situation seine Erfahrungen einbringen (und teilw. endlich seine Vorstellungen verwirklichen). In gewachsenen IT- und Business-Landschaften wird es den beteiligten Mitarbeitern in selbstorganisierten Teams nicht so ohne weiteres leichtfallen, die benötigten Entscheidungen im erforderlichen Zeitrahmen zu treffen. SAFe verweist in derartigen Situationen auf die lean-agilen Führungskräfte, deren Aufgabe u.a. in der Lösung derartiger Konflikte besteht.

Ein weiterer nicht zu unterschätzender Aspekt ist, dass eine Organisation ihr überlebtes Geschäftsmodell nicht durch lean-agile Praktiken retten kann. Eine Organisation kann jedoch lean-agile Arbeitsweisen dazu nutzen, um das Geschäftsmodell nachhaltig zu ändern und zukunftsfähig auszurichten. Neben der Offenheit gegenüber lean-agilen Arbeitsweisen erfordert dies noch eine weitergehende Offenheit seitens des Managements, nämlich das Loslassen etablierter und nicht mehr profitabler Business Cases sowie die Übertragung eines Teils der Verantwortung an die cross-funktionalen Teams.

Auf jeden Fall setzt das Gelingen einer lean-agilen Transformation fortwährende Anstrengungen voraus, während und nach der Transformation die Durchsetzung der 9 SAFe-Prinzipien zu motivieren.

Es darf in vielen Fällen bezweifelt werden, dass die jeweiligen Organisationen zur nachhaltigen Umsetzung der zur lean-agilen Transformation notwendigen Maßnahmen willens und in der Lage sind.

Wird eine im großen Maßstab angelegte lean-agile Transformation mittendrin „abgeblasen", werden die Folgen die betreffende Organisation womöglich noch hinter den Startpunkt der Transformation zurückwerfen – und womöglich deren Existenz gefährden.

Dies spricht für den bereits erwähnten Ansatz, zunächst im „kleinen" Maßstab mit den z.B. in den Kapiteln 1. 14. 15. 16. und 17. Erwähnten Skalierungs-Frameworks zu starten und sich im weiteren Verlauf des lean-agilen Ausbaus der in SAFe zusammengefassten Werkzeuge zu bedienen, wo sie denn benötigt werden.

APPENDIX

Agile   HR,   Scaled   Agile   Inc.   (02.   10   2018).   *Agile   HR.*   Von
https://www.scaledagileframework.com/agile-hr abgerufen

Agile   Teams,   Scaled   Agile   Inc.   .   (09.   10   2018).   *Agile   Teams.*   Von
https://www.scaledagileframework.com/agile-teams/ abgerufen

Agiles Manifest, J. S. (Feb 2001). *Manifesto for Agile Software Development.* Von
https://agilemanifesto.org/iso/en/manifesto.html abgerufen

Apply Cadence, Scaled Agile Inc. (16. 10 2018). *Apply Cadence, SAfe.* Von
https://www.scaledagileframework.com/apply-cadence-synchronize-with-cross-
domain-planning/ abgerufen

ART, Scaled Agile Inc. (28. Oct 2018). *Agile Release Train.* (S. A. Inc., Herausgeber) Von
https://www.scaledagileframework.com/agile-release-train/ abgerufen

Automotive News Europe. (9. April 2001). `China car' to replace VW Lupo. Von
https://europe.autonews.com/article/20010409/ANE/104090864/china-car-to-
replace-vw-lupo abgerufen

B. Carter, O. V. (Nov 2014). 13 Disturbing Facts About Employee Engagement. *Gallup via
Employee Engagement & Loyalty Statistics.*

Dibbern, L. (2018). *DevOps Strategies.* Frankfurt am Main: 60CO Press.

Dorf, S. B. (2014). *Das Handbuch für Startups.* O'Reilly Verlag, .

Dunbar, R. I. (1993). Coevolution of neocortical size, group size and language in humans.
Behavioral and Brain Sciences.(16), 681. doi:10.1017/S0140525X00032325.

Enabler,   Scaled   Agile   Inc.   (16.   Oct   2018).   *SAFe.*   Von
https://www.scaledagileframework.com/enablers/ abgerufen

extremeprogramming.org. (08. Oct 2013). *Extreme Programming: A gentle introduction.* Von
http://www.extremeprogramming.org/ abgerufen

Features/Capabilities, Scaled Agile Inc. (14. 09 2018). *SAFe, Scaled Agile Inc.* Von
https://www.scaledagileframework.com/features-and-capabilities/ abgerufen

Fowler,   M.   (10.   May   2003).   *Martinfowler.com.*   Von
https://www.martinfowler.com/bliki/LargeAgileProjects.html abgerufen

Fowler, M. (2. Oct 2006). *Agile Imposition.* Von https://martinfowler.com/bliki/AgileImposition.html abgerufen

Hackernoon. (06. Sep 2017). *Stories and Epics.* Von https://hackernoon.com/stories-vs-epics-d773118420d2 abgerufen

Heath, C. a. (2011). *Switch: How to Change Things When Change Is Hard.* Random House Business.

HRZone. (12. Jan 2019). *What are T-shaped Skills?* Von https://www.hrzone.com/hr-glossary/what-are-t-shaped-skills abgerufen

Imai, M. (1997). *Gemba Kaizen. Permanente Qualitätsverbesserung, Zeitersparnis und Kostensenkung am Arbeitsplatz.* München: Wirtschaftsverlag Langen Müller.

Intrinsic Motivation, Scaled Agile Inc. (02. Aug 2018). *Unlock the intrinsic motivation of knowledge workers.* Von https://www.scaledagileframework.com/unlock-the-intrinsic-motivation-of-knowledge-workers/ abgerufen

Invitation-based SAFe, Scaled Agile Inc. (26. Jan 2019). *Invitation-based SAFe implementation.* Von https://www.scaledagileframework.com/invitation-based-safe-implementation/ abgerufen

Ivarsson, H. K. (Oct 2012). *Crisp's Blog.* Von Scaling Agile @ Spotify, with Tribes, Squads, Chapters & Guilds: https://blog.crisp.se/wp-content/uploads/2012/11/SpotifyScaling.pdf abgerufen

James Womack, D. J. (2007). *The machine that changed the world : the story of lean production – Toyota's secret weapon in the global car wars that is revolutionizing world industry.* London: Simon & Schuster.

Kotter, J. P. (2011). Leading Change. In J. P. Kotter, *Leading Change* (S. 160). Vahlen.

Landau, K. (2007). *Fertigungsinseln, Lexikon Arbeitsgestaltung. Best Practise im Arbeitsprozess.* Stuttgart: Genter.

Large-Scale Scrum. (27. Dec 2018). Von https://less.works/ abgerufen

Launch more ARts and Values Streams, Scaled agile Inc. (03. Oct 2018). *Launch more ARts and Values Streams.* Von https://www.scaledagileframework.com/launch-more-arts-and-value-streams/ abgerufen

Lean-agile Leadership, Scaled Agile Inc. (04. 10 2018). *Lean-Agile Leadership.* Von https://www.scaledagileframework.com/lean-agile-leadership/ abgerufen

Lean-Agile Mindset, Scaled Agile Inc. (03. Oct 2018). *Scaled-Agile Mindset.* Von https://www.scaledagileframework.com/lean-agile-mindset abgerufen

LeSS, Large-Scale Scrum. (14. Jan 2019). Von https://less.works/less/framework/index.html abgerufen

Liker, J. K. (2006). *Der Toyota Weg – 14 Managementprinzipien des weltweit erfolgreichsten Automobilkonzerns.* FinanzBuch Verlag.

Mountain Goat. (02. Feb 2019). *Stories, Epics and Themes.* Von https://www.mountaingoatsoftware.com/blog/stories-epics-and-themes abgerufen

Ohno, T. (1993). *Das Toyota-Produktionssystem.* Frankfurt am Main: Campus.

Ohno, T. (2005). Campus Verlag.

Poy, A. (1999). *Betriebliche Reorganisation im Zeichen von Lean Management und Business Reengineering: Konsequenzen für technische Angestellte und Ingenieure.* Durtmund: IUK-Institut.

Ries, E. (2011). *The Lean Startup.* Currency New York.

Roadmap, Scaled Agile Inc. (20. September 2018). *SAFe Implementation Roadmap.* Von https://www.scaledagileframework.com/implementation-roadmap/ abgerufen

SAFe per Invitation, Scaled Agile Inc. (08. Feb 2019). *Invitation-based SAFe Implementation.* Von https://www.scaledagileframework.com/invitation-based-safe-implementation/ abgerufen

Sca181. (19. October 2018). *Epic. Scaled Agile Framework.* (S. A. Inc., Herausgeber) Von https://www.scaledagileframework.com/epic/ abgerufen

Sca182. (21. September 2018). *Portfolio Kanban, Scaled Agile Framework.* (S. A. Inc., Herausgeber) Von https://www.scaledagileframework.com/portfolio-kanban/ abgerufen

Scaled Agile Inc. (3. Oct 2018). *Lean-Agile MS, Lean-Agile Mindset.* Von https://www.scaledagileframework.com/lean-agile-mindset abgerufen

Scaled Agile Inc. (14. 02 2018). *SAFe.* Von ScrumXP: https://www.scaledagileframework.com/scrumxp/ abgerufen

Scaled Agile Inc. (27. Dec 2018). *Scaled Agile Framework.* Von https://www.scaledagileframework.com/ abgerufen

Schwaber, K. (6. August 2013). *Ken Schwaber*s Blog*. Von unSAFe at any speed: https://kenschwaber.wordpress.com/2013/08/06/unsafe-at-any-speed/ abgerufen

Scrum Academy. (02. Feb 2019). *Userr Stories, Epics, Themes*. Von https://www.scrum-academy.de/product-owner/wissen/user-stories-epics-themes/ abgerufen

Scrum Guide.org. (14. Jan 2019). *Scrum Guides*. Von https://www.scrumguides.org/index.html abgerufen

Scrum.org. (27. Dec 2018). *SCALING SCRUM WITH NEXUS™*. Von https://www.scrum.org/resources/scaling-scrum abgerufen

Scrum.org. (09. 12 2018). *Scrum Guides*. Von https://www.scrumguides.org/scrum-guide.html abgerufen

Scrum@Scale. (14. Jan 2019). *Scrumatscale*. Von https://www.scrumatscale.com/scrum-at-scale-guide/ abgerufen

Scrum@Scale. (17. Jan 2019). *www.scrum@scale.com*. Von https://www.scrumatscale.com/wp-content/uploads/Scrum@Scale-Guide.pdf abgerufen

Semantic Versioning 2.0.0. (2018. 11 04). *Semantic Versioning 2.0.0*. Von Quelle: https://semver.org/ abgerufen

Siemens PLM Software, Siemens AG. (2018). *PLM Europe*. Von https://www.plm-europe.org/admin/presentations/2018/2372_PLMEurope_30.10.18-16-00_JIM-DEHMLOW_SIEMENS_PLM_SOFTWARE_siemens_lcs_adopting_safe_with_polarion.pdf abgerufen

SPC, Scaled Agile Inc. (03. Oct 2018). *Safe Program Consultant*. Von https://www.scaledagileframework.com/safe-program-consultant/ abgerufen

Stories, Scaled Agile Inc. (02. 10 2018). *SAfe*. Von https://www.scaledagileframework.com/story/ abgerufen

Stories, Scaled Agile Inc. (2. Oct 2018). *Stories*. Von https://www.scaledagileframework.com/story/ abgerufen

The humble programmer: . (1972). In E. W. Dijkstra, *Communications of the ACM, Band 15* (S. S. 859–866). Hochspringen .

Wayne State University. (04. 01 2019). *S.M.A.R.T. Objectives*. Von https://hr.wayne.edu/leads/phase1/smart-objectives abgerufen

Weber, H. (2012). *Die Software-Krise und ihre Macher (German Edition)* . Springer Compass.

Werner Pfeiffer, E. W. (1992). *Lean Management: Grundlagen der Führung und Organisation lernender Unternehmen.* Berlin : E. Schmidt.

Womack, J. (2007). *The machine that changed the world : the story of lean production – Toyota's secret weapon in the global car wars that is revolutionizing world industry.* London : Simon & Schuster.

21. Abbildungsverzeichnis